中央大学学術シンポジウム研究叢書　13

グローバル文化史の試み

縄田雄二・小山憲司 編

中央大学出版部

は じ め に

　「中央大学学術シンポジウム」は，中央大学がおこなってきた一連の共同研究に冠された名称である。共同研究は，中央大学が教育組織とは別に設置している研究所組織においておこなわれる。それぞれの共同研究は，研究成果を社会に対し広く公開する意図をこめて，総括シンポジウムと論集刊行により締めくくられる。

　2018年4月，本書の編者のひとりである縄田が代表者となり，共同研究「グローバル文化史の試み」が，中央大学人文科学研究所において3年間の予定で始まった。シンポジウム，コロキウムをいくつか開催し，そこから個別の成果を生み，総括シンポジウムに到ることを計画した。2019年度は主な活動を年度末におこなおうと計画，シンポジウムをまさに開こうとしていたときに，新型コロナウイルスの発生が発覚した。シンポジウムは流れ，共同研究の研究員はパンデミック下のオンライン授業という新しく困難な任務に従うことになり，研究に多くの時間が割けなくなった。研究期間を1年延長していただいたが，思い描いたほどの活動はできないまま，どうにか総括シンポジウムを開き，ここに論集を刊行する次第である。オンライン研究会をいくつも軽やかに開いてゆく研究プロジェクトが世間にあるのを見かけながら，縄田はそれだけの器用さも力も自分に欠けていることを憾んだ。しかし今はむしろ，本書を世に問うに到ったことを喜びたい。

　「グローバル文化史」は定着した概念ではない。グローバル史，文化史を併せて生んだ語である。グローバル史（global history）は，世界の歴史を，

地域史を束ねたものとしてではなく，地球という単一の空間の歴史として記述するものである。グローバル史の考えかたは，2022 年 4 月に日本の高等学校に導入された必修科目「歴史総合」にも多く取り入れられているはずだ。

　文化史は文字通り文化の歴史であるが，二重の意味を帯びる。1) 歴史家が文化史と言う場合は，政治史，経済史などと同じ列に立つものとして文化史と言うであろう。歴史を俯瞰し，政治や経済と並ぶ分野として文化という分野を観る，大局的な観方をするであろう。2) これに対し文化（文学，美術，音楽など）の研究者が文化史という概念を用いる場合は，個々の文化現象，例えばある特定の文学作品が属している歴史的文脈を，文化史と述べる傾向があろう。その観点はマクロというよりもミクロの観点であろう。

　共同研究の題目にグローバル文化史という語を掲げたときの「文化史」には，2) の意味をこめた。文化の研究，例えば文学研究や美術研究は，個々の作品や作家の研究を基礎とする。文章のさまざまな稿の異同を調べたり，画家の伝記と絵画とを比べたりするとき，それらの文章や画家を包む大きな歴史的文脈は忘れられがちとなる。そうした文脈を文化史という概念を用いて意識することもおこなわれてきた。しかしさらにその先があるべきである。そうした意味での文化史が，地域ごとに孤立したものではなく，地球規模の広がりがある，と考えるべきなのである。その地球規模の文化史をグローバル文化史と名づけることもできるであろう。そしてグローバル文化史の概念を掲げ，通史執筆ではなくケース・スタディをおこなう共同研究も可能であろう——われわれの研究はそれを目指した。

　そのような意味でのグローバル文化史の観点から芸術を眺めるならば，今までに無い知見に達することができる。11 世紀から 14 世紀にかけてのドイツ語圏の文学と日本の文学は，交流が無かったにもかかわらず不思議に類似し，研究者はその類似を扱いかねてきたのであるが，その類似の説明・分析も可能になる（第 1 章）。演劇史もいままでと全く異なって見えてくる。例え

ば，やはり交流を欠いていた 16 世紀のメキシコと同世紀の日本の演劇とを直接結ぶ線を示すことができる（第 4 章）。

　グローバリゼーションは 19 世紀に飛躍的に進んだが，19 世紀以後の文化については，グローバルな視点から文化現象を論ずることはすでに盛んである。この論集にもそうした論を収めた。20 世紀おわりから 21 世紀はじめにかけての一連の演劇の舞台における動画の映写は，その舞台の場所がカナダ，シンガポール，フランス，ドイツとさまざまであれ，ひとつの歴史として記述することができる（第 3 章）。オペラは，国境や文化圏を超えた共同作業による制作が最も進んでいる文化分野のひとつである。そのことにより，アフリカという地域の存在が，ヨーロッパのオペラの舞台においてさまざまに示されるようになった（第 5 章）。日本の作曲家とドイツの作家との共同作業によるオペラも近年話題を呼んだが，ヨーロッパや日本の文化史の文脈にこのオペラを置くならば，さまざまなことが見えてくる（第 6 章）。

　以上は文化研究者による章である。しかしグローバル文化史という分野に，歴史学の側から取り組むこともできる。とりわけ科学史は，文学，美術，音楽など狭義の文化の研究者が扱いにくい分野である。モンゴル帝国が世界の科学に与えたインパクトは，西洋中心の科学史では脇に置かれてしまうが，ここには才能有る若き史家の研究成果を収めることができた（第 2 章）。

　文化研究と歴史学という分野の違いを超えることは，この共同研究の意図のひとつであった。それと同時に，文化研究に属する諸分野のあいだでやりとりすること，そのために分野による学問カルチャーの違いを意識することも，われわれはおこなった。文化研究の諸分野における学術情報の流通，その比較を，研究対象としたのである。総括シンポジウムでは，その手法としてオンライン座談会を採用した。総括シンポジウムの企画のひとつとして，本学文学部に所属する 5 名の研究者に参加いただき，各学問分野の研究対象の探索方法や入手方法，研究成果の公表方法などを紹介いただいた。研究環

境の電子化が進んでいることから，その活用事例，課題にも触れていただいた。7章で座談会の趣旨および背景を紹介したのち，8章から12章に各登壇者の報告内容をもとにした論考を採録した。登壇者それぞれの学問的背景に裏付けられた論考は，単にその異同を理解するのにとどまらず，研究者としての姿勢や矜持，本質の一端に触れられるものとなった。同時に，これらは研究者の生態学的な性格も帯びている。学問を志す学生にとっても刺激的であろう。

　上に述べた通り，本書は通史を目指したわけではなく，いくつかのケース・スタディを集めたにとどまる。しかしながら，文学，科学，宗教，演劇，オペラ，人文学と，とりあげた分野は多岐にわたり，さまざまな地域，時代を論ずることができた。パンデミックにもかかわらずこの成果に達し得たのは，中央大学の研究所合同事務室，出版部の職員のみなさまの支えあってこそである。心より御礼を申し上げる。

　2022年6月

　　　　　　　　　　　　　　　編者　縄田雄二・小山憲司

グローバル文化史の試み

目　　次

はじめに

第Ⅰ部　交流の無い二地域の文学を比較する

　第1章　1000年‐1340年のドイツ語圏と日本の歌集
　　　　　── 比較の試み ──
　　　　　……………………………… 寺田龍男・吉野朋美・縄田雄二 … 3

　　1．比較の対象と方法　　3
　　2．政治における筆記についての比較　　6
　　3．個々の歌が生まれた典型的状況についての問い　　14
　　4．歌が歌集に編纂された過程についての比較　　21

第Ⅱ部　ユーラシアの科学と文化

　第2章　グローバルに文化を問うこと
　　　　　── 作図についてモンゴル帝国期東西天文学交流を例に ──
　　　　　……………………………………………… 諫早　庸一 … 37

　　1．はじめに ── グローバル文化史の試み ──　　37
　　2．モンゴル帝国期における東西天文学交流　　45
　　3．ギリシア語数学からアラビア語数学へ　　50
　　4．『デドメナ』命題42　　54
　　5．トゥースィーの東西　　57
　　6．おわりに ──〈彼ら〉と対峙する〈我々〉──　　65

第Ⅲ部　上演空間と舞台技術——比較演劇史の一視点——

第3章　映写技術と舞台
　　　　——光，空間，政治的身体——
　　　　……………………………………カイ・ファン・アイケルス…73

　　1．映写技術と舞台　73
　　2．主観と映写——ロベール・ルパージュ「エルシノア」・「ハムレット・コラージュ」——　78
　　3．切り刻む光——ダムタイプ「OR」——　82
　　4．舞台空間から映し出されるホームビデオ——フランク・カストルフ「虐げられた人々」——　85

第4章　上演空間，舞台技術，筆記面の歴史としての世界演劇史
　　　　………………………………………………縄田　雄二…93

　　1．文化技術史としての演劇史　93
　　2．上演空間　95
　　3．舞台技術　98
　　4．筆記面　100
　　5．おわりに　104

第Ⅳ部　現代オペラの国際性

第5章　オペラを通して「アフリカ」に出会う
　　　　——現代の上演の現場から——
　　　　…………………………………………森岡　実穂…111

　　1．はじめに　111

2．歌劇場の存在意義について　112

3．欧州のオペラハウスから「アフリカ」を描く　115

4．お わ り に　130

第6章　細川俊夫作曲マルセル・バイアー台本のオペラ「地震・夢」
　　　　………………………………………………縄田　雄二…139

1．は じ め に　139

2．音響学史から見たクライスト「チリの地震」　140

3．子の取り違えと子殺し　141

4．地震と狂気　142

5．地震の音楽化　145

6．お わ り に　147

第Ⅴ部　世界の諸地域，諸時代の文化についての学術情報

第7章　人文学と学術情報流通
　　　　…………………………………………………小山　憲司…153

1．は じ め に　153

2．オープンアクセス，オープンデータ，オープンサイエンス　155

3．学術情報の電子化と人文学　158

4．共同研究プロジェクト「グローバル文化史の試み」における
　　位置づけ　162

5．結　　　び　165

6．お わ り に　166

第8章　楔形文字資料と人文情報学
　　　　　………………………………………………唐橋　　文…169

　　1．研究対象となる原資料　169

　　2．原資料の探索方法と入手方法　171

　　3．電子化の状況　172

　　4．シュメール語コーパス作成の試み（Penn Parsed Corpus of
　　　　Sumerian）　174

第9章　中国と琉球の学術研究の舞台裏
　　　　　……………………………………………水上　雅晴…179

　　1．は じ め に　179

　　2．書籍と論文の入手　179

　　3．多様なかたちの漢字，同じでない漢字　184

　　4．典拠調べの重要性　189

　　5．琉球漢籍の書き入れ　193

　　6．角筆の書き入れと紙資料の修理の問題　196

　　7．琉球漢籍の書き入れに見える方言音　198

　　8．お わ り に　200

第10章　資料とそのゆくえ
　　　　　……………………………………………鈴木　俊幸…207

　　1．研究とその資料　207

　　2．図書館と文書館　210

第11章　グリニッジ天文台における文書管理の技法
　　　　──ジョージ・エアリとアーカイブズの形成──
　　　　………………………………………………石橋　悠人…215

　　1．グリニッジ天文台アーカイブズの概要　215
　　2．天文台長ジョージ・エアリによる文書の収集と整理　222
　　3．天文台の観測記録と歴史的な文書の収集　227
　　4．文書保存の意味と目的　231
　　5．おわりに　236

第12章　日本のドイツ文学研究における学術情報流通
　　　　………………………………………………縄田　雄二…241

　　1．はじめに　241
　　2．国際競争型研究と自国向け型研究　242
　　3．課程博士　245
　　4．研究者コミュニティ　247
　　5．デジタル化の影響　249
　　6．おわりに　252

おわりに──開催したシンポジウムの記録──　　253

第Ⅰ部

交流の無い二地域の文学を比較する

第1章 1000年-1340年のドイツ語圏と日本の歌集

——比較の試み——

寺 田 龍 男・吉 野 朋 美・縄 田 雄 二

1．比較の対象と方法

⑴ 対 象

　歌が生まれ，口承で広がり，写本により伝承され，その過程でヴァリアント（文言の揺れ，異文）を生むものの，傑作が詞華集に集められ古典（カノン）としての地位を得るや，文言は固定される，あるいは固定されてゆく。ドイツ語圏でも日本でも見られたこのような過程を通じ，文献学（フィロロギー）と今日称されるものの萌芽を探ろうとするのが，この共著論文である。日独のこうした比較が可能なのは，ドイツ語圏と日本において古典的な詞華集が生まれた時代が重なるからである。ドイツ語圏で『小ハイデルベルク歌謡写本』（*Kleine Heidelberger Liederhandschift*，1270年頃），『ヴァインガルテン歌謡写本』（*Weingartner Liederhandschrift*，1310-1320年頃），『マネッセ写本』（*Codex Manesse*，『大ハイデルベルク歌謡写本』とも，1300-1340年頃）が生まれた時代と，日本で『新古今和歌集』（1205年）を一つの頂点とする21の勅撰和歌集（905-1439年）が編まれた時代とは，重なる。これらを比べようというのである。

　ヨーロッパと日本の宮廷文学の比較は何人かの研究者の関心を引いてきた。比較の観点としては，修辞[1]，物語という分野[2]，愛という主題[3]，語

りの素材[4] が選ばれてきた。イタリアと日本の詩歌の比較もおこなわれた[5]。
われわれの論文は，以下の三点により，独自性を出すことを目指す。1)「文
字による読み書き」が，政治と文学の共通基盤であることに着目する。2)
比較の対象としてドイツ語圏と日本とを選ぶ。3) 文学のみならず，文学の
メタレベルに位置する文献学をも考慮する。

（縄田）

⑵　方　法

　19 世紀のヨーロッパで生まれた比較文学という学問は，異なる言語で書
かれた文学同士を比較するための単純なモデル，すなわち文学作品の受容と
影響についての分析というモデルを提供した。その単純さゆえに，このモデ
ルは広く利用された。これは，19 世紀から 21 世紀にかけて欧米で生まれ，
翻訳され，世界の他の場所で読まれた文学のあり方を分析するモデルとして
も一般的であった。西洋は，文学とともに，比較文学という学問も世界に広
めたのである。

　比較文学は 19 世紀以降の文学を比較し，その翻訳や受容を分析すること
には長けている。しかし，翻訳や受容という関係を結ばない，19 世紀以前
の全く異なる地域の文学同士を比較するという課題，例えば中世ヨーロッパ
文学と同時代の日本文学を比較するという課題に対しては，従来の比較文学
の手法は大きな力を持ちえない。ヨーロッパの中世にあたる時代にあっては，
ヨーロッパ文学が日本語へ訳されたことも無ければ，日本文学がヨーロッパ
の文学に影響を与えたことも無いのである。ところが，中世ヨーロッパ文学
と同時代の日本文学の間には，例えば宮廷詩の詞華集が編まれたなど，顕著
な類似を見出せる。両者は比較に値する。しかし比較の方法は旧来の比較文
学の手法とは別のところに求めなければならない。

　助けとなるのが歴史学の一分野としてのグローバル史 (global history) で

ある。グローバル史は 19 世紀よりもはるか以前の時代についても，諸地域の文化を地球規模の連関に置くことを可能にした。例えば，エジプトから中国にいたるアフロ・ユーラシアの中核で発展した文明が，ヨーロッパや日本など東西の周縁に広がった結果，周縁の文化同士が類似した，という見かたを生んだのである。J・R・マクニールとウィリアム・H・マクニールは，紀元 1000 年から 1500 年のユーラシア大陸について次のように述べる。

　　　［ユーラシアの］大西洋側と太平洋側の類似は顕著である。どちらにも多様な民族集団がおり，地域言語（local languages）での読み書きの発展が，地域国家（local states）を強化し，民族的・文化的自立を援けた。日本の所謂封建制は中世ヨーロッパの封建制に似た ［...］。[6]

　ヨーロッパでも日本でも，文字による読み書きは古くからおこなわれてきた。紀元 1000 年から 1500 年の期間，両地域とも超域言語（リンガ・フランカ）（ラテン語や漢文）のみならず地域言語（ドイツ語や日本語）でも読み書きしていた。文字が政治と文化とをともに支えたありさまは両地域の間で類似した。当時はヨーロッパと日本との直接の接触が無かったにもかかわらずである。これはユーラシアの両端部の間に見られる「奇妙な類似」の顕著な例であるが，グローバル史はこの類似が偶然のものではないことを示唆する[7]。本論文が文字による読み書きという観点から両地域の文学を比較し，文字による政治も含めて論ずるのは以上の理由による。

　文学とともに政治を論じ，両者を読み書きという観点から見るという学問手法の由来を説明しよう。ミシェル・フーコーは，人文学という学問分野の言説を政治的，社会的，文化的文脈の観点から分析した[8]。言説分析と呼ばれる手法である。フリードリヒ・キットラーはこれを応用，文学や学問の言説をメディア史の観点から分析するメディア分析の手法を生んだ[9]。フーコー

もキットラーも主にヨーロッパを研究対象としたが，彼らの方法は文化比較にも応用できる[10]。言説分析やメディア分析は，学問史を主な研究分野に含めているので，ヨーロッパ文学と日本文学の比較のみならず，ヨーロッパ文献学と日本文献学の比較にも役立てることができる。

　この論文はすなわち，ヨーロッパと日本の双方における詞華集と，その編集過程に見て取れる文献学の萌芽を，言説分析とメディア分析という二つの手法を踏まえて比較分析する試みである。この比較は，グローバル史という歴史学の一分野によっても支えられている。つまり，旧来の比較文学では扱いにくい領域を，比較文学とは異なるアプローチで論ずる試みである。扱う時期のはじめは，マクニール父子の著書に倣い紀元 1000 年とする。おわりはマネッセ写本の編集の下限である 1340 年とする。扱う地域はドイツ語圏と日本である。この期間には，ふたつの地域において，読み書きにより政治も文学も強化された。政治における読み書きと文学における読み書きとは密接な関係にあった。それでは，政治，個々人の歌，詞華集，文字，これらが結ぶ関係を順次見てゆこう。文字の読み書きは，図像，口頭言語，ジェンダー，権力，筆記面（紙など）の物質性，これらとさまざまな関係を結んだ。その関係も含め分析してゆこう。縄田による問いに，寺田がドイツ語圏につき，吉野が日本につき答える，というかたちで論を進めてゆく。

（縄田）

2．政治における筆記についての比較

(1)　**政治はそもそも文字によりおこなわれていたのか。肉体から発される声のほうが大切な権威であったということはあるか。地域言語と超域言語との関係はこれにどうかかわるか。**

ドイツ語圏

　1000-1340 年頃のドイツ・ヨーロッパで，文書行政がおこなわれていたことは明らかである。授封状や寄進状など，支配や権利に関する重要書類は初期にはパピルスに，その後は羊皮紙に，超域言語であるラテン語で書かれ，時とともに次第に多くの文書が保存されるようになった。地域言語であるドイツ語の使用が文書で広まるのは 1300 年以降である。しかしその一方で当時の社会は，文字に記されたことだけを唯一の権威とみなしてはいなかった。皇帝や国王の肉体から発せられる言語に特別の権威があったかどうかはわからないが，口頭による伝達にも大きな意義が認められていた，と言うより，古代以来そのほうが大きな意味を持ち続けてきたのである。

　政令などは，とりわけ地方貴族にあっては，多くの場合口頭で宣言されていた。文芸作品でも支配者がいくさのため配下の貴族に動員をかける場合，必ずと言ってよいほど使者が送られてその命令を口頭で伝えている。政令が発せられる場合，その場には多くの人々が居並んでいた。目的は政令を広く伝達する（させる）ことだが，必要な場合には彼らが発令の証人となるからでもあった。13 世紀初め（1220/30 年頃）に成立したドイツ語による最初の成文法である『ザクセンシュピーゲル』の記述が間接的ながら時代背景を照らし出す。「人は，7 人の証人をもって立証すべき場合，21 人の人に証言を問い合わせることができる」[11]。すなわち，発言の有無や正当性を証言する人ができるだけ多く居合わせることが重要だったのである。

（寺田）

日本

　日本においては，政治は 1000-1300 年代より前から，文字を介しておこなわれていた。ただし，たとえば「官宣旨」という種類の公文書は，本来的には治世者である天皇の口頭による勅（命令）を職事蔵人がその命を実行する

担当公卿の上卿に伝え，上卿がさらにそれを口頭（宣）で文書作成局である弁官局に伝え，弁官局において文書化し，それを相手先に下す文書（下文）であった[12]。つまり，治世者の命令はその「声」によって発せられていたのであり，権威として重んじられていたともいえよう。

　公的な文書はすべて超域言語である漢文で書かれているが，だからといって，中国語が正式な言語という認識ではなく，あくまで公的な文書，男性の書く文書が真名（正式な字である漢字）で書かれていたということである。漢文も，正格漢文ではなく日本語特有の用語や文法を用いる変体漢文（和化漢文）が広く用いられていた。仮名は，日本語固有の文字にはなるが，あくまで仮名（仮の字）であり，女手とも呼ばれたように，女性も用いることのできる文字で，日常に用いる文字という認識であった。ただし，私的文書や日記には男性も仮名を用いることがあり，また当時のコミュニケーションツールかつ公的文芸であった和歌も当然ながら，男女僧俗問わず仮名を用いて記されている。なお，和歌を記す際には，一般的に仮名のうち平仮名が用いられるが，僧侶のかかわる歌集には，稀に片仮名表記もみられる。

（吉野）

⑵　**政治が文字によりおこなわれていたならば，筆記面は何であったか。**

ドイツ語圏

　ヨーロッパではパピルスが古典古代から広く使用されており，皇帝や国王の発給文書もパピルスに記す習慣だった。しかし1000年を過ぎる頃には羊皮紙の優越性がすでに認識されていた。ヨーロッパのほぼ全土で製造可能な羊皮紙がパピルスにとって替わるのは必然だったと言える。ローマ教皇が1002年に初めて羊皮紙による公文書を発給してからは急速に広まり，1057年にはパピルスによる教皇庁の文書発給が終わる。（エジプトでパピルスの製

造が 1100 年頃に終えた後は，シチリアの小規模な工房群が唯一の拠点として 13 世紀まで存続したにすぎない。)

　ただ同じヨーロッパでも北部と南部ではパピルスの残存量が大きく異なる。ドイツ語圏では地理的な隔たりの大きさゆえパピルスを入手する困難さの度合いが大きかったのであろう。今日では 9 世紀後半に発給された文書が 1 点，10 世紀後半のものが 2 点残るのみである [13]。残存数の少なさは，耐久性の弱さに加えて先の大戦における消失にも原因がある。ちなみにパピルスは冊子ではなく巻紙として用いられていたので，情報伝達の場合は羊皮紙が主流になった後も引きつづき巻紙形式がとられた。

　13 世紀末の時点で，ドイツ語圏の公文書はほとんど羊皮紙で作成されるようになっていた。現存最古の紙の公文書は 1228 年に皇帝フリードリヒ 2 世の官房で作られたものだが，パピルスと同じく当時の紙も羊皮紙と比べて耐久性が劣っていたので，皇帝自身が 1231 年，シチリア王国においては重要なものは羊皮紙に残すよう命じている。湿気や乾燥に対する羊皮紙のすぐれた耐久性や破れにくさは，永続的な有効性をもたねばならない証書にとりきわめて重要で，また見た目の豪華さも意味を持った。

　羊皮紙が行政文書に用いられる場合，通常は片面のみに文字が書かれた。羊皮紙は一般に外側の毛が生える面が暗い色合いとなり，また内側に巻く。反対の肉に接する面が明るい色となる。そのため長編の物語のように多数の羊皮紙が必要な場合は，できあがった本がゆがまないよう皮の表と裏の面が交互に替わるよう配慮された。

　商業が盛んで多くの人が読み書きや計算も習得したイタリアでは，13 世紀半ば以降次々と製紙工房が設立された。しかしドイツ語圏で紙の普及が始まるのは 14 世紀に入ってからであり，しかもドイツ語圏最初の紙工場がニュルンベルクにできたのは 1390 年だった [14]。

（寺田）

日本

　日本における筆記面は紙である。中国で紀元2世紀初めに生まれたと記録されている製紙技術は[15]，7世紀までには日本に伝わったとされる。紙の原料となる楮や雁皮等の植物が自生もしくは栽培されて入手できたこともあり，高価ではあったが紙は筆記面として支配的な地位を得た。軽くて扱いやすいのみならず，保存性にもすぐれるために，紙は今日に至るまでその地位を保っている。よって，日本における1000-1300年代の政治文書も当然紙に書かれたものであった。なお，レベルや用途によって用いる紙の質は異なっており，1-1で例として挙げた「官宣旨」などの公文書は，楮を原材料に用いて漉かれる檀紙という最高級の紙が用いられる[16]。

（吉野）

⑶　**権力を持つ者はいかなる者であったか。女性だったか男性だったか。識字者であったか否か。**

ドイツ語圏

　世俗社会においても聖職者の社会においても，権力を持つのは男性だった。女子修道院であればむろん，そのなかにとどまる限り女性が力を持つことになるが，一歩外に出ると何の力もなかったと言ってよい[17]。

　13世紀末までの世俗社会では，中央であれ地方であれ，基本的には権力者に識字力を求められることがなく，必要な場合は文書官房の書記官が読み書きを代行していた。読み書きの能力を有する人物が高く評価されたかどうかについては，尊敬に値したという見解がある一方で，職能の一つにすぎなかったとみなす論もある。ただ，読み書きができる封建領主は稀にしかいなかったのに対し，女性はしばしばその夫や息子たちよりも高い水準の教養を身につけていた。旧約聖書の詩篇を（ラテン語で）読むことが日常生活の一

部となっていたという指摘もなされている[18]。

（寺田）

日本

　古代には女性の権力者がおり，皇位に女性が就くこともあったが，1000年－1300年代でいえば，帝位に就いているのはすべて男性，しかも幼児に即位する者が多い。11世紀後半までは天皇の外戚，しかも藤原氏（そのなかでも北家という門流）が摂政・関白として幼帝を輔佐し政治をおこなうシステムができあがっており，実質的な権力者は帝位にある者の外戚ということになる。その後，一時期天皇の親政（後三条天皇1068-72在位）にもなるが，その帝位を継いだ白河天皇が幼帝に譲位し院政を敷き，譲位した上皇が政治の実権を握る「治天の君」として権力の中枢に座ることになる。ただし，その政治体制は1221年，後鳥羽院の起こした承久の乱によって終焉を迎え，以後は東国にできた武家政権が実質的な支配権を持った。ただし，この武家政権は天皇・上皇を頂点とする朝廷が任命する「将軍」，それを輔佐する「執権」がトップにいるという構造で，建前であっても，国の頂点にいるのはあくまでも天皇であった。政は文書で以ておこなわれており，権力を持つ者は和漢の素養のあることが理念的に求められた。当然，権力者はみな識字者である。

（吉野）

　⑷　**図像が政治に関与することはあったか（肖像画を掲げるなど）。**

ドイツ語圏

　一般論としては，権力者がみずからの肖像を残すのは，自分が生きた証拠を残したり経済力を誇示するような場合だったと想像されるが，現存するの

はごくわずかである。もっとも有名なのはフランス国王ジャン 2 世（在位
1350-1364 年）の肖像画で，1350 年頃に描かれたものである。1000 年から
1300 年にかけての時代においては，有力な寄進者の姿が教会の祭壇画で守
護聖人と並んで描かれた例は知られているが，権力者が自分の肖像を掲げ（さ
せ）るなどの行為は確認されていない。

（寺田）

日本

　まず肖像画に関しては，1000-1300 年代でいうといくつかの側面が考えら
れる。「影」「御影」と言われる人物の肖像画は，古く聖徳太子像や，外来作
品にもとづく孔子およびその門下像，真言八祖像，天台高僧像などが挙げら
れるが，多くは尊崇・追慕の対象であり，ある種の宗教的な契機・行事に掲
げられるものであったと考えられる。政治性は薄いと言えよう。『吉記』承
安 4 年（1174）9 月 22 日条には，後白河院の命で藤原隆能が描いた鳥羽院の
御影が四天王寺念仏堂に掛けられていたことが記録されており，貴人ではあ
るが俗人を描いた早い例とされる [19]。ただし，これも政治にかかわるとい
うよりは供養という側面が強い。

　同時期には，「似絵」と呼ばれる，個人の顔に似せて描くやまと絵の手法
が流行し，藤原隆信・信実親子らが似絵の名手として著名になるが，描かれ
はじめた当初は，個人の面貌に似せて描かれることが「荒涼（無思慮に）」「奇
特（奇怪）」と思われていた（九条兼実『玉葉』承安 3 年 12 月 7 日条）。ただし，
その後似絵は流行し，有名なところでは藤原信実の描いた後鳥羽院の似絵や
中殿御会図などが現存している。ただし，いずれも政治の場に直接かかわっ
て描かれたものではない。後鳥羽院の似絵は承久の乱に敗れて後，隠岐に配
流される前に都のゆかりの人々のために描かれたものであり，中殿御会図は
記録という側面が強いものであろう。

　歌道にかかわる「影」では平安後期に描かれ尊崇されるようになった「人(ひと)麿影(まろえい)」，すなわち歌聖とあがめられた柿本人麿の肖像画が有名である。『古今著聞集』等の説話には，歌の上達を願っていた藤原兼房という人物が夢に柿本人麿を見，その夢に見た姿を絵に描いてもらい，それを掛けて影供をおこなったのが人麿影供(えいぐ)の初めだ，という話が見える。実際，歌道隆盛と自身の歌道上達を願い，平安時代末期から鎌倉期にかけて「人麿影供」の歌会，歌合は盛んにおこなわれた。最初に描かれた由緒ある「人麿影」は，六条藤家(ろくじょうとうけ)という歌道の家に伝えられたが，その人麿影を誰が所有するかが門流意識とかかわっていた点で，ある種の「権威」との関連はあるといえよう。

　人物の肖像画ではなく，四季の名所絵が権力と大きくかかわっている例がある。承元4年（1210），後鳥羽院の発願で京の三条白川に建立した最勝四天王院という御堂御所（寺院兼御所）を飾る障子に，和歌に詠まれる全国の名所（歌枕）の絵が描かれ，その絵にふさわしい和歌が添えられた。建物は建立から数年後に壊され，障子絵も現存していないが，この障子絵制作の総指揮を執っていた歌人，藤原定家の日記『明月記』の記事により，名所絵の描かれた障子は各部屋の用途にあわせ，また季節の循環と名所の実際の位置にも配慮しながら日本国の縮図のように建物にめぐらされていたことが知られる。その和歌の催しは『最勝四天王院障子和歌』と呼ばれている。この御堂御所と四季の名所障子絵，そして障子に添えられた和歌は，全国を統べる治天の君としての後鳥羽院の権威を示し，さらには四季をも支配する為政者であることを示す狙いがあったのではないかと考えられている[20]。

（吉野）

3．個々の歌が生まれた典型的状況についての問い

⑴　歌は口頭で歌われたのか。書かれたのか。両方か。

ドイツ語圏

　宮廷文化における「歌」の役割は娯楽，すなわち居並ぶ聴衆を楽しませることにあった。時には聴衆が一緒に歌うこと，踊り出すこともあったろう。したがって最初の一歩は「口頭で歌う」ことだったと考えてよい。その「歌」には舞踏歌・祝歌・哀悼歌などさまざまな種類があったと考えられ，今日に残る叙情詩がすべてだったのではあるまい。しかし12世紀後半に恋愛詩（ミンネザング）や格言詩などのジャンルが現れた後いつかの時点で，歌のテクスト（本文）が記録されるようになる。書き留めた理由をヨアヒム・ブムケはこう説明する。歌人は「個々の歌謡を書き留め，あるいは書き留めさせ，それをこういった形で貴婦人や友人，またパトロンに送ったという証言が，少なくともフランスには存在する」[21]。ドイツ語圏でもそうした行為はあったと想定してよいだろうが[22]，史料では確認されていない。

　なお日本の歌会や歌合を想起させる『ヴァルトブルクの歌合戦』という作品が残されている。1200年頃テューリンゲン方伯ヘルマンの宮廷で催された歌合戦に，ヴァルター・フォン・デア・フォーゲルヴァイデ（13世紀初頭）やヴォルフラム・フォン・エッシェンバハ（13世紀初頭）らが参加したという設定で13世紀前半に一種の歌物語が書かれた。これに後世の人々が書き足す形で作品が拡大していったとみられる。このような構成の作品はヨーロッパでもほぼ唯一と言われ，フィクションであることは間違いない。しかしそれではなぜ詩人が歌を競うという形式がとられたのか。虚構だから現実とは無関係と言い切れるのだろうか。この問題への解答はいまだに得られていな

い。

（寺田）

日本

　1000-1300年代で言えば，歌は日常でも晴の場（公的な場）でも詠まれており，紙に書くだけではなく，「詠む」というように朗詠することもしばしばであった。晴の場である歌会や歌合（うたあわせ）（歌人を左右に分けて歌を番え（つが），良し悪しで判定する催し）では，作者が和歌をしたためた懐紙を読師（とくし）に渡し，講師（こうじ）と呼ばれる人が，その懐紙に書かれた和歌を朗詠して披露するのが基本のかたちであり，声に出して歌うという本来的な享受がなされている[23]。平安時代末期の和歌界の理論的かつ実際的な指導者であった歌人の藤原俊成は「歌はただよみあげもし，詠じもしたるに，何となく艶（えん）にもあはれにも聞こゆる事のあるなるべし」と彼の歌論『古来風躰抄』で述べ，歌の韻律を重視していた。

　また古歌を口ずさむことも日常的におこなわれていた。物語や歌集には，古歌を口ずさむ場面がよく出てくる。たとえば，有名なところでは『源氏物語』「花宴」巻，のちに朧月夜と呼ばれる女君がはじめて物語に登場するシーンに，

　　いと若うをかしげなる，「朧月夜に似るものぞなき」と
　　うち誦じて，こなたざまには来るものか[24]。

とある。これは，「照りもせず曇りもはてぬ春の夜の朧月夜にしくものぞなき」という大江千里（おおえのちさと）の歌の下句を，その場面にふさわしい歌として口ずさんでいるものである。

（吉野）

⑵　**書かれたならば，それはいかなる筆記面に書かれたのか。筆記面の性格は歌といかなる関係を結んでいたか。**

ドイツ語圏

　書き留めるための最初の手段は，学校教育やメモで広く用いられていた蝋板と石筆，あるいは質の悪い羊皮紙だった。しかしこの段階の記録は「保存のためというよりは使用のためであった」[25]。文字で定着させる作業がここで終わることは非常に多かったにちがいない。蝋板なら何度でも使用できるが，さらに進んでインクで良質の羊皮紙に転写する行為は，その歌に書き残さなければならないほどの重みがあることを前提とするからである。羊皮紙はそれほど貴重な道具だった[26]。『マネッセ写本』（1300-1340 年頃成立）の挿絵でも，蝋板に書写する様子が描かれたものが複数ある。確たる証拠はないが，詩人の名声が高まると，一回限りの使用のための蝋板から，徐々に時間をかけて，保存のための羊皮紙に移行していったのであろう。『マネッセ写本』の挿絵では巻紙もしばしば描かれている[27]。巻紙とはいえ羊皮紙に書き留めること自体が，歌の権威を示すと言えよう。しかし一たび不要と判断されれば，その羊皮紙もただちに裁断されてしまった。たとえ捨てられなくても，新たな写本の羊皮紙を綴じ合わせる紐となった例は枚挙に暇がない。

　ただし歌は，一義的には文字で読むためのものではなく，口頭でおこなう芸能である。もっとも古い詩人たちが活躍した 12 世紀末から今日に残る写本が作成されるまでの 100 年以上のあいだに，本文には相当大きな流動が起きたことが考えられる。またたとえ写本に書かれたとしても，これで歌の本文が固定して伝承されるわけではなかった[28]。

（寺田）

日本

　墨でもって紙に筆で書かれていた。紙は用途によって製造法や原料，紙の厚さ，大きさの異なるものが用いられている。たとえば，平安貴族の雅やかな歌の贈答（挨拶の場合も恋愛の場合も）においては，色のついた薄様と呼ばれる，薄く漉いた鳥の子紙（雁皮を原料とする。斐紙とも。）が主に使われ，時にその季節の花や枝に結びつけて相手に贈っている。歌会に用いられる懐紙は檀紙（陸奥紙とも）という楮で空いた紙が用いられた。雲母引きをしたり下絵を描いたり，金銀の箔を置いたり，色の付いた紙の繊維を漉きかけたりという紙の装飾も発達しており，用途に合わせて用いられている[29]。本の書写に用いられる紙も，格の高い本（勅撰和歌集など）や有名な作品の写本は鳥の子紙や斐楮交紙，一般的な書物は楮紙が多い，というように，本の格と紙の質は比例することも多い[30]。

　なお，紙は貴重であったため，手許にきた文書の裏を用いたり（その結果，紙背文書としてしばしば重要なものが見つかる），漉き返して再利用したりもされている。

（吉野）

　⑶　歌を歌う者，あるいは書く者は，いかなるものであったか。**権力者で**
　　あったか，筆記者として政治システムに仕える者であったか。女性男性
　　どちらかであったか，両方だったか，両方ならば歌い交わしたのか。

ドイツ語圏

　中世ドイツ語圏における芸能活動の実態はわからない点が多いが，通常の娯楽の範囲であれば，歌を歌うのは遍歴の芸能人だった。旅芸人（男性spilman，女性spilwîp）が宮廷で歌や踊りなどの芸を披露していたことは想像に難くない。すなわち男性だけでなく女性も歌を歌ったのである。これらの

「歌」を宮廷内だけで，また多くは文字と無縁の彼ら彼女らが即興で歌っていた（あるいは歌わせていた）だけなら，写本に残す必要はなく，金銭もかからなかっただろう。中世ヨーロッパの宮廷社会では「歌」こそが娯楽の主流だった。それゆえ時には身分の高い人々が歌を詠む機会があり，彼らの詩が書き残されたのであろう。こうした芸能活動は前近代社会の全期間を通しておこなわれていた。

　ただし，権力を持つ男性たちの名で写本に書かれた叙情詩はいくつも残されてはいるものの，このような人物がいついかなる機会でそうした歌を詠んだかを示す史料は見つかっていない。極端に言えば，権力者とは名ばかりで代作者の手になる可能性も否定できないのである。

　なお今日に残る恋愛歌謡では女性と男性が恋歌を交すパターンで構成されたものが少なくないが，ドイツ語圏で今日まで伝わる作品はすべて男性作者によるものである。すなわち女性のパートも，また女性の独白形式の作品も，みな男性の詩人によって創作された。こうした歌を男女の旅芸人が歌い分けた可能性はあるが，証明することはできない。身分の高い，しかも婚姻関係にない男女が密かに恋の歌を送りあうことはあったかもしれない。しかしこれも想像の域を出ない。まして人前でそのような歌を歌い交わすことは考えにくい。

（寺田）

日本

　10世紀初めに成立した最初の勅撰和歌集『古今和歌集』の仮名序（紀貫之著）に「やまと歌は人の心を種として，よろづの言の葉とぞなれりける。［……］花に鳴く鶯，水にすむかはづの声を聞けば，生きとし生けるもの，いづれか歌をよまざりける」[31]と書かれるように，和歌は誰もが，動物までも詠むものというのが理念としてあった。また，和歌をはじめに詠んだのは神々で

あったともされている。現実的には，和歌はもともと日常の挨拶や恋愛に際して交わされるものであり，現在残されている歌集を見る限り，身分の別なく男性も女性も歌を詠んでいた（ただし贈答の場合，基本的には女から男へ先に歌を詠みかけはしない）。10世紀初めに天皇の命で最初の勅撰和歌集が編まれて以来14世紀に21番目の最後の集が編まれるまで，勅撰和歌集はその時代の文化の中心であり公的なものあったが，そのなかには神仏の歌も，天皇・皇后・大臣・官吏・女御・女房など朝廷にかかわる人々の歌も，僧侶の歌も，地方の遊女の歌も，「よみ人しらず」とされる作者不明の歌も入っている。

（吉野）

⑷　歌が書かれた場合，そこに図像は添えられたのか。

ドイツ語圏

　歌謡のみが記された完本写本のうち挿絵入りのものは，ドイツ語圏では『マネッセ写本』と『ヴァインガルテン歌謡写本』（14世紀初めの成立）の2点しか残されていない[32]。したがって当時の実相を想定することは困難であるが，ヴァルター・フォン・デア・フォーゲルヴァイデのようにこの両写本で同じポーズ，すなわち組んだ膝の上に片肘をつき，その手で頬を支えてもの思いにふける肖像が残された例がある。作者が自身を顧みる詩の内容を図像化したものである。ヴァルターは中世ドイツ文学でもっとも重要な叙情詩人で，『マネッセ写本』や『ヴァインガルテン歌謡写本』の成立より約100年前（上述のように13世紀初め）に活躍していたのだが，この詩と図像は当時すでによく知られていたのであろう[33]。両写本の図像には共通の典拠があったと考えられる。そうであれば，歌謡写本作成の黎明期に，すでに画像が施される事例があったことになる。

　一般に何かを伝達する場合，文書だけでおこなうよりも，画像や映像を伴

う方が説得力を持つ。『マネッセ写本』を作らせたチューリヒの都市貴族マネッ
セ家の人々もそれを考えたにちがいない。肖像に限らず彩色を施すのであれ
ば，羊皮紙は紙と比べてはるかに丈夫なため格好の素材だった。しかし彼ら
の意図は詩の内容をよりよく伝えることだけでなく，芸術作品として彼らの
写本の価値を高めることにあった。そのようなものを所有することが，富と
力の示威につながるからである[34]。すなわち権力と財力の可視化である。
詩人の肖像をすべて載せた写本は閲覧した人々に強い印象を残したと考えら
れる[35]。

（寺田）

日本

　勅撰和歌集や私家集（個人の和歌を集めた歌集）などに，その内容にあわせ
て絵が添えられることは一般的にはない。ただし，書写する料紙自体に花鳥
などの絵が施されていることはあるし，近世以降の版本には，歌だけではな
く挿絵が折々入るものもある。

　なお，13世紀の秀歌撰『時代不同歌合』（後鳥羽院撰）には歌を詠んだ作者
の肖像が添えられている。前代までの歌人の代表歌を撰び集めた作品のため，
その歌人を顕彰する目的で絵が添えられたのではないかと考えられる。11
世紀初の秀歌撰『三十六人撰』（藤原公任撰）に挙げられた三十六人について，
肖像を描き歌を添えて絵巻にした「三十六歌仙絵巻」も13世紀半ばごろの
作であり，この頃にすぐれた歌人の肖像を描く歌仙絵が盛んになってきたこ
とが考えられる。

（吉野）

4．歌が歌集に編纂された過程についての比較

⑴　歌集において歌は音響ではなく文字として存在している。個々の歌が
音読されたときに，あるいは歌われたときに多かれ少なかれあったであ
ろう音響としての性格は，歌集においてどのように考えられているのか。
それを手にして朗読する，いわばもとの音響を再生するための再生装置
として歌集は考えられていたのか。

ドイツ語圏

　叙情詩の写本がどのように利用されたかは明らかでない。しかし「黙読さ
れる歌など考えられない」とブリンカー・フォン・デア・ハイデが指摘する
ように[36]，写本はメロディーをつけて朗詠されたにちがいない。『マネッセ
写本』で描かれた詩人の肖像には楽器を伴うものもある。
　古代から中世まで，音符（ネウマ）つきの写本が残されてきた。しかしド
イツ語圏の恋愛詩ではネウマ付きの写本の数は少なく，もっとも古いものは
1230 年頃成立した『カルミナ・ブラーナ』である。これはほとんどがラテ
ン語の歌集だが，ドイツ語の詩あるいはドイツ語の部分が含まれる詩もかな
りある。そのドイツ語の叙情詩の中でハインリヒ・フォン・モールンゲン，
ラインマール，ヴァルター・フォン・デア・フォーゲルヴァイデそれぞれの
1 点に音符が付されている。13 世紀では他にヴァルターの 1 作のみに音符が
付された 1 写本が知られるだけである[37]。『マネッセ写本』などの完本写本
ではメロディーの記載が見られない。これに対してフランス語圏では音符付
きの写本が多数残されている。トルバドゥールとして知られる詩人たちの作
品を収めた 100 以上の歌謡写本にメロディーの表示がある。しかし文字が音
響に変換される状況については，残念ながらわかっていない。ドイツ語圏の

歌謡写本で音符付きのものが少ない理由の解明も今後の課題である。

（寺田）

日本

　歌集が音響を再生するための再生装置として考えられていたことは無いと思われる。むしろ，10世紀にはすでに視覚面を重視し，碁盤のような配置で（各交点の文字を共有するように歌をならべ，縦横六つのマス目に一首ずつ配置するように）歌を連ねていくような試みもあるほどであった（源 順『順集』）。

　一般的に，歌集を声に出して読み上げることがあったかは不明であるが，『新古今和歌集』の完成を祝う竟宴の際（1205年3月26日）に，『新古今集』を文台に置き，講師が同集春上巻頭の4，5首を詠み上げ披露したという例がある[38]。披露する際に詠み上げたのは，やはり歌という特性ゆえと考えられる。

（吉野）

⑵　筆記面の性格，筆記面の様態（ばらばらの紙・羊皮紙，巻子，冊子）は，編纂の過程にいかにかかわったか。編纂の結果，いかなる様態にまとまったのか。

ドイツ語圏

　『マネッセ写本』をはじめとする叙情詩のみを集めた3写本のうち，もっとも古い『小ハイデルベルク歌謡写本』でも成立は1270年頃である。叙事詩を記載した最古の写本と比べ，約100年遅いことになる。初めから文字文芸作品として構想執筆された，あるいは主にフランス語から翻訳された叙事詩に対し，成立時はおそらく口頭だった叙情詩が現存最古の写本に記載されるまでそれだけ長くかかったことになる。

　叙情詩を文字に移す作業は，けっして『小ハイデルベルク歌謡写本』で始まったのではない。この写本より以前に書かれたと推定されるものもいくつか残っている[39]。ただこれらの写本はいずれも断片であり，そこに書かれた作品はそれぞれ 1 点から数点にすぎない。現在までのところ，叙情詩を羊皮紙の写本に書くという行為は，どちらかといえば偶然の産物であり，したがって散発的で体系化されておらず，マージナルな現象だったとみなされている。

　では叙情詩の記載はどのようにおこなわれたのだろうか。その作業では，すでにふれた蝋板・巻紙・不要となった羊皮紙が用いられたと推定される。しかし 1270 年以前の時代のものはいずれも残っていない。13 世紀のドイツ語圏の蝋板で叙情詩を記載したものはなく，個別の羊皮紙の事例も後の時代からの類推である。フランツ・ヨーゼフ・ホルツナーゲルは，13 世紀前半に由来する証拠がまったく存在しない理由として，叙情詩の筆写という行為がその場限りだったからだろうと推測している[40]。しかしその一方で，比較的まとまっていた写本がすべて失われてしまった可能性も否定できない。『小ハイデルベルク歌謡写本』の場合後述するように，写字生たちが複数かつ比較的分量の多い（しかし今日ではもう失われてしまった）詩集を典拠とした可能性は高い。

　その後ようやく，1275 年頃から 14 世紀初頭までの期間で，ドイツ語の叙情詩の写本が次第に多く作成されるようになる。叙情詩が物語作品である叙事詩よりはるかに遅れて写本に載るようになった理由としては，以下の事情が考えられる。

－叙事詩が初めから文字で構想されかつ作品化されたのに対し，叙情詩は口頭による上演という条件に制約されていた。叙情詩も宮廷文化の中で確固とした位置づけを得ていたのだが（しかし上演の実態はよくわかっていない），作品を書き留めて残そうという意識は，叙事詩よりもはるかに遅れてあら

われた[41]。

‒そもそも叙情詩の写本を作ること自体が困難だった。現存最古の完本である『小ハイデルベルク歌謡写本』ひとつとってみても，主要部分で30名にのぼる詩人の作品を集めて書き下ろさせるためには，資材を提供した人物が強い関心を持つだけでなく，猛烈な収集欲を有していなければ成立は不可能だったであろう。そのような人物はなかなか現れなかったのである。

（寺田）

日本

　編纂の過程が撰者の一人である藤原定家の日記『明月記』によって詳細に知られる第八番目の勅撰和歌集『新古今和歌集』の場合，歌集編纂時には御所内に「和歌所」が設けられ，撰集作業をはじめ，多くの歌会・歌合がおこなわれている。そこで詠まれた秀歌は撰集の材にもすぐ追加された。撰集作業では，それを支える寄人と撰者6名（途中で寂蓮が死没し5名）に加え，下命者の後鳥羽院がその作業のほぼすべてに関与していた。その和歌所では集められてきた膨大な歌を撰者が合点をつけて撰んでいき，それを部類，配列して歌集を編纂している。頻繁に催す歌会・歌合で詠まれた秀歌を追加することもあったため，おそらく編纂過程では，まずはばらばらの紙で作業を始め，ある程度部類・配列が進んだところで巻子本のかたちにし，加除訂正のたびに切り継いでいったものと思われる。たとえば『明月記』元久元年（1204）7月27日条には，「歌の箱を開きて部類し，羽林［藤原雅経］執筆す。相構へて春の上下形の如く終功し，夕に退下す」とあり（原漢文），箱に入っている歌（短冊状か？）を分類して書き記していき，勅撰和歌集の巻第一，第二にあたる春部上下を一応整えたことがわかる。

　また，『新古今和歌集』は完成記念の竟宴をおこなった5年後まで加除訂正をおこなっていった。その作業は「切継」と呼ばれており，巻子本のかた

ちでできあがったものから削除する歌を切り出し，加える歌を継ぎ足していっ
たと考えられる。

（吉野）

⑶　**編纂者はいかなるものであったか。権力者であったか，筆記者として
　政治システムに仕える者であったか。女性男性どちらかであったか。**

ドイツ語圏

　中世ドイツの場合，「編纂者」は実態を把握しづらい概念である[42]。誰が
編纂したかを明記する史料が存在しないからである。しかし写本を作成する
資財を提供した人物の意向や嗜好が大きな意味を持ったことは間違いあるま
い。

　『マネッセ写本』では，詩人ハートラウプがその作品内で，マネッセ家の
リューディガー（?-1304）およびヨハネス（?-1297）父子が「家の書庫に多数
の歌謡写本を集めた」と記していることから，この父子が依頼者と比定され
ている。それ以上の仔細は不明だが，市参事会員だった人物が収集から編纂
まで大きな影響を及ぼしたことは確実である。（ただし，識字力だけでなく文字
を美しく書く力を必要とする書写までおこなったとは考えにくい。）またこの写本
が書き始められたのは1300年頃と推定されているが，その前提である典拠
の収集は遅くとも1290年代には始まっていたと考えられる。最終的に完成
した（正確には作成作業をやめた）のが1340年頃だったことを考えると，最初
にある程度の指針が立てられ，それに則って写本が書き継がれ続けたのであ
ろう[43]。

　女性が写字生としてだけでなく編纂もおこなったことは十分考えられる。
ヒルデガルト・フォン・ビンゲン（1098-1179）やメヒティルト・フォン・マ
クテブルク（1207?-1282）などの作品（いずれも宗教関連文書中心）は，少なく

とも初期の段階では彼女たちのいた女子修道院で（少なくともそれらを中心に）書写され，また文章の勘案もおこなわれたであろう。ただ当事者の名前などは不明である。そもそも女子修道院の書写房や図書室は史料が少なく，それらの記録は 14，15 世紀になってから目立ち始める[44]。それ以上のことは残念ながらわからない。

（寺田）

日本

　勅撰和歌集の場合，編纂者（撰者）に女性はいない。また，勅撰集の撰者に選ばれるのは，その時代の和歌界を代表する歌人だけではなく，下命者である天皇や上皇との関係などさまざまな思惑で撰ばれている。下命者自身が撰者でもある例もある。たとえば 11 世紀初成立の『拾遺和歌集』は下命者である花山院自身が編んでいる。

　私家集の場合は，自分の家集を自身で編纂している場合も，後世，縁者をはじめ他者が編纂する場合もあり，その多くは権力と関係するものではない。女性が編纂にかかわる場合もある。たとえば，13 世紀成立の『建礼門院右京大夫集』の何種類かの伝本のうちの一本（九州大学蔵本）には，その奥書に，作者自身の自筆本を友人が書写し，その後さらに別の女房（家隆女承明門院小宰相）に書写されて伝わってきている経緯が記される[45]。つまり，12 世紀末に安徳天皇生母の平徳子に仕えていた女房，建礼門院右京大夫自身が編纂し，その伝来にも女性がかかわっているのである。

（吉野）

⑷　**編纂された歌集に図像は添えられたのか。**

ドイツ語圏

　肖像に限らず，図像の付された写本は古代以来存在する。ただしヨーロッパでそうした装飾写本が増えるのは中世後期以降であり，1300 年以前の文芸作品を記載した写本では，装飾の中心は図像よりもむしろイニシャル（作品や段落の最初の文字）の大書や多色書きが中心だった。歌謡写本の場合，『小ハイデルベルク歌謡写本』には詩人の肖像が施されていないのに対して，『マネッセ写本』と『ヴァインガルテン歌謡写本』では全ページ大で詩人の肖像が描かれている。

　図像を入れた理由も入れなかった理由ももはや知ることはできないが，推測は可能である。そもそも文書が作られるのは上述のように，財産や収入，支配権などに関する事柄が中心だった。羊皮紙自体がたいへん高価であり，かつまた識字力を持つ人々が限られていたからである。それだけに，文芸作品の写本を書かせること，まして挿絵入り写本を作成させることは贅沢中の贅沢であった。まさにそれゆえに，写本には（マネッセ家のように）財力を誇示する手段としての性格があった。

　中世はドイツ語圏に限らず，断絶した家門が数限りなくある。それは当然，当時の人々も意識していた。1300 年頃のチューリヒの人口は 5000 人程度だったが，その政治と経済を支配する都市貴族は競合関係にもあった[46]。権力や財力を示威する姿勢は，血統が消滅することへの不安と表裏一体だったのではないだろうか。

（寺田）

日本

　すでに 3 ⑷に述べたが，勅撰和歌集や私家集などに，それにあわせるかた

ちで絵が添えられることはまずない。ただし，書写する紙自体に花鳥などの絵が施されていることはあるし，近世以降の版本には，歌だけではなく挿絵が折々入るものもある。

（吉野）

(5) **編纂の過程になんらかの方法意識が伴い，それが書きのこされているということはあるか。すなわち，文献学の萌芽のようなものはあるか。**

ドイツ語圏

現存写本はいずれも先行写本を引き写し，場合によっては何らかの処理をしたものと推定されるが，典拠がひとつも残されていないので以下は仮説である。『マネッセ写本』では明らかでないが，『小ハイデルベルク歌謡写本』の場合，内部の言語の矛盾から，原典が複数あったと推定されている。すなわちこの写本の編纂者（正確には「主要部分の写字生」[47]）の目の前にはタイプの異なる複数の歌謡写本があった。13世紀後半の時点で，すでにヴァルター・フォン・デア・フォーゲルヴァイデ，ラインマールなど名声が高い詩人の歌謡集が編まれていたと考えられる。しかしそれらの写本は異なる編纂者が異なる構想にもとづいて歌を集めて作成したものである。当然ながら，同じ作者の作品でも異なる方言で書写される。作者の名前が異なって伝えられるものもあった。作品の配列も変わる。また同じ作品でも写字生により作品内部の配置（詩節の配置順）が変わったことも考えられる。それら典拠の実相はもはや確かめられないが，『小ハイデルベルク歌謡写本』の編纂者は，それらの違いに頓着せず筆写を進めた。その結果，似た名前の詩人の作品が寄せ集められることとなった。つまりこの写本の編纂者は，目の前に置かれた典拠の本文にほとんど何も手を加えなかったのである。しかしまさにそれゆえ，逆に原典の姿がよりよく見えるまま残ったとも言える。『マネッセ写本』

でこのような矛盾が少ないのは，編纂者が（同じように複数あったであろう）先行写本を念入りに調査し，矛盾や不整合をできるだけ排しながら書写していったことを間接的に証するのである。

（寺田）

日本

　13 世紀初めに編まれた勅撰和歌集である『新古今和歌集』には，撰者の一人の藤原定家の日記『明月記』によって編纂過程の詳細が知られ，そこには歌の並べ方をめぐるやりとりなども書かれているため，その集の方針・方法意識はかなり具体的に知られる。

　また，12 世紀末に編まれた藤原清輔著の『袋草紙』という歌学書には「撰集故実」「故撰集子細（ふるき撰集の子細）」という項目があり，当時は勅撰と思われていた『万葉集』を含む代々の勅撰和歌集編纂のきまり，各撰集の編纂時の諸事情などが詳しく記されている。清輔の父は第六番目の勅撰集『詞花和歌集』の撰者藤原顕輔であり，清輔自身も撰集の補助を務めている。代々の歌人として重きをなし，勅撰撰者も出している歌の家（六条家）の一人として，清輔は自身がやがて勅撰撰者になるときのために必要な撰集に関する故実を家の学問として書き留めたのだが，それは文献学の萌芽とも言えよう。

　文献学に関連し，歌集の書写態度についても言及しておく。歌集を厳密な態度で書写するようになったのも，『袋草紙』と同時期の，12 世紀末の平安時代末期以降である。それまでの書写は，私家集は当然ながら勅撰和歌集であっても厳密な態度で写されなかったために，現存する諸本間の異同が大きいことが指摘されている（本文書写の態度はさほど厳密でなくても気にしない）。それが，貴重な親本を一字も間違えず，果ては用いる字（変体仮名）もまったく同じに書写するといった本も出てくるようになるのは，和歌に「歌道」という概念が生まれ，それを担う人々——まさに定家の御子左家とそのラ

イバル六条家といった歌道家が生まれてきたことによるのである⁴⁸⁾。

（吉野）

注

1) David R. Knechtges, Eugene Vance: *Rhetoric and the Discourses of Power in Court Culture: China, Europe, and Japan*. University of Washington Press, 2005.

2) 中山眞彦『ロマンの原点を求めて　『源氏物語』『トリスタンとイズー』『ペルスヴァルまたは聖杯物語』』水声社 2008 年。

3) 千種キムラ・スティーブン（Kimura-Steven, Chigusa）『『源氏物語』と騎士道物語　王妃との愛』世織書房 2008 年。

4) 松原秀一『中世ヨーロッパの説話　東と西の出会い』中央公論社 1992 年。

5) Edoardo Gerlini: *The Heian Court Poetry as World Literature: From the Point of View of Early Italian Poetry*. Firenze: Firenze University Press, 2014.

6) J. R. McNeill, William H. McNeill: *The Human Web: A Bird's-Eye View of World History*, New York/London: Norton, 2003, p. 148. 原書から訳したが，訳書では以下にあたる。ウィリアム・H・マクニール，ジョン・R・マクニール『世界史　人類の結びつきと相互作用の歴史』福岡洋一（訳）2 巻，楽工社 2015 年，上巻 206 頁。

7) Victor B. Lieberman: *Strange Parallels: Southeast Asia in Global Context, c. 800-1830*. 2 vol. Cambridge, Cambridge University Press, 2003-2009.

8) ミシェル・フーコー『言葉と物　人文科学の考古学』渡辺一民・佐々木明（訳）新潮社 1974 年。

9) 例えば以下。フリードリヒ・キットラー『グラモフォン・フィルム・タイプライター』石光泰夫・石光輝子（訳）筑摩書房 1999 年。フリードリヒ・キットラー『書き取りシステム 1800・1900』大宮勘一郎・石田雄一（訳）インスクリプト 2021 年。

10) Nawata Yûji: *Vergleichende Mediengeschichte: Am Beispiel deutscher und japanischer Literatur vom späten 18. bis zum späten 20. Jahrhundert*, Munich: Fink, 2012; Nawata Yûji: *Kulturwissenschaftliche Komparatistik: Fallstudien*. Berlin: Kadmos, 2016, pp. 9-21.

11) 『ザクセンシュピーゲル・ラント法』久保正幡・石川武・直井淳（訳）創文社 1977 年 167 頁。

12) Japan Knowledge Lib『国史大事典』（吉川弘文館）「官宣旨」項，『日本大百科全書』（小学館）「官宣旨」項参照。

13) Mathias Kluge (Hg.): *Handschriften des Mittelalters*. 3., erweiterte Auflage.

Ostfildern: Thorbecke, 2019, pp. 12-15.

14）クラウディア・ブリンカー・フォン・デア・ハイデ『写本の文化誌』一條麻美子（訳）白水社 2017 年 12-56 頁。

15）現実には紀元前，前漢の時代の紙が発掘されている。以下を参照。尾鍋史彦総編集『紙の文化事典』（朝倉書店 2006 年）第 2 章第 2 節第 2 項「中国における紙の誕生」（項目執筆担当：王建生），13 頁。

16）堀川貴司『書誌学入門』勉誠出版 2010 年第 2 部 119～121 頁，日本古文書学会編『古文書への招待』（勉誠出版 2021 年）「足利義満書状案」（湯山賢一），「足利義教自筆御内書」（林譲）参照。

17）徹頭徹尾男性優位の社会であったから，「女はほとんど尊重されず，よく殴られた」（エンネン 217 頁）。文芸作品でもヒーローである夫が妻を殴打する記述がみられる。「夫（＝ジーフリト）もあのことでわたしをさんざん打ちのめしました。」（『ニーベルンゲンの歌』岡﨑忠弘（訳）鳥影社 2017 年 258 頁）。そこまででなくとも，今日なら「女性蔑視」と非難される表現が何の憚りもなく記されていた。誉れの騎士エーレクでさえ妻をこう罵る。「女とはこんなものだと，つねづね聞いてきたことが，まことの話，今こそしかと確かめられたわ。固く禁じられていることも，とかく女というものは，やがてなんとでもして，試さずにはおれぬ。これが古（いにしえ）からの世の習いだ。」（『エーレク』平尾浩三（訳）（ハルトマン・フォン・アウエ『ハルトマン作品集』平尾浩三・中島悠爾・相良守峯・リンケ珠子（訳）郁文堂 1982 年 1-159 頁）53 頁）。

18）ブリンカー・フォン・デア・ハイデ 57 頁，エーディト・エンネン『西洋中世の女たち』阿部謹也・泉眞樹子（訳）人文書院 1992 年 135，217 頁，Joachim Heinzle: *Wolfram von Eschenbach. Dichter der ritterlichen Welt. Leben, Werke, Nachruhm.* Basel: Schwabe, 2019, p. 32.

19）『国史大事典』「肖像画」項参照。

20）渡邉裕美子『最勝四天王院障子和歌全注釈』風間書房 2007 年，吉野『後鳥羽院とその時代』笠間書院 2015 年。

21）ヨアヒム・ブムケ『中世の騎士文化』平尾浩三・和泉雅人・相澤隆・斎藤太郎・三瓶慎一・一條麻美子（訳）白水社 1995 年 719 頁。

22）ウルリヒ・フォン・リヒテンシュタイン（1200/10-1275）の『貴婦人への奉仕』には，主人公が愛する女性への歌を使者に託して送り届け，彼女も歓ぶ記述がある。Ulrich von Liechtenstein: Frauendienst. 2., durchgesehene und verbesserte Auflage. Hrsg. von Franz Viktor Spechtler. Göppingen: Kümmerle, 2003, pp. 209-212. この作品の内容は虚構であるが，作者の自伝形式で書かれたドイツ語圏

最古の物語である。

23) 平安中期頃までの歌合は遊宴の要素が強く，歌の勝負は歌人にとっては真剣でも宴の余興に近いものであったが（『天徳四年内裏歌合』など），徐々に歌そのものの良し悪しを判定して勝負を決する要素が強くなり，勝負を判ずるための和歌批評，歌論の発展に大きく寄与するものとなった。また，机上の歌合もおこなわれるようになった。

24) 引用は，小学館新編日本古典文学全集『源氏物語』（Japan Knowledge）による。

25) ブムケ『中世の騎士文化』723 頁，フォン・デア・ハイデ『写本の文化誌』43 頁も参照。

26) なお日本語では「羊皮紙」と言うが（英 parchment，独 Pergament），実際には羊だけでなくロバや鹿，とりわけ仔牛や山羊の皮が好んで使用された。ヨーロッパ南部では羊と山羊が，北部では仔牛の需要が高かった。薄くて丈夫なことから，生まれる前の山羊と羊の子の皮は特に価値が高いとみなされ，中世後期には聖書の豪華写本の作成に好んで用いられた。フォン・デア・ハイデ『写本の文化誌』15 頁，Kluge (Hg.): *Handschriften des Mittelalters*, pp. 15-20，八木健治『羊皮紙のすべて』青土社 2021 年 36-49 頁。

27) この写本の 323 葉 表面に描かれた図像では，目をつぶっている詩人ラインマール・フォン・ツヴェーターの横に女性がいて，巻紙に書写している（https://digi.ub.uni-heidelberg.de/diglit/cpg848/0641 2022 年 7 月 30 日確認）。ただ歌人が歌ったものをその場で（巻紙とはいえ）羊皮紙に書写することは想像しにくい。これは「上演」と「書写」という異なる営みを一つの画面に象徴的にまとめたものと解する。この図像は，女性も書写という営みを担ったことを示している。

28) 今日に伝わるドイツ語圏最古の叙情詩の作品は 12 世紀後半に成立しているが，『マネッセ写本』に掲載された本文は，いわゆるオリジナルから大きく変化した可能性がすでに指摘されている。ただその変化がどの程度かについては定説が得られていない（Jan Mohr: *Tagelied*. In: Beate Kellner / Susanne Reuchlin / Alexander Rudolph (Hg.): *Handbuch Minnesang*. Berlin / Boston: de Gruyter 2021. pp. 534-542, p. 536）。今後も困難であろう。

29) 堀川貴司『書誌学入門』（勉誠出版 2010 年）第 2 部 119〜121 頁。

30) 佐々木孝浩『日本古典書誌学論』（笠間書院 2016 年）序論等。

31) 引用は新編国歌大観により適宜漢字を宛てる。

32) 叙情詩が記載された写本自体が 40 点ほどしか残っていない上，その半分以上は断片写本である。そのなかには詩人の肖像を載せたものがあるのだが，多くはわずか数葉しかなく，原形は復元できない。さらに叙事詩（物語文学）など他ジャ

ンルの作品が混じった集合写本に記された作品も多い。叙情詩に関する書記伝承の研究が困難な理由はこうした点にもある。この残存写本の数を叙事詩の作品の写本数と比べると，さらに大きな違いが目につく。ヴォルフラム・フォン・エッシェンバハの作品『パルチヴァール』と『ヴィレハルム』は，断片も含めてそれぞれ80 以上の写本が残されている。中世社会の文芸活動全体における叙情詩の位置づけは高かったと想像されるものの，写本に載せて後世に残そうとする意識や意欲はかなり低かったことがうかがえる。

33) Lothar Voetz: *Der Codex Manesse. Die berühmteste Liederhandschrift des Mittelalters.* Darmstadt: Wissenschaftliche Buchgesellschaft, 2015, p. 146.

34) 前掲 Voetz: *Der Codex Manesse*, p. 77.

35) なお本稿の枠（1000-1340 年）より後になるが，オスヴァルト・フォン・ヴォルケンシュタイン（1376/78-1445）が晩年に自作の詩を集めて書かせた 2 写本の冒頭に自分の肖像を描かせた。ドイツ語圏ではこの 2 点が「自作詩集」かつ「自分の肖像を描かせた」最古の例である。

36) 前掲フォン・デア・ハイデ『写本の文化誌』164 頁。

37) 格言詩ではネウマ付きの写本はやや多い。また恋愛詩も格言詩も 1300 年より後になるとメロディーつきの写本が多くなる。先に挙げたオスヴァルトの写本では多くの詩に音符が付されている。しかしこの現象は前時代の「古典」の継承を意味するのではない。15 世紀には恋愛詩や格言詩が変容し，同時にメロディーも変化したと考えられる。これらの変化が人々の意識をそもそも反映するのか，またそうだとして意識がどのように変化したかは，今後解明されるべき課題である。

38) 『明月記』元久 2 年（1205）3 月 27 日条に前夜の竟宴の大略が記される。

39) 12 世紀から 1270 年頃（『小ハイデルベルク歌謡写本』の成立時）までに叙情詩が記載された，ないし書き込まれた写本が，上述の『カルミナ・ブラーナ』も含めて 11 点残っている。Franz-Josef Holznagel: *Wege in die Schriftlichkeit. Untersuchungen und Materialien zur Überlieferung der mittelhochdeutschen Lyrik.* Tübingen / Basel: Francke, 1995, pp. 22-24.

40) 前掲 Holznagel: *Wege in die Schriftlichkeit*, p. 25.

41) 前掲 Holznagel: *Wege in die Schriftlichkeit*, p. 27.

42) 『新古今和歌集』ならば依頼者（後鳥羽上皇），11 名の寄人，1 名の開闔（源家長），6 名の撰者で出発した（新日本古典文学大系本 2 頁）。

43) 前掲 Voetz: *Der Codex Manesse*, p. 8.

44) 前掲 Kluge（Hg.）: *Handschriften des Mittelalters*, p. 87.

45) 新編日本古典文学全集『建礼門院右京大夫集　とはずがたり』（小学館）解説に

よる。

46）前掲 Voetz: *Der Codex Manesse*, p. 77.

47）『小ハイデルベルク歌謡写本』は 4 人ないし 6 人の写字生によって書かれているが，全体で 45 葉のうち最初の 39 葉は 1 人の手による。この写字生が編纂もしたという証拠はないが，そう想定することがさしあたり可能であろう。だがこの人物が目の前にある先行写本を忠実に書写しただけだった可能性もある。その場合は先行写本の写字生が本文に述べる編纂をしたと考えられる。

48）『國文學　文字のちから』（8 月臨時増刊）（學燈社 2007 年）所収・浅田徹「古今和歌集 —— 定家と書写」参照。

第Ⅱ部

ユーラシアの科学と文化

第2章 グローバルに文化を問うこと
──作図についてモンゴル帝国期東西天文学交流を例に──

諫 早 庸 一

> それゆえ，世界市民を主張することは，この意味で，原理的に「あらゆる形態の
> 文化に冷然と無礼であることであり，普遍主義を表明することではなかった」
> アーミテイジ「コスモポリタニズムと内戦」[1]

1．はじめに
──グローバル文化史の試み──

　本章はこの論集の主題である「グローバル文化史の試み」を，〈我々〉の
数学は存在するのかという問いから実践するものである。この問いは，1)
グローバル文化史はなぜ必要とされているのか，2) グローバル文化史の実
践は可能なのか，という「グローバル文化史の試み」に直結するよりメタな
レヴェルでの2つの問いに密接に関わるものである。グローバルの語はその
名の通り，普遍／全球／総合を強く連想させる。一方文化はその性質上，固
有／伝統／特殊といった言葉と強固に結びつく。その意味でグローバルと文
化を──それらの歴史を思考することで──結びつけたグローバル文化史と
は，ともすればオクシモロン／対義結合の趣を帯びる。その試みは実現可能
なのか。本章ではこれを「〈我々〉の数学は存在するのか」という，より個
別具体的な問いに読み替えたい。数学もまさに普遍にして近代科学の象徴で

あるという事実，また〈我々〉というものが個々別々の主体であるという事実から，「〈我々〉の数学」もまた「グローバル文化史」と同種の対義性を有していると考えられるからである。

(1) 史的転回としてのグローバル・ヒストリー

まずはメタ・レヴェルの最初の問いである「グローバル文化史はなぜ必要とされているのか」という点について考えてみたい。この「グローバル文化史」なる術語が明確に意識しているのが，近年のグローバル・ヒストリーの潮流である。グローバル・ヒストリーを，西洋中心主義と一国史観との克服を，時間論的ならびに空間論的転回から実現しようとするものと見る，イギリス近現代史ならびに歴史理論を専門とする長谷川貴彦は「物語論的転回2.0——歴史学におけるスケールの問題」と題した論考のなかで以下のように論じている[2]。

副題のごとくこの論考は，現代歴史学における「スケール」の変化の問題に焦点を当てたものである。長谷川は「スケール」の問題は現代歴史学を論じるうえで不可欠の重要な論点を構成していると主張している。現代歴史学の理論・方法論上の基本的特質は「転回」を重要な転換点として論じられてきた。ここでの「転回」とは，広義には近代歴史学への再審の試みであり，それは言語論的・文化論的・物語論的と様々な形態を取るものであった。それらは一般的には言語や文化などの記号表現の規定性を主張してきたポスト構造主義に与する知的潮流として理解される。例えばこの段階での「物語論的転回」とは，ヘイドン・ホワイト『メタヒストリー』に見られるような歴史叙述に対する自己省察的分析であり[3]，文化論的転回の文脈では「ミクロストリア」のような細部に着目した物語的歴史叙述の復権であった[4]。しかし近年，別の位相を有する「転回」が中心的な論点として浮上してきていると長谷川は語る。それがまさにこのグローバル・ヒストリーの語義そのもの

である空間論的転回と，これもグローバル・ヒストリーが志向する時間の射程の拡大を意味する時間論的転回である。こうした時間や空間のスケールの拡大にともなう新たな「大きな物語」の希求を長谷川は，先の「物語論的転回 1.0」に対して「物語論的転回 2.0」と呼んでいる。この潮流に関して長谷川が取り上げる 2 書の 1 つ目がリン・ハント『グローバル時代の歴史学』である[5]。

　ハントはフランス革命史家であり，言語論的転回を革命史研究に応用してあらたな境地を切り開いてきた歴史家である。彼女が 2014 年に発表し，長谷川が邦訳を成した『グローバル時代の歴史学』は文化史とグローバル・ヒストリーを軸として現代歴史学を俯瞰したものとなっている。戦後史学において主要なパラダイムを形成してきた――とハントが主張する――1）マルクス主義，2）近代化論，3）アナール学派，4）アイデンティティの政治の 4 つはいずれも，外在的には冷戦の終結やグローバル化，内在的には「文化理論」の台頭によって有効性を失っていく。言語論的転回，文化論的転回，ポスト構造主義，カルチュラル・スタディーズなどの知的潮流の総称である文化理論は内部に緊張や差異を孕む一方で，言語や文化などの表現の規定性を重視した点においては共通していた。この傾向の史学的表現が「文化史」ということになる。しかし，この文化史もまた難題を含んでいた。その最たるものの 1 つが人間の主体性の消去である。ポスト構造主義の影響下において歴史家たちは人間の「経験」を消し去り，言語によって主体が決定されるという前提に過度の信頼を置くようになった。この種の文化理論に対する不満を内在的要件として，外在的には 90 年代以降のグローバリゼーションを背景としてグローバル・ヒストリーが台頭してくる。それは文化史が放棄した因果関係をめぐる議論を「大きな物語」への回帰でもって埋めようとする試みでもあった。一方でハントはグローバル・ヒストリーをトップダウンの視座とボトムアップの視座とに分類し，ウォーラーステインらに代表される

前者のアプローチが，かつてのマルクス主義・近代化論・アイデンティティ
の政治を吸収するなかで，そこからヨーロッパ中心主義・近代主義・経済決
定論といった問題をも継承してしまったことを指摘している。

⑵　グローバル・ヒストリー批判

　この種のトップダウン型のグローバル・ヒストリーへの批判の代表例とし
て，中国近世史家の岸本美緒の手になる「グローバル・ヒストリー論と「カ
リフォルニア学派」」を挙げることができる[6]。まず岸本は「グローバル・
ヒストリー」という歴史学の方法を全面的に論じることは困難であり，それ
はそもそも「グローバル・ヒストリー」とは何なのかということについて明
確な合意がないことに起因していると指摘する。例えば南アジア近現代史を
専門とする水島司が入門書で述べるような諸点，1) 扱う時代の長さ，2) 対
象となるテーマ・空間の広さ，3) ヨーロッパ中心主義の相対化，4) 諸地域
間の相互連関の重視，5) 対象・テーマの斬新さは[7]，いわゆる「グローバル・
ヒストリー」研究の必要条件ではなく，それらのいくつかを含むにすぎない
ケースがほとんどであると岸本は述べる。「グローバル・ヒストリー」の核
心を露にせぬままにその斬新さのみを強調する近年の日本の動向に岸本は警
鐘を鳴らしているのである。このように「グローバル・ヒストリー」に対す
る自身の立ち位置を明確にしたうえで岸本が議論の俎上に載せるのが「カリ
フォルニア学派」の諸研究ということになる。その理由の1つ目は，彼らが
「グローバル・ヒストリー」研究の牽引役の1つであること，2つ目は彼ら
の中国経済中心の研究が岸本の専門と重なることである。

　「カリフォルニア学派（the California School)」なる集団は，「グローバル・
ヒストリー」を，比較を軸に社会経済史的な見地から展開させている研究者
たちである。彼らは19世紀に顕著になったヨーロッパの跳躍とアジアの停
滞の所以をそれ以前のヨーロッパの「特殊性」に求めてその必然性を強調す

る従来の定見を覆し，1）ヨーロッパの状況は1800年頃まではアジアの先進地域と変わりなかったこと，2）その後の大分岐はヨーロッパの歴史的な必然性などではなく，むしろ些細な相違や偶然的な出来事に起因することを主張した。しかし岸本は，こうしたカリフォルニア学派の主張に対する「違和感」を文字に起こしていく。彼らの認識はあくまで英語圏の研究者たちのそれであり，日本語や中国語で研究してきたアジアの歴史研究者たちとは距離があると彼女は主張する。後者にも確かに存在した欧米中心主義はしかし，前者のそれとは異なるものであり，前者の言い分を日本の状況にも当てはめることができるとするような「グローバル・ヒストリー」論者に対する強烈な不信感を岸本は隠そうとはしない。日本の中国史研究はかねてより中国独自の発展径路に注視し，時としてそれは西洋モデルの脱却という意味合いすら持っていたのである。

　さらに岸本はカリフォルニア学派のナラティブに見られる欧米中心主義批判が結局のところ，その批判の根本にある「勝者（強者）中心主義」をヨーロッパ・アジアの関係をひっくり返して踏襲してしまっていると指摘する。中国であれ欧米であれ，中心を措定する点で，両者はその淵源を同じくしているとの主張である。さらに，欧米中心主義が元来，19世紀以降の西洋の絶対優位の状況を起点としているのに対し，カリフォルニア学派の議論もまた現在のアジア諸地域の経済的台頭を出発点としてはいないかと，その〈同時代性〉もまた，岸本の問い掛けるところである。

　方法論的批判に続くのが具体的な論点の検討ということになる。そこで対象とされるのは学派の代表的な著作であるケネス・ポメランツの『大分岐』——とビン・ウォンの『転形する中国（*China Transformed*）』——である[8]。岸本はポメランツが従来ほとんど試みられなかった中国とヨーロッパの社会経済の計量的比較に真っ向から取り組んだ史家であり，その点こそが同書が広範に読まれた所以の1つであるとしている。ただし，それを認めたうえで，

特に中国に関して彼の計量分析には限界があることを指摘する。そもそも散発的にしか残らない当時の中国の数量的データがポメランツの複雑な統計に耐えうるものなのかどうかを岸本は疑問視している。さらに，複雑な統計分析の一方で驚くほど無根拠に断定されている「事実」が存在していることも岸本の批判で重視されている部分である。「規制の無さ」や「自由」といった「新古典派的」指標でもって市場の先進度を測ろうとするポメランツの史観のなかでは，利益主義の面からは捉えきれない「インボリューション」のような現象は捨象されてしまっている。

　現在の日本の中国史研究においては，むしろこうした「新古典主義的」な議論の相対化が図られており，そのような態度こそがより根本的な欧米中心主義批判になるのではなかろうか，今「グローバル・ヒストリー」の名の下に求められているのはカリフォルニア学派のような旗振り役の主張を受動的に受け入れるのではなく，それと自らの議論を照らして対話を試みることではないか，こうした問題提起が岸本論文の結語となっている。

⑶　「下からの」グローバル・ヒストリー

　ここから再びリン・ハントに戻りたい。トップダウン型のグローバル・ヒストリーの問題やそれに対する批判を踏まえてハントが重視するのがボトムアップ型のグローバル・ヒストリー，つまり文化論的転回の成果に依拠しながら近代資本主義の発展史に回収されることのない「下からの」歴史である。それは，文化論的転回と空間論的転回とを軸に現代歴史学を回転させようとする試みということになる。ハントのボトムアップ型とは，地球規模の連環をモデル化するトップダウン型よりも「トランスナショナルな空間を再発見する」[9]ものであり，経済以上に言語・文化的なコンテクストの位相をナショナルなものから〈ずらす〉ものだと言える。

　そもそもハントの書名にある「グローバル時代の歴史学」にとって，グロー

バリゼーションは唯一の争点ではない。歴史叙述において不可欠なカテゴリーである「社会」と「自己」もまた徹底的な形で刷新を経験しているとハントは語る。先の第1款で列挙された4つのパラダイムは ——アナール学派を除けば——いずれも社会こそが自己とアイデンティティとを決定するとしており，それは文化理論にも同じことが言える。しかし，グローバリゼーション・パラダイムによって時間と空間を〈ずらす〉ことは，社会と自己との関係にも再考を促すものとなった。人と人との関係性であった「社会」はもはやその枠を超えて人と動物，人と環境，人とモノの関係のなかでも観念されるべきものだと認識され，その境界は流動化を余儀なくされている。そうした流れのなかで「自己」本体もまた，その境界を曖昧にしていく。最新の神経科学の成果は，「自己」における情動（emotion）の重要性を説いており，「自己」が身体と脳，身体と環境との相互作用を通じて継続的に更新されるものだと見做している。「社会」とはこの種の「自己」が連なる〈我々〉の重なりによる間主観性によって形成されたものなのである[10]。

　同書の最終章においてハントは具体例として，「自己」或いはその重なり合いとしての「社会」の変容をボトムアップ型のグローバル・ヒストリーでもって語る。そこで扱われるのは中国ダイオウである。17世紀以降にヨーロッパで珍重されたこの植物の用途は何よりも下剤であった。そしてそれは体液と情動との均衡を志向する〈ヨーロッパ的〉「自己」が，非西洋的な空間との接触により，刺激を志向する「自己」へと変容を遂げていく時代でもあったとハントは読み解く。この「政治を含む共有された空間への刺激と参加の拡大を求める身体化された自己」[11]は，18世紀の「社会」をも決定的に変えていく。18世紀，それは「自己」と「社会」とを権力の文脈で読み解くミシェル・フーコーが——その所以を語らないままに——決定的な転換期と位置づけた時代であった[12]。

　ここまで昨今のグローバル・ヒストリーの潮流を見ていくなかで，その内

実や問題点とそれを克服する試みを見てきた我々は，いわゆる「グローバル
文化史」がハントの言うボトムアップ型のグローバル・ヒストリーと重なり
合うことに気づくことになる。再び長谷川の叙述に拠れば，現代歴史学の転
回の特徴はまずは時間と空間のスケールの拡大ということになる。しかしこ
の「大きな物語」への志向は同時に新たな問題を生じさせることとなった。
それが，時間と空間のスケールの拡大のもとにどのような歴史像を構築する
のかというものであり，それは「因果関係の復権」ならびに「主体の復権」
という現象として立ち現れてくる。既述の戦後の４パラダイムの１つであっ
たアナール学派に典型的に見られたのは，「物語」から距離を取り，歴史学
も自然科学と同様に数量的証拠を集めて因果関係的な解釈を確立しようとす
る態度であった。これに対して文化史家たちは「法則や因果関係」に代えて
「意味と解釈」を重視していく。しかし近年，「因果関係」そのものの〈物語
性〉が指摘されることによって「因果関係」と「物語」との和解が進んだ。
言語論的・文化論的転回以降の新たな因果論とは，客観的なものに対して主
観的なものを重視する立場を取る。そこでの「因果関係」とは主観的なもの
によって認識されて初めて客観的な構造となる，つまり主体が客観的な構造
と交渉しながら一定の法則性を持つ力学を認識するのが「因果関係」なので
ある。これが「主体の復権」という現象であると長谷川は語る。ハントの重
視するボトムアップ型のグローバル・ヒストリーは，この文脈においてミク
ロストリアとの接合を意図している。ローカルな文化をまとう行為主体が，
金融資本主義のような普遍的志向性をもつグローバル化と交渉しながら地域
の個性を創造していくのである。こうした交渉のなかでグローバル化は世界
の同質化以上に地域同士の差異化をもたらし，その差異化・多様性こそがグ
ローバル化を活性化させる[13]。

　こうしたグローバル化におけるローカルな文化の創造・刷新，その諸相を
捉える手段が，本章における〈グローバル文化史〉であるとここで定義して

おきたい。そして後段においてはその試みとして，少なくともユーラシア規模での一体化が進んだ最初の時代であるモンゴル帝国期（1206〜1368 年）を対象とし，その時代に普遍に晒されたローカルな知の揺らぎに焦点を当てる。ここで扱われる「ローカルな知」とは，この時代までにそれぞれの地域で個別に彫琢されてきた天文学ということになる。

2．モンゴル帝国期における東西天文学交流

(1)　パクス・モンゴリカの下で

13 世紀のモンゴルによる中央ユーラシアの政治統合，それに起因するユーラシア規模での交易圏の連環と文化交流の高まりとはよく，「パクス・モンゴリカ／モンゴルの平和」と表現される。モンゴルは武力によって中央ユーラシアを政治統合した。対抗勢力がいなくなったおかげで，通行税の重複は無くなり，駅伝制の整備によって通行の安全や迅速化も実現された。またこれまでのシルクロードよりも「北方の道（the Northern Road）」[14] つまり，黒海岸の港市からカスピ海，アラル海の北側の草原地帯を抜けてモンゴル高原から中国にまで至るこの道は，モンゴル時代以前には少なくともこれだけの規模では使われていなかった。遊牧民の機動力なくしてこの道は使いえず，このルートはまさに「モンゴルの平和」の産物と言える。

　一方でかつて「モンゴルの平和」とは，モンゴルの主体性という観点からは，通行税の減免や駅伝制の整備のようなハード面のみに焦点が当てられていた。モンゴルの遊牧政権が整備し，現出した「平和」を定住民が利用する。こうした理解の下ではモンゴルは，例えば文化交流のような局面においてはあくまで二次要因と見られていたにすぎない。実際に交流したのは「文化」を理解する定住民たちという構図である。

　しかしこうした見解は近年覆されている。例えば「平和」を最大級に享受

した交易に関して，モンゴルの役割は決して二次的なものではなかった。長距離交易を媒介した銀は，莫大な量がまずは略奪や徴税の形でモンゴル政権に吸い上げられ，それが各地のモンゴル王侯たちに再分配されていった。その動き自体が銀をユーラシア東西に流通させている。さらにこうした銀でもってモンゴルの王侯たちは投資を行っていた。王侯と契約を結んだ商人は，前者からの保護と資金を得て交易に従事していた。モンゴルは交易においても第一次のアクターと言える存在なのである。さらに，モンゴルの「平和」における存在感は政治・経済に留まらない。人や物とともにユーラシアを巡った文化要素，それらの動きや繋がり，交錯がもたらす文化交流の諸面においても，モンゴルは大きな役割を果たしている[15]。

　そして文化，分けても学知のなかでも，モンゴルの征服者たちは特別な興味を天文学に示し，それに高い価値を見出していた。彼らは自らの世界征服が天／テングリからの力，その意思に拠るものだと信じていた。したがって，モンゴルは天兆を予期しそれを見分けるべく天の動きを読むことに高い関心を寄せた。天兆は彼らにとって地上の行動の指針となるべきものであり，軍事遠征や即位式などもそれに拠る部分が大いにあった。そのうえでモンゴルは，文化的な差異を重視していた。モンゴルの世界支配が地域の差異を重視するなかで進行する。ここに，グローバル文化史においてモンゴル時代を扱うことの価値と意味とがある。彼らの宮廷において，モンゴルは異なる知的・文化的背景を有した天文学者を登用し集めていた。モンゴルはそうした者たちを――他の術士たちと同じく――彼らの政治決定に意味を与え，コンセンサスを得るために活用したのである。

　モンゴルによる1258年のバグダード侵攻は，モンゴルが天兆と自らの意思とを擦り合わせるべく複数の意見を競わせた好例である。第4代大ハン・モンケより征西の指揮官フレグ（1218～65年）の許に遣わされていた占星術師フサーム・アッ＝ディーンはバグダード突入前夜，フレグにバグダードを

占領し，カリフを殺害した際には災いが降りかかるとして侵攻を思い留まらせようとした。これを聞いたフレグは，自らの幕下にいた博学者ナスィール・アッ＝ディーン・トゥースィー（1201〜74年）に対し意見を求める。トゥースィーはバグダード侵攻において過去の歴史に鑑み，災いは起こらないと断言した。かくしてモンゴル軍はバグダードを占領し，カリフを処刑，アッバース朝支配に終止符を打つ。こうしてトゥースィーはフレグの側近として確固たる地位を得たのであった。

　モンゴルによる個々人の意見を競わせるセカンド・オピニオン重視，あるいは「天象に保険を掛ける」姿勢は，彼らをしてその宮廷にあらゆるタイプの知の持ち主を集わせることとなり，その場はローカルな知の集積場の様相を呈した。こうした文脈の下で，モンゴルは間接的にであれ直接的にであれ，ユーラシア規模での人材と知の移動を促進したのであった。モンゴルの庇護の下，あるいは彼らの強制によって，天文学者たちは移動し，異なる文化圏に居場所を見出すケースも多々あった。彼らは往々にして全く異なる天文学やその実践の手法を有する者たちと膝を突き合わせることになる。

　しかしながら，ユーラシア規模で移動が活性化したこの時代においてすら，ユーラシア東西の天文学者たちが実際に文化間の壁を越えて交流を行った例は極めて僅かである。その理由の1つが，先述のようにモンゴルが文化的な差異を重視したという事実，そしてもう1つの理由として，ユーラシア東西の天文学体系が通約不可能なほどに異なっていたという事実が挙げられる[16]。

(2)　東西天文学の相違

　モンゴル帝国以前の時代からモンゴル帝国期においてすら，ユーラシア東西——特にイスラム圏と中華圏——の天文学は容易に融合を許さないほどに異なっていた。もちろん天空に配された星々の配置や惑星の運行などは，観

測位置の違いに拠るずれはあれど，その周期等々はどの地域においても共通
する要素が多く，それが時間計測や位置決定に密接に関わるがゆえに，天体
現象は多くの地域において文明の揺籃期より知的営為の対象となってきた。
そして天文学とともに，その背景となる世界そのものの在り様を問う宇宙観
も個々の地域で独自に醸成されていく。

　西方ユーラシアにおいては，種々存在した宇宙観のなかでもヘレニズム期
以降，アリストテレス自然学の影響が圧倒的なものとなっていく。この宇宙
観は宇宙の中心に球形にして不動の地球を据え，地球を構成する地上界と天
上界とを峻別したうえで，万物が生成と消滅を繰り返す前者に対して，後者
を一様円運動のみが許容される永劫不変の世界と観念するものであった。こ
の宇宙観に忠実であろうとしたこの文化圏の天文学者たちは，円の連なりで
もって表現される幾何学的宇宙で天体運行を表現することに英知を注いだ。
その集大成ともいえる作品がプトレマイオス（83頃～168年頃）の手になる

図 2-1　トゥースィーの天体モデル[17]

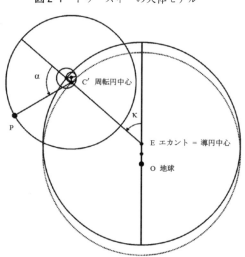

——後代の名称としては——『アルマゲスト』（150年以降編）であった。このプトレマイオス体系はアリストテレス自然学と手を携え，いわゆる「アッバース朝翻訳運動」と呼ばれるようなギリシア語やシリア語を媒介としたヘレニズムの学知をアラビア語へと翻訳する一大文化プロジェクトを通じて，イスラム圏の文化に埋め込まれていく。

　これに対し，東方ユーラシア——特に中華圏——において天体運行とは西方のように幾何学で表現される類のものではなかった。天体運行一般に対しプトレマイオス体系のなかでは，幾何学モデルを構成する円の半径や角速度といったパラメーターが観測と擦り合わせられ，ひとたび観測に合致する値が得られるや三角法に基づく計算に拠って，天体位置を求めるための天文表が作成される。その計算は定式化されたアルゴリズム以上のものではなかった。しかし東方ユーラシアにおいて天文表は，過去に積み重ねられた観測で得られた数字に基づいており，その背景にはいかなる幾何学モデルも存在せず，そのアルゴリズムは場合によってはかなり複雑な計算を要するものとなりえた。古代中国天文学を専門とするクリストファー・カレンがこの天文学の背景を「数的宇宙観（numerical cosmology）」[18]と呼ぶ所以である[19]。

　フレグ軍のバグダード征服より程なくして，当時ユーラシア最大規模であった天文台が，モンゴルのイラン政権である新興のフレグ・ウルス（1256〜1335年以降）の主要都市マラーガ——現在の北西イラン——に建てられた。この建設プロジェクトを主導したのが，先述のトゥースィーである。これも当時ユーラシア最大規模の規模を誇った図書館を備えたマラーガ天文台は，モンゴル帝国期のイスラム圏あるいはそれを越えた新たな学術ネットワークの主要結節点の1つとして機能した。しかし，マラーガ天文台において，天文学者たちの主要な関心はプトレマイオス体系の刷新にあり，その分野において東方の天文学者たちの寄与する部分はほとんどなかった。同様の状況はモンゴルの中国政権である大元ウルス（1271〜1368年）にも存在していた。

この政権下においては中国と西域の天文学者たちの天文台が並立し，時には統合されすらしたものの，これら2つの文化圏の天文学的伝統はほとんど交わることがなかった。

　フレグ・ウルスではしかしながら，非常に例外的に件のトゥースィーと「キタイの賢人」としてペルシア語史料に現れる傅孟質なる道士とのあいだでの異文化間「天文対話」が実現した。その精華は，イスラム圏のズィージュ／天文便覧における初の中国暦の詳述として，史料にその姿を留めるところとなった。トゥースィーは自らが編んだ天文便覧において，この暦を当時イスラム圏で用いられていた他の諸暦と併記する。これはモンゴル帝国期のイスラム圏における知の地平の広がりを如実に表すものとなったのである [20]。

3．ギリシア語数学からアラビア語数学へ

(1) トゥースィーによる数学・天文学テクストの「再述」

　このようにトゥースィーは，異文化間「天文対話」を実現した人物として知られる一方，アッバース朝翻訳運動以来続いてきたヘレニズムの学知のイスラム圏の文化への埋め込みを〈完成〉させた人物としても知られる。〈完成〉の語の意味するところは，特に数学・天文学の文脈で言えば，彼はアッバース朝翻訳運動期にアラビア語訳されたギリシア語の数学・天文学テクストを「再述 (taḥrīr)」し，これをイスラム圏の教育書として広く普及させた。彼が「再述」したのは，13世紀モンゴル帝国期においても，イスラム圏の数学・天文学の最重要テクストであり続けていたエウクレイデス『原論 (al-Uṣūl)』およびプトレマイオス『アルマゲスト (al-Majisṭī)』と，その「あいだ」に学ぶべきとされていた「中間諸学 (al-Mutawassiṭāt)」とひとまとめに呼ばれる論考群であった。この「中間諸学」の1つでトゥースィーの手になる『テオドシオス・球面論再述 (Taḥrīr Kitāb al-Ukar li-Ṭāyūdūsiyūs)』を，それ以前のア

ラビア語訳およびギリシア語版との比較のなかで詳細に検討した，ギリシア数学史家のネイサン・スィドリとインド数学史家の楠葉隆徳は，トゥースィーの *taḥrīr* が元のアラビア語訳のように語順に至るまでギリシア語原文を忠実にしたものではなく，より簡潔な表現を心掛け，何よりも同時代の学者たちの理解に供するべく仕立てを変えたものであることを明らかにし，その改訂を「再述 (rewriting)」[21] と表現している。

　トゥースィーによる再述テクストはイスラム圏の東方，ペルシア語文化圏においてマドラサの教科書ともなり，その後の時代においても数学・天文学の基本書として広く読まれた。イスラム圏の数学史を専門とするソーニャ・ブレンチェスは，トゥースィーの『原論再述』に関して，西はマグリブ・アンダルスから東は中央アジアにかけてのイスラム圏の全域において 200 以上の写本が残り，クトゥブ・アッ＝ディーン・シーラーズィー（1236～1311 年）をはじめとする高名な学者たちがそのペルシア語訳を為した事実から，これを幾何学教書の「ベストセラー」[22] と評している。トゥースィーの「再述」により，個々の数学・天文書のテクストや命題の数も定まった。トゥースィーの「再述」はこの文化圏の数学・天文書の標準化をもたらすものともなったのである [23]。

⑵　エウクレイデス『デドメナ』

　本稿ではトゥースィーの再述テクストのなかでも『原論』の次に位置づけられる『デドメナ (*Muʿṭayāt*)』の特に作図という行為に注目して「グローバル文化史の試み」を始めたい。その前提として，まずは『デドメナ』そのものについて説明を加える。「与えられたものたち／デドメナ (*δεδομένα*)」を題名にもつこの作品は，数学の根本テクストとしての地位を確立していた『原論』の続篇と位置づけられるものの，驚異的に普及した『原論』に比べ，現代においてはその存在を知る人すら稀であり，ギリシア数学史家の斎藤憲は

この作品をエウクレイデスの「忘れられた著作」と表現している。しかし，これも斎藤が強調するように，トゥースィーの時代においてもそれ以前においても，この『デドメナ』は新たな定理の証明や問題解決に不可欠な「解析（*taḥlīl*）」という技法を理解するために必ず学ぶべきものであった[24]。例えば，アレクサンドリアのパッポス（300 頃～350 年頃）はその『数学集成』において『デドメナ』を「解析の宝庫」の筆頭に挙げている[25]。

　次にその「解析」について説明していきたい。『原論』をはじめとするギリシア語数学テクストにおいて，ある性質を満たす対象を得る手順／作図を示すことを要求する「問題」に関しては，まず作図が示され，次にその作図によって確かに求める対象が得られることが証明される。一方で，一部の「問題」では，まず作図がなされたと仮定して解法を探求し，その後にその探求をおおむね逆に辿る形で証明が与えられている。この場合，問題が解けたと仮定して進められる技法が「解析」であり，それをおおむね逆順にした証明の技法は「総合（*tarkīb*）」と呼ばれる[26]。数学史家のレナルト・ベルクグレンとグレン・ファン・ブルンメレンが述べるように，「解析」はイスラム圏においては中心的に用いられ，それは時として「総合」が等閑にされてしまうほどであった[27]。

　イスラム圏において『デドメナ』は 9 世紀にイスハーク・ブン・フナイン（830～910／11 年頃）によってアラビア語訳され，サービト・ブン・クッラ（836～901 年頃）によって改訂されたことが知られている。それには複数の題名が知られているが，どれも原題を直訳した「与えられたものたち（*muʿṭayāt*）」という語を伴っている。しかし，ギリシア語版においてはこの「与えられる」という表現が本文にも頻出し，この著作の重要な概念となっているのに対し，アラビア語版においてこの語は題名にのみ見え，ギリシア語版で「与えられる」と表現される箇所は，「知られる（*maʿlūm*）」と言い換えられている。そもそもヘレニズム期まででも，この「与えられる」という表現の意味すると

ころには諸説あり，例えば『デドメナ』の注釈を為したネアポリスのマリノス（440 年頃誕生）は，その冒頭で「与えられているもの」の定義について，彼以前の議論を以下の用語でもってまとめている。

1. 「定まっているもの」：大きさの点でも，形状の点でも，その他の点でもつねに同じままであるもの。
2. 「知られているもの」：我々に明白なものとして知られ，把握されているもの。
3. 「提示できるもの」：ただちに作り，作図できるもの，つまり思考できるもの。

　こうした理解の上でマリノスは「与えられているもの」を，「知られているもの」かつ「提示できるもの」だとしている[28)]。ただし，ベルクグレンとファン・ブルンメレンは，アラビア語数学テクストにおける「知られているもの」について，その表現は同じながらも，マリノスの言う「知られているもの」とは異なり，その意味するところは――マリノスの表現のなかでは――「定まっているもの」であること，そうでありながらも「知られている」と人間の知覚を強調するものであり，ヘレニズム期までのギリシア語著述家たちによる認識を独自に組み合わせ消化したものであるとしている[29)]。イスラム圏の科学史研究に大きな足跡を残したアブドゥルハミド・サブラは，この文化圏におけるギリシア語古典科学テクスト受容の様相を，その学知をそのまま取り入れるのではなく，自らのうちに読み替え，「順化（naturalization）」[30)] していくプロセスだと表現しているが，『デドメナ』のアラビア語テクストからは，そうした「順化」の様相をまずその最重要の術語を通じて見て取ることができる。

　このようにギリシア語圏からイスラム圏へと渡る過程で，その主要概念を

「順化」させていった『デドメナ』は，グローバル文化史の文脈で扱う価値のあるものであると思われる。しかし，アラビア語版『デドメナ』に関する専論はほとんどなく，クレメンス・テーアによる簡単な報告を数えるのみという現状があった[31]。そして，このテーアの研究にしても，現存するほとんどの写本がそれにあたるトゥースィーの再述テクストの諸写本のみを扱っており，初期アラビア語訳との比較はほとんどなされていない。アラビア語版『デドメナ』の現存写本に関しては，イスタンブル写本とクラウス私家版として知られる写本を除いて，20以上残るその他の写本は全てトゥースィーによる再述テクストとなっており[32]，その普及と影響力とを実証する分布となっている[33]。

4．『デドメナ』命題42

(1)　数学テクストの構造

　こうした前提を踏まえ，ネイサン・スィドリと私は，イスハーク・ブン・フナインがギリシア語から翻訳し，それにサービト・ブン・クッラが改訂を加えた「初期アラビア語版」に関して現存2写本の校合の上で校訂テクストを作成し，それに英訳注を付した[34]。よく知られているように，ギリシア語数学の諸命題には，その演繹の諸段階ごとに特定の構造を有しており，『デドメナ』の初期アラビア語版も，ギリシア語版に多少の改訂を加える形で，以下の構造に大別される[35]。

1．言明……何が明らかにされるのかを言明する。
2．例示（*mithāl*）……以下の2つの部分に細分化される。
　A）指示……「与えられたものたち」の記号を指示する。通常は非人称の命令形が用いられる。

B) 特定……明らかにされるものを記号で特定する。「ゆえに，私は
言う (*fa-ʾaqūlu*)」で始まる。

3. 証明 (*burhān*) ……定理についての議論の部分であり，多くの場合，
以下の 2 つの部分に細分化される。

A) 作図……動詞の人称は 1 人称複数。

B) 論証……動詞の人称は非人称。

以下，この構造が顕在的に現れる『デドメナ』の命題 42（ギリシア語版で
は 44）を見ていきたい。

(2)　初期アラビア語版命題 42 [36)]

1. 言明

もし三角形があり，それらの角の 1 つが知られていて，別の角の周
りの 2 辺の比が互いに対して知られているならば，その三角形は形
状において知られている。

2. 例示

【指示】

ゆえに，三角形 *ABG* の角 *BAG* が知られ，角 *ABG* の周りの 2 辺の
比が互いに対して知られているとしよう。

【特定】

ゆえに，私は言う。三角形 *ABG* は形状において知られている。

3. 証明

その証明。

【作図】

我々は，点 *B* から垂線を *AG* に向かって引く。それは *BD* である〔原

論1：12]。

【論証】

ゆえに，角 BDA は直角である［作図より］。角 DAB は知られている［指示より］。ゆえに，角 ABD は知られたものとして残る［原論1：32；命題4］[37]。ゆえに，三角形ABDは形状において知られている［命題38］。ゆえに，AB の BD に対する比は知られている［定義4］。AB の BG に対する比は知られている［指示より］。ゆえに，BD の BG に対する比は知られている［命題8］。三角形DBGは直角であり，角 DBG の周りの2辺の比は互いに対して知られている［前段より］。ゆえに，三角形 DBG は形状において知られている［命題41］。ゆえに，角 BGD は知られる［定義4］。角 BAG は知られる［指示より］。ゆえに，角 ABG が知られたものとして残る［原論1：32；命題4］。ゆえに，三角形 ABG は形状において知られている［命題38］。これが，我々が明らかにしたかったことである。

図 2-2　命題 42 [38]

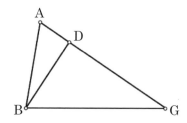

(3)　数学テクストの文法

　初期アラビア語版の命題は以上のような構造を有している。この構造で我々が注目したのが〈文法〉であった。文法にせよ，構造にせよ，最初の3構造である「言明」・「指示」・「特定」は，ギリシア語版のそれと共通である。「言

明」においては非人称表現で主張が為され，その「言明」を議論するための
対象の「例示」が——具体的な記号を伴う形で——非人称表現で「指示」さ
れる。その後に，1人称単数形「私は言う」を修辞表現として先導させる形で，
先の「言明」が具体的な記号でもって「特定」される。この初期アラビア語
版はギリシア語版と同じく，「指示」に関しては非人称動詞が——主として
命令形で——用いられる傾向が強い。大多数の命題において，「指示」に際
しては，存在動詞（*kāna / laysa*）が用いられている。

　そしてその次のステップが，「その証明（*burhān-hu*）」の表現に続く，「作図」
と「論証」である。この箇所は当該命題のための議論が為される部分であり，
個々の主張は，1)「指示」，2) 同じ命題におけるそれ以前の論証，3)『原論』
の命題や，当該命題より前の『デドメナ』の命題，に言及することによって
論証が為される。そして「作図」においては，「指示」とは正反対に，人称
動詞を用いる傾向が強い。『デドメナ』の全ての命題に「作図」が存在する
わけではないが，存在する命題においては概して1人称複数形が用いられる。
ギリシア語版においては「指示」においても「作図」においても文法表現に
違いは見られないため，アラビア語版の「作図」における人称動詞の使用は，
イスラム圏の数学者たち——少なくともサービト・ブン・クッラやその同僚
たち——によるギリシア語数学テクストの〈読み方〉を垣間見せてくれるも
のと言える。この用法は，「作図」がイスラム圏の数学者たちによって能動
的な行為であると認識されていたことを窺わせる。その後の「論証」におい
てその表現は再び非人称へと戻っていく[39]。

5．トゥースィーの東西

(1)　トゥースィーの方法
この節においてはまず，前節の命題をトゥースィーがどのように「再述」

したのかを見ていきたい [40]。

1. 言明

その角の1つと，別の角の周りの2辺の一方の他方に対する比の2つが知られているあらゆる三角形，それは形状において知られている。

2. 指示

三角形 ABG と知られている角 A があり，AB の BG に対する比が知られているとしよう。

3. 証明

【作図】

我々は B から AG に向かって垂線 BD を引く。

【論証】

ゆえに，直角である三角形 ABD は形状において知られている。なぜならば，角 A は知られており，角 D は直角であり，残りの角 B が知られるからである。AB の BD に対する比は知られており，AB の BG に対する比は知られているゆえに，直角三角形 BDG に関して BD の BG に対する比は知られている。ゆえに，それも形状において知られている。ゆえに，角 BGD は知られる。角 A は知られる。ゆえに，三角形 ABG は形状において知られている。その［3つの］角が知られているからである。これが，我々が明らかにしたかったことである。

4. 注釈

私は言う。もし［1］角 A，角 G が鋭角であった，あるいは［2］知られた角 A が鈍角であったら，その定理は述べられた通りである。しかし，もし角 A が鋭角であったら，角 G が鋭角であるのか鋭角ではないのかが知られなければならない。なぜならば，それが鋭角

であったら，垂線 BD はその三角形の内にくる。もし [3] 鈍角であったら，その外にくる。その三角形は角 A がどうであるかと，AB の BG に対する比がどうであるかによって，2つの形状をとる。なぜならば，それ（＝三角形 ABG）は時にはその直角三角形の一部であり，時には直角三角形がその一部であるからである。

図 2-3 [41)]

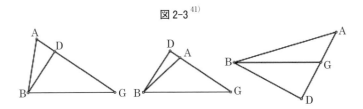

　トゥースィーの再述はこのように，初期アラビア語訳では「私は言う」という表現で始めていた「特定」を省略しつつ，この表現をまさに自らの注釈の冒頭に用いるという違いはあれど [42)]，その内容や議論の進め方はおおむね初期アラビア語版に準じており，何よりも1人称複数形を「作図」においてのみ用いるという共通点がある。トゥースィーのテクストにおいても，作図という行為は能動性でもって捉えられる種のものであった。

　ただし，ギリシア語版ではこの箇所も非人称で表現されているように，ここでの1人称複数形，つまり〈我々〉は特定の個人群ではなく，あくまで普遍的な〈我々〉であることを確認しておきたい。『デドメナ』を生み出し，それに注釈を付けたギリシア語圏の数学者たちにとっても，それをアラビア語へと訳したイスラム圏の数学者たちにとっても，彼らの数学は普遍的なものであった。しかし，その再述を為したトゥースィーの時代，西方ユーラシアの学者たちによって普遍であった幾何数学・天文学とは全く異質の数学・天文学体系が東方から導入される。すでに述べたように中華圏の数学・天文学は幾何学図によって記される類のものではなかった。ここに，アラビア語

数学テクストにおいて「作図」を為す〈我々〉は普遍の存在ではなくなっていく。

　先述のように，トゥースィーは自らが仕えるモンゴル宮廷にいた君主の侍医で道教徒の傅孟質から中華圏の天文学を学び，それを自らが編纂した『イル・ハン天文便覧』に記した。その結果，この天文便覧／ズィージュは中国暦を記した初めてのものとなる。トゥースィーの中国天文学について記述のなかでは，上述のようなユーラシア東西の宇宙観の相違を反映し，幾何学図は一切用いられていない。ではトゥースィーはどのようにして，中国天文学を理解したのであろうか。それを垣間見させてくれる史料が，先の『イル・ハン天文便覧』の注釈という形で残っている。それがトゥースィーの高弟の1人であったニザーム・アッ＝ディーン・ニーサーブーリー（1330 年頃没）によるペルシア語注釈書『イル・ハン天文便覧の真実の解明（*Kashf al-ḥaqāʾiq-i Zīj-i īlkhānī*）』（1308／09 年編：以下『真実の解明』と表記）である。このニーサーブーリーの注釈においても中国暦は扱われており，原文に対して詳細な解説が付されている。そのなかでも，中国暦の月の不等速運行の計算について扱う第1章第7節は極めて注目に値する。その計算法が，西方ユーラシア由来の幾何学図でもって説明されているからである。以下，この第7節に焦点を絞って議論を進める [43]。

⑵　『真実の解明』第1部1章7節

　既述のように，第7節は月の不等速運行の計算についての部分となっている。月の不等速運行は，平均運行からの差でもって求められる。不等速運行は月が地球に最接近しその速度が最も速くなる近地点から次の近地点までの周期，もしくは月が地球から最も離れ，その速度が最も遅くなる遠地点から次の遠地点までの周期で考えられる。中国天文学においてこの周期は転終と呼ばれた。この転終の周期はここでは 27.5556 日で計算され，それは 248 の

表2-1　月の中心差補正表[44]

「太陰入転」と呼ばれる月の補正の表

プラス 月の限		月の補正	マイナス 月の限		プラス 月の限		月の補正	マイナス 月の限	
0	124	0, 0, 0	124	248	32	92	0, 49, 4	156	216
1	123	0, 2, 3	125	247	33	91	0, 50, 3	157	215
2	122	0, 4, 4	126	246	34	90	0, 51, 0	158	214
3	121	0, 6, 3	127	245	35	89	0, 51, 55	159	213
4	120	0, 8, 0	128	244	36	88	0, 52, 48	160	212
5	119	0, 9, 55	129	243	37	87	0, 53, 39	161	211
6	118	0, 11, 48	130	242	38	86	0, 54, 28	162	210
7	117	0, 13, 39	131	241	39	85	0, 55, 15	163	209
8	116	0, 15, 28	132	240	40	84	0, 56, 0	164	208
9	115	0, 17, 15	133	239	41	83	0, 56, 43	165	207
10	114	0, 19, 0	134	238	42	82	0, 57, 24	166	206
11	113	0, 20, 43	135	237	43	81	0, 58, 3	167	205
12	112	0, 22, 24	136	236	44	80	0, 58, 40	168	204
13	111	0, 24, 3	137	235	45	79	0, 59, 15	169	203
14	110	0, 25, 40	138	234	46	78	0, 59, 48	170	202
15	109	0, 27, 15	139	233	47	77	1, 0, 19	171	201
16	108	0, 28, 48	140	232	48	76	1, 0, 48	172	200
17	107	0, 30, 19	141	231	49	75	1, 1, 15	173	199
18	106	0, 31, 48	142	230	50	74	1, 1, 40	174	198
19	105	0, 33, 15	143	229	51	73	1, 2, 3	175	197
20	104	0, 34, 40	144	228	52	72	1, 2, 24	176	196
21	103	0, 36, 3	145	227	53	71	1, 2, 43	177	195
22	102	0, 37, 24	146	226	54	70	1, 3, 0	178	194
23	101	0, 38, 43	147	225	55	69	1, 3, 15	179	193
24	100	0, 40, 0	148	224	56	68	1, 3, 28	180	192
25	99	0, 41, 15	149	223	57	67	1, 3, 39	181	191
26	98	0, 42, 28	150	222	58	66	1, 3, 48	182	190
27	97	0, 43, 39	151	221	59	65	1, 3, 55	183	189
28	96	0, 44, 48	152	220	60	64	1, 4, 0	184	188
29	95	0, 45, 55	153	219	61	63	1, 4, 3	185	187
30	94	0, 47, 0	154	218	62	62	1, 4, 4	186	186
31	93	0, 48, 3	155	217					

「朔策」つまり1太陰月の期間の多倍

数	日	二回位上げ	一回位上げ	分
1	29	1	28	26
2	59	0	10	12
3	88	1	38	38
4	118	0	20	24
5	147	1	48	50
6	177	0	30	36
7	206	1	59	2
8	236	0	40	48
9	265	2	9	14
10	295	0	51	0
11	324	2	19	26
12	354	1	1	12

「転終差」つまり1ヵ月ごとの月の限の推移の多倍

数	日	二回位上げ	一回位上げ	分
1	17	2	9	14
2	35	1	31	48
3	53	0	54	22
4	71	0	16	56
5	88	2	26	10
6	106	1	48	44
7	124	1	11	18
8	142	0	33	52
9	159	2	43	6
10	177	2	5	40
11	195	1	28	14
12	213	0	50	48
13	231	0	13	22
14	248	2	22	36

「転終」つまり1月周期の多倍

数	日	二回位上げ	一回位上げ	分
1	27	1	32	36
2	55	0	18	32
3	82	1	51	8
4	110	0	37	4
5	137	2	9	40
6	165	0	55	36
7	192	2	28	12
8	220	1	14	8
9	248	0	0	4

それぞれの月における一昼夜と半日の合計の近似値

月		分
11	12	1, 56, 40
10	1	2, 0, 0
9	2	2, 3, 20
8	3	2, 6, 40
7	4	2, 10, 0
6	5	2, 13, 20

一昼夜の分の多倍

数			
1	2	46	40
2	5	33	20
3	8	20	0
4	11	6	40
5	13	53	20
6	16	40	0
7	19	26	40
8	22	13	20
9	25	0	0

「限」——現代数学的に言えば引数——に分割される。248分割の所以は，先の転終周期を9倍するとおよそ248という整数値を得るという計算上の利便性を考慮してのものである。この暦の基準となる西暦1264年において，その年始は転終周期の始点から78.3948日が経過した地点にあるとされる。

　表2-1は『イル・ハン天文便覧』に付されている月の不等速運行補正表であるが，見方としては例えば暦元（暦の基準）となる1264年の年始における引数が78日であるので，補正表の78の欄を見る。すると，0, 59, 48日のところにこの引数があることが分かる。したがって，この時期の月の運行は平均運行よりもこれだけの日時だけかかる（＝遅れている）ということになる。

　ニーサーブーリーのこの部分における記述は，「本文（matn）」と「注釈（sharh）」とに分かたれる。「本文」では『イル・ハン天文便覧』の原文が引用され，その上で「注釈」が付される形式となっている。さらに「注釈」も2つの部分に分かたれ，それぞれが「例示　（mithāl）」と「検証（tahqīq）」と呼ばれる。「例示」においてはおそらくは執筆年代と思われる1308年の年始における「限」が試みとして求められ，その解が82.0764日であることが示される[45]。

　本考察において最も重要性を持つのが次の「検証」の箇所となる。そこでは，原文にもそしておそらくその原典となった中国暦法にもなかったであろう幾何学図が用いられ，この計算法が説明されているからである。以下，そのなかでも「作図」を行う冒頭箇所を引用する[46]。

　　そして，「検証（tahqīq）」として，この「作図（ʿamal）」[47]は，月の限の9分の1が，月の周転円の遠地点（dhurwa-yi tadwīr）から周転円の円周に沿う月の球体の中心がある地点までの運行期間に等しくなるよう意図している。我々は，例証のため，点Dを中心に円ABGを描く。そして我々は求めたい年に関して，その円周上の点Aを周転円の中心と，

点 *E* を同じくこの年の雨水の始まりと仮定する。そして我々は，線
DZT，*DHY*，*DKAL* を引く。

　そして，先の章で明らかにされたのは，*AE* のあいだの期間である。
つぎに，定朔（*ijtimā'-i ḥaqīqī*）と雨水の始まりのあいだの期間が求めら
れることになる。この章においては，月の遠地点と，想定される年にお
いて――導円の円周（*muḥīṭ-i khārij*）に沿う周転円の中心の位置に応じ
て――周転円の円周に沿う月の球体の中心との距離に等しい［月の限の］
9分の1が求められることになる。この説明のため，**我々は言う。周転
円の円周に沿う月の球体の中心の運行期間は，円 *ABG* の円周に沿う周
転円の中心の運行期間に近似している。**

　ある知られた年，例えば上元周期の最初の年において，その年の始ま
りが雨水の期間の始まりであったとして，**我々は遠地点である点 *L* か
らの月の距離を長さ LKH と，月の周転円の中心を，毎年その始まりが
雨水であるところの太陽年のそれぞれの年に関して，点 *A* 上にあると
仮定する。**

図 2-4　『真実の解明』における幾何学図（諫早作成）

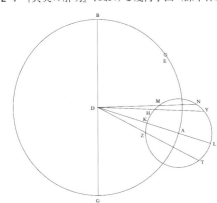

　このように，「検証」の箇所においては中国天文学の計算が，幾何学図によっ
て示されている。これは，イスラム圏はもちろん中華圏においてもその天文
学を幾何学的に表現した最初期の例である。そして，この「作図」に関して
も――「仮定する」箇所も含めて――「我々」という１人称複数表現が用い
られていることに注目したい。

　これはトゥースィーではなく，その後のニーサーブーリーによる注釈のな
かの「作図」であるわけであるが，おそらくトゥースィーもまたこの幾何学
図でもって――少なくとも当該箇所を――理解していたと思われる。その証
拠として，『イル・ハン天文便覧』における数値のずれが挙げられる。『イル・
ハン天文便覧』に記され，ニーサーブーリーが注釈を付した中国天文学は，
トゥースィーと博孟質との直接対話の産物であると述べたが，その対話は２
つの典拠を基に展開していたことが知られている。それが『重修大明暦』と
『符天暦』である。特に天文定数に関しては，モンゴルが滅ぼした金王朝末
期の官暦であり，モンゴル政権もしばらく用いていた『重修大明暦』から取
られていることが知られている。

　表2-2の諸数値を見て分かるように，暦法の固有性を最もよく表す暦元に
関して双方は完全一致すると同時に，他の諸数値も近似しており，両暦の関

表 2-2　両暦における各数値の一致・近似・相違 [48]

基準年（1264年）における諸数値	『イル・ハン天文便覧』	『重修大明暦』
暦元	西暦 1203 年から 88,639,679 年	西暦 1180 年から 88,639,656 年
回帰年	365.2436 日	365.2435946 日
朔望月	29.5306 日	29.5305927 日
近距年始→立春	11.7660 日	11.7662 日
近距年始→雨水	14.4676 日	14.4724 日
近地点→近距年始	23.2836 日	9.49 日

係性，より具体的には定数における『重修大明暦』への依拠は明らかである。しかし，第 7 節で扱われる「近地点」から近距年始までの数値のみが大幅なずれを見せている。

　　双方の差は実に 13.7936 日にも及ぶ。その所以を考える際に，この数値が既述の転終周期 27.5546 日の半分である 13.7778 日に近いという事実が極めて重要なものとなる。つまり，この数値はほぼ月が近地点から遠地点まで移動するのにかかる日数なのである。ここから，トゥースィーが近地点基準で考えられていた中国天文学の転終周期を遠地点基準のものへと換算し直した可能性が考えられる。西方ユーラシアのプトレマイオス体系において，月の不等速運行の計算は例外なく遠地点基準で計算されている。つまり，ここではトゥースィーが，中国天文学における月の不等速運行の計算を理解するうえで，その基準値を自らの知悉した遠地点基準のものへと〈ずらし〉た可能性が高い。先の図 2-4 および「検証」引用部にあるように，ニーサーブーリーがそうした遠地点基準の作図を行ったのは，トゥースィーによるこの種の〈ずらし〉を反映したものと思われる。傍証として，月が遠地点にあった時点から 1264 年の年始までの日数を『イル・ハン天文便覧』本体の天文表から取ると，平均運行値として 23.1 日を得ることができ，先の 23.2836 日に極めて近いことが分かる。おそらくトゥースィーは教えられた月の不等速運行を〈自分で計算した〉のであり，ニーサーブーリーはそれを注釈において忠実に再現したのであった[49]。

6．お わ り に
——〈彼ら〉と対峙する〈我々〉——

　　中国天文学を幾何学図で表現した「作図」のなかで，その主体は西方ユーラシアの伝統に則って〈我々〉と表現される。しかし，そこでの〈我々〉と

は元来観念されていた普遍的な存在ではなくなっている。作図する〈我々〉
はモンゴル帝国期におけるユーラシア東西の天文学の邂逅を受けて，作図し
ない〈彼ら〉とも対峙することになったのである。ただしこの邂逅は，ユー
ラシア東西の天文学の融和や相互理解には必ずしも繋がらなかった。そのこ
とを端的に示す記述が，『真実の解明』の執筆時期にほど近い 1313 年頃にフ
レグ・ウルスの宰相ラシード・アッ＝ディーン（1249～1318 年）によって編
纂された漢語医学書のペルシア語訳である『中国の科学と技芸についてのイ
ル・ハン珍貴の書（*Tānksūqnāma-yi īlkhān dar funūn-i ʿulūm-i khitāʾī*）』のなか
に現れる。ラシード・アッ＝ディーンは同書の序文においてトゥースィーと
傅孟質との「天文対話」について触れ，それに以下の文章を続ける[50]。

　　　　それ（傅孟質が伝えた中国天文学）は中国の学者たちの評判を落とすも
　　　のであった。なぜならこの地域において，〈**彼ら**〉**の天文学**（ʿ*ilm-i*
　　　nujūm）**はまったくその程度のものかと思われているからである。幾何**
　　　天文学（ʿ*ilm-i hayʾat*）**や『アルマゲスト』およびそれらに関わることは**
　　　〈**彼ら**〉**にはあまり理解されていない。**その人物（傅孟質）が今は亡きナ
　　　スィール・アッディーン師に伝えたものは，彼の学知がそれをすっぽり
　　　覆っていた程度のものであって，その人物が読んだ本は，初学者たちが
　　　学ぶ摘要であったのだ。

　このように，中国天文学には厳しい評価が下されている。その文脈のなか
で，幾何天文学やその根本書である『アルマゲスト』が挙げられていること
も注目に値する。ここではあくまで「作図」をする西方ユーラシアの視点か
ら評価が為され，それは「作図」をしない中華圏の天文学や天文学者にとっ
て好意的なものとはならなかった[51]。13 世紀モンゴル帝国期，ユーラシア
をまたぐ大帝国の建設によって複数の文化圏がつながり，そのなかでユーラ

シア東西の宇宙観は交錯を見せる。そこで東西の天文学が邂逅し，これまでの「普遍」が相対化されていく。しかし，こうした交渉はユーラシアの知的空間に同質化以上に差異化をもたらすこととなったのである。「作図」という行為を通じて，グローバル化に際してのローカルな文化の動態を捉える，それが本章で為されたグローバル文化史の試みである。

謝辞：本章で用いたニザーム・アッ＝ディーン・ニーサーブーリー『真実の解明』の著者自筆の手稿本が，インドのラーンプル・ラザー図書館に所蔵されている（Persian 1203）。この論集の基になった中央大学学術シンポジウム共同研究プロジェクト「グローバル文化史の試み」の研究資金でもって当該図書館への調査を許可いただき，本章の研究の基礎となった貴重な手稿本を閲覧することができた。プロジェクト・リーダーの縄田雄二氏にあらためて心より御礼申し上げる次第である。

注

1) デイヴィッド・アーミテイジ；石川敬史（訳・解題）「コスモポリタニズムと内戦」成田龍一 & 長谷川貴彦（編）『〈世界史〉をいかに語るか —— グローバル時代の歴史像』岩波書店，2020 年，194 頁。

2) 長谷川貴彦「物語論的転回 2.0 —— 歴史学におけるスケールの問題」成田龍一 & 長谷川貴彦（編）『〈世界史〉をいかに語るか —— グローバル時代の歴史像』岩波書店，2020 年，48-62 頁。

3) ヘイドン・ホワイト；岩崎稔（監訳）『メタヒストリー —— 19 世紀ヨーロッパにおける歴史的想像力』作品社，2017 年。

4) カルロ・ギンズブルグ；杉山光信（訳）；上村忠男（解説）『チーズとうじ虫【新装版】 —— 16 世紀の一粉挽屋の世界像』みすず書房，2021 年。

5) リン・ハント；長谷川貴彦（訳）『グローバル時代の歴史学』岩波書店，2016 年。長谷川が取り上げるもう 1 つの書が，ジョー・グルディ & デイヴィッド・アーミテイジ；平田雅博 & 細川道久（訳）『これが歴史だ！ —— 21 世紀の歴史学宣言』（刀水書房，2017 年）である。

6) 岸本美緒「グローバル・ヒストリー論と「カリフォルニア学派」」『思想』1127 号（2018 年）：80-100 頁。

7) 水島司『グローバル・ヒストリー入門』山川出版社，2010 年。

8）R. B. Wong, *China Transformed: Historical Change and the Limits of European Experience*. Ithaca & London: Cornell University Press, 1997；ケネス・ポメランツ；川北稔（監訳）『大分岐 —— 中国，ヨーロッパ，そして近代世界経済の形成』名古屋大学出版会，2015 年。

9）リン・ハント；長谷川貴彦（訳）『グローバル時代の歴史学』69 頁。

10）ハント『グローバル時代の歴史学』85-127 頁。

11）ハント『グローバル時代の歴史学』144 頁。

12）ハント『グローバル時代の歴史学』129-162 頁。

13）長谷川「物語論的転回 2.0」55-60 頁。

14）M. Favereau, *The Horde: How the Mongols Changed the World* (Cambridge MA: Harvard University Press, 2021), pp. 206-246.

15）P. Jackson, *The Mongols and the Islamic World: From Conquest to Conversion* (New Haven：Yale University Press, 2017), pp. 210-241.

16）Y. Isahaya, "Fu Mengzhi: "The Sage of Cathay" in Mongol Iran and Astral Sciences along the Silk Roads," in M. Biran, J. Brack & F. Fiaschetti (eds.), *Along the Silk Roads in Mongol Eurasia: Generals, Merchants, and Intellectuals* (Berkeley: University of California Press, 2021), pp. 238-239.

17）諫早庸一『一なる天，異なる宙 —— モンゴル帝国期ペルシア語中国暦の研究』（博士論文：東京大学総合文化研究科，2015 年），58 頁。

18）Ch. Cullen, *Heavenly Numbers: Astronomy and Authority in Early Imperial China* (Oxford: Oxford University Press, 2017), p. 2.

19）Y. Isahaya, "Geometrizing Chinese Astronomy? The View from a Diagram in the *Kashf al-Ḥaqāʾiq* by al-Nīsābūrī (d. ca. 1330)," in B. Mak & E. Huntington (eds.), *Overlapping Cosmologies in Asia: Transcultural and Interdisciplinary Approaches* (Leiden: Brill, 2022), pp. 142-143.

20）Isahaya, "Fu Mengzhi," pp. 238-240.

21）N. Sidoli & T. Kusuba, "Naṣīr al-Dīn al-Ṭūsī's Revision of Theodosius's *Spherics*," *Suhayl* 8 (2008), pp. 27-29.

22）S. Brentjes, "Teaching the Mathematical Sciences in Islamic Societies: Eighth-Seventeenth Centuries," in A. Karp & G. Schubring (eds.), *Handbook on the History of Mathematics Education* (New York：Springer, 2014), p. 102.

23）諫早庸一「天文学から見たユーラシアの 13 世紀〜14 世紀 —— 文化の軸としてのナスィール・アッディーン・トゥースィー（1201〜1274 年）」『史苑』79 巻 2 号（2019 年），94-97 頁。

24）斎藤憲 & 高橋憲一（訳・解説）『デドメナ／オプティカ／カトプトリカ』（エウクレイデス全集　第 4 巻）東京大学出版会，2010 年，3 頁。

25）斎藤憲 & 三浦伸夫（訳・解説）『原論 I‒VI』（エウクレイデス全集　第 1 巻）東京大学出版会，2008 年，29 頁。

26）「解析」およびそれと「総合」との関わりについて，より詳しくは『デドメナ』邦訳の序において斎藤によって提示されている実例と解説を参照されたい（斎藤 & 高橋『デドメナ／オプティカ／カトプトリカ』6‒21 頁）。

27）L. Berggren & G. Van Brummelen, "The Role and Development of Geometric Analysis and Synthesis in Ancient Greece and Medieval Islam," in P. Suppes, J. M. Moravcsik & H. Mendell (eds.), *Ancient & Medieval Traditions in the Exact Sciences: Essays in Memory of Wilbur Knorr* (Stanford, Calif.: CSLI Publications, 2000), p. 1.

28）斎藤 & 高橋『デドメナ／オプティカ／カトプトリカ』474‒481 頁。

29）Berggren & Van Brummelen, "The Role and Development of Geometric Analysis and Synthesis in Ancient Greece and Medieval Islam," p. 28.

30）A. Sabra, "The Appropriation and Subsequent Naturalization of Greek Science in Medieval Islam," *History of Science* 25 (1987): pp. 223-243.

31）C. Thaer, "Euklids Data in arabischer Fassung," *Hermes* 77 (1942): pp. 155-163.

32）F. Sezgin, *Geschichte des arabischen Schrifttums* (Leiden: Brill, 1967-1984), vol. 5, p. 116.

33）諫早『一なる天，異なる宙』70-72 頁。

34）N. Sidoli & Y. Isahaya, *Thābit ibn Qurra's Restoration of Euclid's Data: Text, Translation, Commentary.* Cham: Springer, 2018.

35）Sidoli & Isahaya, *Thābit ibn Qurra's Restoration of Euclid's Data*, p. 217.

36）Sidoli & Isahaya, *Thābit ibn Qurra's Restoration of Euclid's Data*, pp. 100-103.

37）「命題」とのみ書かれた箇所は，『デドメナ』の命題を意味する。

38）Sidoli & Isahaya, *Thābit ibn Qurra's Restoration of Euclid's Data*, p. 102.

39）Sidoli & Isahaya, *Thābit ibn Qurra's Restoration of Euclid's Data*, pp. 214-217.

40）先述のように，トゥースィーの再述テクストに関しては多くの写本が残り，ハイダラーバードで刊行された「活字本」（Naṣīr al-Dīn al-Ṭūsī, *Kitāb al-muʿṭayāt*, in *Majmūʿ al-rasāʾil: ḥarr-hā-yi Naṣīr al-Dīn al-Ṭūsī.* Hyderabad: Dāʾirat al-Maʿārif al-ʿUṯmānīya, 1939／40）も参照できる。しかし，この活字本はいちおうイスタンブルのアヤ・ソフィアとラーンプルのラザー図書館所蔵の写本とを校合した形にはなっているものの，そもそも個々の写本情報がほとんどない上に，校合の結果

と言うよりはケアレスミスと思われるような他写本との相違もしくは恣意的な改
変があまりにも多く，数学的な誤りも看過できない程度存在する。このような理
由から「活字本」に依拠することはせず，おそらく13世紀中に書写されたと思
しき古写本2篇のファクシミリ版を翻訳に使用した（Naṣīr al-Dīn al-Ṭūsī, *Taḥrīr
al-mu'ṭayāt*, in J. Āqāyānī-Chāwushī（intro.）, *Naṣīr al-Din aṭ-Ṭūsī: Taḥrīr-i
mutawassīṭāt*（Tihrān: Pazhūhishkada-yi 'Ulūm-i Insānī wa Muṭāli'āt-i Farhangī,
2005）, pp. 11-12; in F. Qāsimlū（ed.）, *Majmū'-i rasā'il-i riyāḍī wa nujūm-i
Khwāja Naṣīr al-Dīn Ṭūsī*（Tihrān: Dānishgāh-i Āzād-i Islāmī, 2010）, p. 104）。
トゥースィーの再述において，この命題の番号は44である（初期アラビア語版
は42）。初期アラビア語版の時に付していた命題等々の明示は省略した。

41）N. Sidoli & Y. Isahaya, "Naṣīr al-Dīn al-Ṭūsī's Comments on Euclid's *Data*,"
Historia Mathematica 47（2019）, p. 95。3つの図は左からそれぞれ，トゥースィー
の注釈の作図における［1］［2］［3］に対応している。

42）トゥースィーが『デドメナ再述』のなかに付した注釈については，Sidoli &
Isahaya, "Naṣīr al-Dīn al-Ṭūsī's Comments on Euclid's *Data*"を参照されたい。

43）Isahaya, "Geometrizing Chinese Astronomy?"

44）諫早『一なる天，異なる宙』179頁。

45）Isahaya, "Geometrizing Chinese Astronomy?" pp. 148-151.

46）写本：Niẓām al-Dīn al-Nīsābūrī, *Kashf al-ḥaqā'iq-i Zīj-i īlkhānī*. Ms. Rampur,
Raza Library, Persian 1203, 32v-33r；英訳：Isahaya, "Geometrizing Chinese
Astronomy?" p. 160；校訂テクスト：pp. 164-165.

47）先に列挙した数学テクストの演繹の諸構造のなかで「作図」が'amalと表現され
ることに関しては，Sidoli & Isahaya, *Thābit ibn Qurra's Restoration of Euclid's
Data*, p. 213を参照されたい。

48）Isahaya, "Geometrizing Chinese Astronomy?" p. 156を基に作成。

49）Isahaya, "Geometrizing Chinese Astronomy?" pp. 155-157.

50）Rashīd al-Dīn, *Tānksūqnāma-yi īlkhān dar funūn-i 'ulūm-i khiṭā'ī*. Ms. Istanbul,
Süleymaniye Kütüphanesi, Aya Sofya 3596, 8v-9r; Facsimile. M. Minūwī
（intro.）（Tihrān: Intishārāt-i dānishkada-yi adabiyyāt wa 'ulūm-i insānī, 1972）,
16-17.

51）Isahaya, "Geometrizing Chinese Astronomy?" p. 157.

第Ⅲ部

上演空間と舞台技術
――比較演劇史の一視点――

第3章　映写技術と舞台
——光，空間，政治的身体——

カイ・ファン・アイケルス

1．映写技術と舞台

　私が劇場で活動するようになった1980年代の終わりごろ，演劇人の間で最も読まれた本のひとつは，1969年に初版が出たピーター・ブルックの『なにもない空間』（*The Empty Space*）であった。芝居の舞台を空（から）の空間と捉えることにより，現代の課題とヨーロッパ演劇の核心をなす伝統的諸価値との仲立ちをしようとした著作である。ブルックは映写（プロジェクション）技術を支持した演出家には含まれない（「……した男」[1]の舞台でカメラとテレビ画面を用いたときも，医学的診断と治療におけるメディアの使用を批判的に問う文脈においてであった）。しかし彼の提唱した空虚（emptiness）という概念は，映画やビデオの映写が演劇上演に当たり前に組み込まれるようになったことの前提をなすいくつかの状況に，光を当ててくれる。その状況とは，美学的状況，社会的・政治的状況，テクノロジー的状況である。

　映画やビデオを映写（プロジェクト）する際には，客席や舞台が十分に暗いことが要求される。そうでないと映写したものが見えないのである。この暗さが実現するまでには，驚くほどの時間を要した。劇場建築のなかで，一点透視図法に基づき設計された舞台装置を置いた前舞台（proscenium stage）において演劇が上演されるようになったイタリア・ルネサンス以来，演劇理論家たちは，観

客が暗闇に座り，舞台が一層明るく照らされることを要求してきた。鏡を使っ
た技術的解決策の助けで舞台照明は強化されたものの，客席は何世紀にもわ
たり相変わらず枝付き燭台で照らされ，観客は幕があがってからおりるまで，
お互いをさやかに見ることができた。ガス灯や電灯を消せば完全な暗闇を実
現できたであろう19世紀末になっても劇場では，照明を少し弱めてつけた
ままにしておくことを好んだ。ドイツのメディア理論家フリードリヒ・キッ
トラーは，講義録『視覚メディア』において，パリ・オペラ座の設計者シャ
ルル・ガルニエが，客席を完全には暗くするなと主張したのを引く。

「[ガルニエの主張を列挙すれば] 第一に，歌劇場の客は，話の筋をいく
らかでも分かろうとすれば，輝かしくも意味不明な歌が歌われるあいだ
に，演ぜられている歌劇の台本で歌詞を追えなければならない。第二に，
芝居は人と人とが会する現象であり，そこでは観るだけではなく，観ら
れもする（特にボックス席にまします王侯は，照らされるのが常であった。彼
らにとり市民の幻想 [非現実を表現した舞台] はどうでもよく，宮廷の存在を示
し眩惑することがすべてであったからである）。ガルニエの第三の主張は，
観客と観客の反応のすべてが俳優から見えることは，言い換えれば視覚
的フィードバックループ [俳優が観客の反応を見て演技に反映させ，そ
の演技を見て客が反応し……という回路] のなかで演ずることは，俳優
にとり，また俳優の演技の芸術的な質にとり，決定的であるというもの
である。最後の第四の主張は，客席を暗くすると隅々までの管理ができ
ずよろしくないというものである。オペラの客たちは，愛のアリアの最
中に台本をめくる手が止まれば，全然別のことを考えたりおこなったり
するかもしれないというのだ。」[2]

バイロイト祝祭劇場は，電気照明を使った最初の劇場であった。リヒャル

ト・ヴァーグナーは上演が生々しく現出させる虚構に［観客が］完全に没入できるようにと思い描きながら，舞台以外をすべて闇に包むようにと呼びかけた。しかし，オーケストラピットを覆うことで音楽家を観客の目から隠しおおせたヴァーグナーも，客席をある程度明るくすることを容認せざるを得なかった。1876年，上演後に［カーテンコールのために］幕が上がっても，聴衆のひとりであったドイツ皇帝の席が薄暗いままであったことが，スキャンダルとなったのである[3]。

　客席を暗くしてゆく過程，その過程の遅滞，その過程が20世紀に——一時的に——得た成功，これらは演劇についての二つの考えの争いを反映している。すなわち，大衆のための娯楽スペクタクルとしての演劇という考えと，文学，音楽，視覚芸術と並ぶ立派な美的分野としての，すなわち芸術の一形式としての演劇という考えである。シェイクスピアの時代のロンドンの芝居小屋は，ボックス席にしか屋根がなく，公演は昼の自然光のもとでおこなわれ，雰囲気はまだ闘犬場に近かったろう。最新の服を着た殿様は舞台脇の高みで目立ち，役者が対話や独白を朗誦するあいだも飲み食いしながらのおしゃべりは続き，娼婦は客をもてなした。18世紀のフランスとドイツは新古典主義の流行の先端にあった。新古典主義は劇場を，熱心な注意を向け視聴する観客に対し文芸作品が静寂のなか披露される場所として，再定義しようとした。しかし，アレクサンダー・バウムガルテンやイマヌエル・カントが推奨した美的感覚の考えに客席が合致するように観客を律し，彼らのふるまいを変えることは，芸術家や進歩的な名題役者にとり極めて難しかった。ドイツのいくつかの都市では，公演中に観客が，静粛を保っているか，舞台上で生み出される芸術の世界に集中している者たちを邪魔していないか，確かめるために，劇場警官を配置した。

　幕が上がると確実に客席の照明が消えるようになったのは，20世紀に入りかなり経ってからである。この時期，リアリズム美学がコンスタンチン・

スタニスラフスキーのそれのような新しい演技術にも影響を与えていた。ス
タニスラフスキーは生徒たちに，正しい，一見「自然な」表現を生み出すの
に役立つ心象風景を作り，その心象風景を組み合わせ，心の目に対して再生
される内面的な映画となすことを教えた（キットラーが，映画と演劇は影響を及
ぼしあいながら共に進化したと強調したのは，確かに正しかった）。スタニスラフ
スキーは，1758 年にディドロが推奨した「第四の壁」［舞台と客席を隔てる
想像上の壁］を俳優が侵さないよう主張，幻 影 空間を精密化し，俳優が
控えの間や屋外を経由してから舞台に出るようにした。舞台装置自体もます
ます精緻になった。部屋はただひとつのランプで照らされ，奥の壁の窓の外
では青みがかった冬の午後に雪が降る，などとイプセン劇の舞台装置が示せ
たりしたのも，客席が暗いおかげであった。
　かたや幻 影（現実的なものであれ超現実的なものであれ）の力を受け入れ
増幅する演劇美学。かたや物理的存在感をほとんどゼロに縮小された観客が
置かれた，人間とテクノロジーが織りなす状況。この両者の根本的なつなが
りを意識することが重要である。このつながりの伝統に立つ芝居を上演する
劇場に行きつけた者は，客席が暗くなるや会話は数秒のうちに絶え，眼はこ
とごとく舞台に向けられ，ほとんどの場合は向けられたまま，という状況に
慣れているだろう。ガルニエが疑った（あるいは疑うふりをした）のとは逆に，
光の欠落は監視の内面化に役立った。暗闇に捨て置かれた見物客は監視しあ
うことを学んだのだ。
　ブルックの言う「なにもない空間」は，18 世紀に発展した演劇芸術のブ
ルジョワ的伝統を引き継ごうとする。ブルックの本が出版されたのは，（著
名な二例のみを挙げれば）「リビング・シアター」やリチャード・シェクナー
の「パフォーマンス・グループ」［いずれも劇団］など政治性を帯びた
前 衛 派が，客席の照明をあらためて点灯し，再 現 演劇［心象風景を
舞台で再現する演劇］を克服し，観客を参加させようとした時期であった（観

客参加には，役者が観客と性行為をおこなったり，役者が観客に運ばれ劇場の建物から道路に出されたりすることも含まれ得た）。この本の有名な冒頭文「どこでもいい，なにもない空間——それを指して，わたしは裸の舞台と呼ぼう」[4]は，自然のあるいは人工の光源に照らされた空間全体に演劇を開放するかのようである。しかし冒頭文が最も強く示唆するのは，演劇が「私」に立脚するということである。その「私」とは，空間を空っぽと見る目，それを裸の舞台と呼ぶ口を持つ誰かにとどまるのではない。プロフェッショナルに見物客を——無名の見物客のみならず見物客の無名性をも——再現（レプレゼント）する演出家の「私」なのである（見物客の無名性は，ジャック・ランシエール[5]が詳述したように，ブルジョワ美学の政治的次元の鍵である）。

　それどころかそこでは，演出家の眼は映写機（プロジェクター）のレンズのようになる。舞台に現れるものが何であれ，その舞台がどこであれ，その舞台がいかなる環境に置かれているのであれ，それらは一個人の視覚的想像（ヴィジョン）の物質化であろう。それは，ひとりの男（もしかしたらば女）の主観的な感覚と想像が，役者たちと技術者たちを指揮し生み出したものであろう（技術者たちは身体や機械を管理し返すのであるが）。この本にまとめられた四つの講義をブルックが書いたとき，映写技術はすでに何十年も舞台で使われていた。しかし「なにもない空間」というイデオロギー色の濃い用語は，演劇パフォーマンスの創造は視覚的想像とテクノロジーによる行為である，という主張がなされた演劇史上の一時点を指し示している。演出家が見たものを誰もが見られるイメージに変換したものが演劇だとすれば，映写（プロジェクション）こそは，演劇という営みの原理なのである。

2．主観と映写
—— ロベール・ルパージュ「エルシノア」・「ハムレット・コラージュ」 ——

　映画の映写を演劇に用いた最初の演出家はエルヴィーン・ピスカートルというのが通説であるが，それは1929年に出版した『政治的演劇』[6] で彼が自らそう主張したからである。しかし1929年と1933年に二巻仕立てで出版されたフリードリヒ・クラーニヒの『現代の舞台技術』の説明の方が詳しい。クラーニヒは1911年に遡るいくつかの先例に触れるが，それらは主にオペラやオペレッタの領域で，既存の映画の場面を書き割りの補完のように用いたものである。降る雨を壁に投影したり，波を床に投影して川を示したりしたのだ。クラーニヒの考えでは，舞台の他の要素と違和感無く融合させるのが映写の巧みな使いかたである。観客が映画を映画として意識しないのが理想である。魔法をかけたかのように，突如として雨が降り出し，波が流れゆく，というように[7]。

　これに対しピスカートルは，映画を，進歩的な政治メッセージを伝えるのに適した，若くて革新的なメディアとして歓迎した。明確にそれと分かる荒っぽいカットで短い場面をあわただしく連ねることにより，目の当たりにしたものにつき見物客が能動的に考える時間と空間が開かれる，とピスカートルは考えた。場面の構成は作為に基づくと観客が気づけば，社会の現実も，自然とそうならざるを得なかったというものではなく，決定に基づきつくりあげたものであり，決定により変更もしうる，と見物客が見抜く可能性が生まれる。ピスカートルの政治的美学にとり，新しい技術と新しい物語形式とを交配するという映画の使い方こそが，大切なのであった——もしかしたらば実際に映写される映像にも増して。

　映画の映写による実験は，1920年代から30年代にかけて前衛派（アヴァンギャルド）もおこなっ

た。例えばイヴァン・ゴルは，ベルリンで，次いでパリで，ジャリに影響を受けた演劇を制作した。パリではシュルレアリストたちがジョルジュ・メリエスを賞賛していたが，メリエスは幻影（イリュージョン）とスペクタクルの演劇のために早くも1904年から映画を制作していたのであった（ロイ・フラーがフォリー・ベルジェールで見せた踊り，例えば1892年の名高い「蛇踊り」（*Serpentine Dance*）において，いかに色光を用いたかも，舞台における映写の系譜をたどる上で触れるに価する）。ピカビア，マン・レイ，デュシャンはエリック・サティの協力のもと，劇場の屋上で彼らがチェスを指す映像を用いたレヴュー風のパフォーマンス「本日休演」（*Relâche*）を制作した。ロシアでは，セルゲイ・エイゼンシュテインが演劇の演出から映画の監督に転じた[8]。

　アドルフ・アッピアからロバート・ウィルソン以後に至るまで，20世紀を通じ，光を役者と同等の，あるいはそれ以上に重要な要素として取り入れることは，前衛派（アヴァンギャルド）演劇が伝統的主流から自らを区別する声明（ステートメント）であった。私の論ずる最初の例，カナダ人演出家ロベール・ルパージュによるシェイクスピア『ハムレット』の複数の演出は，前衛派演劇の路線に沿っているが，光を独立した役者に仕立てることで，より正確に言えば，主人公以外の役者は光のみとすることで，映写（プロジェクション）の使用に作劇（ドラマトゥルギー）上の意味を加えた。1995年にトロントで初演された「エルシノア」（*Elsinore*）や，2016年のシンガポール国際芸術祭のために制作された「ハムレット・コラージュ」（*Hamlet Collage*）では，ハムレット自身は役者が生で演じ，そのハムレットは映写される人物や物体とやりとりする。「ハムレット・コラージュ」でルパージュは，回転する三つの長方形のスクリーンにビデオを映写し，絶え間無く変化する視覚環境を生み出した。オフィーリアが溺れると，もうひとつ本物の身体が現れるものの，映写された川のなかに開いた罠に沈むのである。

　独白に富むシェイクスピアの戯曲を，独白パフォーマンスに変容させることによりルパージュは，シェイクスピアが復讐悲劇という分野の脱構築をお

こなった際にすでに強かった主観的要素を，強調する。ゆったりと流れる映像は，周囲の世界の「外」としての質を排除し，周囲の世界を意識の流れ（あるいは「潜在意識の流れ」）のように見せる。その結果，ハムレットの父親の幽霊以上に現実味を帯びたものは無くなる。あるいは幽霊にも他の登場人物と同様の現実味が備わる。しかし，目に見える現実が底知れぬ主観に沈むのをわれわれが見物するあいだに，客観への移行も起こるようだ――実際，時間こそが客観化の媒体らしい。若きハムレットは，父の死後の手続きの「邪悪な速さ」を嘆き，ハムレットの叔父に殺されたと告げる父の亡霊に出会う前から，母が父の兄弟と結婚したことで動揺する。Time is out of joint（「時間は脱臼している」）は，To be or not to be（「あるべきかあらざるべきか」）に次ぎ，シェイクスピアの最も名高い戯曲［『ハムレット』］から最も頻繁に引用される行なのである。

　演劇の舞台では，現実の時間を示して動く時計は常に異質に見えるであろう，とヴァルター・ベンヤミンはその論考「複製技術時代の芸術作品」で述べる[9]。映画では逆に，そのような時計は全く自然に見える。映画の筋における「いま」という虚構の時間は，観衆（オーディエンス）の存在を必要としないからである（デジタル以前の時代には，フィルムのリールも時計の針も，似たようなメカニズムで動いた）。実際，厳密に言えば，ベンヤミンが他の文章でブレヒトの叙事演劇につき主張する通り，映画の観衆（オーディエンス）は存在しない。映画館の席に座る客は，集合単数の会衆としての観衆（オーディエンス）ではなく，たまたまその場に居合わせたひとびとに過ぎない[10]。

　時計が観客を苛立たせるということは，演劇上演における「同時存在」（copresence）が驚くほど想像力に依存していることを明らかにする。俳優のからだは，自身の身体の存在と，扮する人物（キャラクター）の不在とを媒介する。そして観衆こそが，その人物が誰なのか，いかなる身分なのか，いかなる者なのかというイメージを，演ずる俳優の身体に投影し，役（キャラクター）と俳優とを連動させる。

ここには心理学的な意味での 投 影 （プロジェクション）がある。投影のプロセスを継続しなが
ら，俳優が 提 示 （プレゼンテーション）する身体と 表 現 （レプレゼンテーション）する役とを一致させる意志と能力
を観衆が持つ限りにおいて，書かれた文章に過ぎない戯曲は生の上演で「生
き」る。投影をおこなうのは観客にほかならない。 観 衆 （オーディエンス）はその場に居合わ
せたひとりの観客ではない。想像がつくりあげた，客席全員の集合体として
の「私たち」だ。ここでも想像という作業がおこなわれている。この想像作
業は，俳優の身体に役のイメージを投影しその逆もおこなうという想像作業
と同じくらい，演劇上演が独自の経験をもたらすためには重要である。俳優
の身体と観客の身体がそこに在り，心拍や呼吸のリズムがなんとなく同期し
ている，ということのみが，劇場における「同時存在」なのではない。時間
の複雑な合成が伴わねばならない。異なる時間同士を精神的身体的に媒介す
るのであるから，苛立つ作業だ。

　ビデオ映写は，演劇上演における合成された現在に，時計の時間を僅かに
密かに持ち込む。映写されたイメージが役の 表 現 （レプレゼンテーション）を増幅させる場合に
もである。その様子は「エルシノア」と「ハムレット・コラージュ」に観て
とれる。多くの場合ルパージュは映写を，舞台を他の空間に広げる人工補綴
物（prosthesis）として用いる。オフィーリアの身体を呑みこむ川は，クラー
ニヒが言及した川とさして変わらない。動画の映写は舞台美術を補完・拡張・
強化するのである。クラーニヒの眼にとり舞台はすでに，心が視覚的想像に
より幻視しようとすれば何でも充たせる空（から）の空間であり，彼の理解では，テ
クノロジーの役目は想像を実現する可能性を拡大することにあった。ルパー
ジュは，舞台をさらに空（から）にし，魅力的であると同時に怪物的なものを生じさ
せるまでに，可能性自体の枠を広げる。しかし映写技術は， 幻 影 （イリュージョン）の複合体
のなかに自らの時間を書き込む。ビデオは時間を測定する。生の上演と映写
されたイメージの流れとの違いにより，映像の流れは容赦無い拍を刻み，場
面の連鎖（sequences）により構成される万物という「世界」を描きだすよう

になるのである。

　ロベール・ルパージュは，批評家に「芝居の魔術師」と讃えられるのが常だ。しかし，「エルシノア」と「ハムレット・コラージュ」は，観客を魔法にかけようとするさまざまな努力にもかかわらず，技術基盤(インフラストラクチャー)に関するむしろ素気ない真実を伝える。演劇の舞台において映像は常に時を数えていると，私たちに思い起こさせるのだ。何を映すにせよ，映像は時計としての効果をもたらす。映写技術には，演劇の条件を問い直し再定義するという興味深い可能性がある。その可能性は，ベンヤミンが指摘したように，時計が舞台上で獲得する異質性にこそ存するのである。主観的時間と客観的時間の弁証法がルパージュによって「意図」されたものか否かを詮索しても無駄であろう（結局のところ，「演出家」も投影に過ぎない。見てとったものは何でも意図に基づくと考えるのを許すのが「演出家」という名である）。しかし，『ハムレット』が明らかに，劇場(シアター)のための劇であると同時に演劇(シアター)についての劇である以上，魅惑的な幻影(イリュージョン)のなかにあらわれる，テクノロジーが誘導した異化効果には，注目すべきであろう。

3．切り刻む光──ダムタイプ「OR」──

　『ハムレット』がこれほど有名になったのは，ハムレットが亡霊に出会う瞬間から行動を妨げ解体する，内省過剰な西洋的主観の劇だからである。ルパージュによるこの劇の解釈は，このような複雑さを後世において称えたものである。1995年の「エルシノア」が時代に即していたのに対し，20年後の「ハムレット・コラージュ」はすでに時代遅れのように見える。私が論ずる二つ目の例は，京都市立芸術大学の鬱屈した学生たちが1984年頃に結成した日本の演劇集団「ダムタイプ」である。ダムタイプも1990年代に国際的な名声を得た。ソニーとの契約により，彼らは最先端のテクノロジーを用

い，舞台全体に広がる，あるいは舞台そのものとなった巨大なスクリーンに，自分たちのビデオを映し出すことができた。ダムタイプは伝統的な劇団ではなく，さまざまな分野で活動する芸術家たちの集まりである。彼らのコラボレーションの一部は，昔も今も劇場の舞台のために作られるが，ギャラリーや美術館で展示されたり，インターネットで発表されたりするものもある。

　ダムタイプのメンバーは，典型的に日本的というレッテルを自分たちの創作に貼ろうとする解釈には反対してきた。しかし彼らもまた，メディア・テクノロジーに熱中し，テクノロジーの可能性から大きな影響を受けつつ美意識を形成した，あまたの日本人芸術家の列に連なるのだ。1980年代から90年代にかけて，MTVのようなポップミュージックの専門チャンネルで絶え間無く放映され，多くの国から幅広い視聴者を得たミュージックビデオは，有望な新しい形態として発展した。ミュージックビデオは，監督がしばしば大きな芸術的裁量権を得，巨額の予算を当てにできたために，実験場となり，その美学は視覚芸術に強い影響を及ぼした。ダムタイプは，これをライブ・パフォーマンスに持ち込んだ。

　1997年にフランスのFestival VIAにおいて初演された「OR」では，半球状のスクリーンが，スクリーン以外は何も無いステージを取り囲む。第一世代の疑似テニスのビデオゲームに拠ったらしき巨大な白い光線が，やはりビデオゲームの歪んだ音を使った電子音楽の曲に乗り，暗いスクリーンを動きまわる。幾度か明滅しながら，灰色がまばゆく輝く白色光へと変わる。光が三次元に見えるほどの強烈な映写だ。もとの黒に戻ると，白い光は左から右へと一定の速度で進み，ふたたびストロボから発される白い閃光が，二人の踊り手の姿を顕わす。踊り手たちは車輪付きのスチールテーブル（病院や死体安置所の設備を思わせる素気ないデザイン）のわきで手足をくねらせる。しかしそこで，白い光線だけが見える五秒間の中断があり，それが終わると，三つ目の身体が現れるや否や姿を消す。ほかの二人は床で転がる。ひとりは，

あるいはふたりとも，裸かもしれない……

　パフォーマンスはこのように進行する。ダムタイプの舞台パフォーマンス
は，「OR」以外も，ほとんどの場合は同様の構成だ。巨大な風景，建築や幾
何学を思わせる図形，文脈を失った要素，これらがスクリーン中で点滅し，
脈動し，跳躍し，揺らぐなか，身体がぎくしゃくした痙攣的なダンスの動き
をするのである。時には複数のイメージが重なり合い，ズームイン，ズーム
アウトし，目まいを誘う奥行きを視覚空間に与える。ダムタイプの美学は，
画面全体で具体と抽象の間を絶え間無く行き来する形象へと，人体をほとん
ど溶解させ，ライブ・パフォーマンスの連続性を，速いカットが生み出す発
作的リズムに従わせる，というものである。ルパージュにおける映像の流れ
よりも明確に，ダムタイプにおいて 映写（プロジェクション）は，時空を形成する役を担う。
光と同じくらい大切なのが闇である。最高の映写技術の究極の機能は，特別
に強烈な暗転を可能にすること，と言えるかもしれない。その結果，ライブ・
パフォーマンスの「同時存在」そのものが，ビデオ編集者の操作によるかの
ように，切り刻まれてゆくのである。

　ピスカートルが舞台への映画の映写を，政治的啓蒙に必ず役立つ道具とな
る技術として評価し，粗いカットは観客に刺激的効果をもたらすと楽観視し
たならば，ダムタイプは技術を否定的に用いることにより，彼らの政治的課
題を表現した。ビデオ映写の力に魅せられながらも，ダムタイプのパフォー
マンスは反幻影（anti-illusionary）の方へ，当時の用語で言えば超幻影（hyper-
simulacrum）の方へ向かう[11]。映写されたイメージにおける視覚の過剰は，
嫌悪と麻痺を生み，おのれのからだが堅固ではあれ脆く，まことに弱い肉体
であるという意識をさらに高める。1994年初演の「S/N」の一場面では，
演者たちが自分たちはまさにそのような弱き肉体でしかないと自覚する。
「GAY」「JAPANESE」「HIV+」と記したグレーのスーツを着た彼らのひと
りは，客席にこう語りかける。「私たちは俳優ではありません。私は男です。

日本人です。そしてゲイです。彼は男です。日本人です。そして HIV 陽性です。」別の場面では，映写スクリーンとなった堅固な壁の上で演者が踊ったあと，後ろ向きへ落ちてゆく様子を見せる。イメージで充たされた空の空間の向こうで何が起きているのかと，観る者はいぶかるのである。

4．舞台空間から映し出されるホームビデオ
——フランク・カストルフ「虐げられた人々」——

　ドイツの演出家フランク・カストルフは，ベルリン・フォルクスビューネにおいてドストエフスキーのいくつかの小説を舞台化するにあたり，ビデオ映写を用いた。イェンス・ローゼルトはそれについての論文において，終演後の討論で観客のひとりが述べた言葉を引く。「はじめは何も観るべきものが無かった」[12]。一連のドストエフスキーの舞台化は1999年の「悪霊」（Dämonen）に始まったが，この言葉は2001年に初演された「虐げられた人々」（Erniedrigte und Beleidigte）についてのものである。現実には，この公演のはじめには，たくさん観るべきものがあった。例えば，不動産カタログから直接に取り込んだような，いかにもベルト・ノイマンのものらしいデザインの，まるごと一軒の家。あるいは建物の屋上のスクリーンに，家のなかで起きていることを映し出すビデオ映像。持ち運べて片手で扱えるカメラが捉えた行動を，誰もが観られる。カメラは，俳優の表情のアップなど，劇場客の距離からは普通は見えない細部を見せる。しかしそうした映像は，ローゼルトの表現で言えば観客の「人肉を求める食欲」[13]を満たさなかった。現実から僅かミリ秒遅れて流されるライブ映像であったにもかかわらず，スクリーンを見ても，俳優を直接観られないことの埋め合わせにはならなかったようだ。全く逆に，スクリーン上の表現が不在感を強めたのかもしれないのである。

　この，私の分析する第三にして最後の例［「虐げられた人々」］は，ルパー

ジュの「エルシノア」やダムタイプの最初の世界的成功から何年も経たない
うちに制作された。これは，劇場におけるビデオ映写が，力強くダイナミッ
クな映像により大都会の観客に感銘を与える「熱い」技術であるとは，もは
や見なされなくなった時代を証する例である（但し劇場が［ビデオ映写の］試
みを続けなかったわけではない —— 今日でも続けているところがある）。ダムタイ
プにとり，過剰に明るい映写光は，見物客を一瞬の暗闇に包むという中断を
繰り返し，ライブ・パフォーマンスの現在を切断するための手段であった。
カストルフとノイマンの戦略の要諦も，普通の芝居のありさまを否定し，あ
るいはそこから何かを引き去ることにある。但し，戯曲上演の伝統と深く連
動し，そうした伝統を置き去りにせずむしろ修正する，という別種の工夫を
施すのである。彼らの芝居においてビデオ・テクノロジーは演劇を，その最
も貴重な財産である生身の俳優を撤収させる立場に置く。それにより，俳優
が舞台に登場する前に身支度するようにとスタニスラフスキーが設計した控
えの間を，ほかならぬその舞台の真ん中に移して上演することができるよう
になる。［スクリーンという］枠の向こうに開示された，副次的な，主たる
創作への付加物であったものが，観客の視線が集まる点に位置し，皆がその
焦点に創作を探す。そして，創作は実際にそこにある。創作は，観客がまさ
しく予期した場所においてなされる。但し，視覚的な存在感は視覚的な
再　　生　に置き換えられている（音響的な存在感も同様である。俳優はマイク
を持ち，その声はスピーカーを通じて観客に届けられる。声が僅かに歪むので，声が
伝達される過程を感じとることができる）。

　これがもたらす効果のひとつは，舞台が決して空虚な空間とは見えないこ
とである。ブルックの時代の空虚な空間を想起させさえしない。空になった
ことが無いように見えるのである。それどころか，空の空間はこの世にあり
えないゆえに舞台は空になりえない，と伝えるかのようだ。2015年に没し
たノイマンの舞台美術は，ベルリン・フォルクスビューネ独自の様式に大い

に貢献したが，彼の美学の主な功績のひとつは，居住（habitation），あるい
は 居 間 という意味での居住の現実をライブ・パフォーマンスの世界に取り
入れたことであった。ブルジョワ演劇において，インテリアは舞台で常に大
きな顔をしていた。しかし，クッション，灰皿，花瓶，洗っていない食器な
ど，絵に描いたような細部がいくらあったところで，そうした家庭的な舞台
装置が，誰かが実際にそこに住んでいると確かに感じさせたことは決して無
い。「世界」は主観的経験の書き割りでしかないというブルジョワ的世界観
を反映して，リアリズムや自然主義の美学は，物体は何であれ想像されたも
のの物質化として提示されるべき，と考える。クッション，灰皿，花瓶，皿
が劇場の工房で作られたわけではなく，観客が自宅用のものを購うのと同じ
店で買ったものであっても，ブルジョワ演劇の美学はそれらを空虚な空間に
置き，空間にそれらの本質を決めなおさせる。空間に置かれた物体の見てく
れが証するのは，リアリスティックに場面を構成するためにはそれらが適し
ていると考えた，ひとりの心（あるいは何人かの心が融合して下したひとつの決定）
である。共同生活のもつれた現実ではない。

　ディドロの言う「第四の壁」は，それが物質的な壁ではないからこそ，リ
アリスティックな想像が支配する体制を樹立し得た。ノイマンの第四の壁は
物質であり，舞台を，少なくともその一部を，共同生活圏に変える。建物内
部にひとの集団がいるというのはお芝居であり，俳優たちは役を演ずるので
あるが，彼らはそうすることで同時に居間の現実の一部になる。これは演技
にも影響し，演技手法が物腰や癖に置き換わる。俳優たちは，カメラや撮影
者に対し打ち解けてふるまい，扮する役から出たり入ったりしながらやりと
りした挙句，録画されているという架空の事実と対話する。こう見ると映写
技術は，演出家や舞台美術家の独占物ではない。ルパージュやダムタイプの
創作において，カメラとプロジェクターの組み合わせが，視覚的想像により
創作する演出家の道具として紛れもなく役立っているのに対し（ダムタイプ

の構成員はパフォーマンスもおこなうが，彼らのパフォーマンスの創作者は彼ら自身であるとビデオが明示する），「虐げられた人々」におけるテクノロジーの使用は，テクノロジーの力の幾分かを，つまり機械としてではなく媒体としてビデオが持つ力の一部を，人間関係に組み込む。

　メディア理論家のクレイ・シャーキーはかつて，新しいテクノロジーは技術的に退屈になると社会や文化において意味を持つ，と書いた[14]。ルパージュとダムタイプの 1990 年代の創作におけるビデオは，映画が身をやつしたものである。デジタル時代の初期にビデオが持った革新的な力——録画された現実とデジタルに生み出されたコンテンツとを混ぜる力——は，20 世紀の大半の時期において映画が持った権威を更新したに過ぎない。そうしたビデオの有り様は徹頭徹尾映画的である。それとは対照的に，同じビデオという技術をカストルフとノイマンが用いるさまは，家庭での録画が身近な日常的行為であるといった社会の常態を示す。そして，ひとびとの生活を録画することの身近さが，録画される者たちを一種の家族に変えるのである。そのさまのすべてを観客席から大スクリーンで観れば，自分はその家族の一員であってもおかしくないのに一員ではない，と気づき，その家族に属さぬゆえの欠落感を抱く。観客はそのために感情的に反応する。先に引用した者が，締め出されたと感ずるあまり，観るべきものが無い，と思ったように。

　俳優の身体を直接見えないようにし，上演時間のかなりの部分は再生を通じてしか接せられなくすれば，劇場における感情上の取引を操作できる。ロラン・バルトは『神話作用』に収めた論考「若い演劇の二つの神話」で，現代演劇が俳優の身体の存在感を利用するのは，気まぐれな演技様式の名人芸で魅せられなくなったからである，と述べた。ブルジョワの観客は，入場券に費やした金と，座り心地の悪い座席に座り込んで費やした時間との見返りを求める。上演が，意味（信じ込みやすいメッセージ）も，印象的な演技術とカリスマ的人格との定評ある組み合わせも提供しないならば，

演ずる身体そのものが儲けをもたらさねばならない。走り回り，叫び，汗をかき，公演の終わりには目に見えて疲れ果てることで，俳優は観客の投資を回収してやるのである[15]。「虐げられた人々」の俳優たちが肉体的献身を惜しむわけでは決してない。しかし壁とスクリーンとの間の共同作業が，こうした感情上の取引にふさわしい環境を提供する経験空間を，分断する。半透明の膜のように，ふたつの平面は価値ある粒子を通さないらしい。見物客の視線は入るが，観客のための労働の証（あかし）は出てゆけない。狭いカメラアングルは演者を演者だけの空間に閉じ込める。いかに演者たちが自分たちの存在感を誇張しその空間を破ろうとしても，無駄である。

　心理上の取引の観点から見ると，劇場の舞台に折り込まれた空間からこうしておこなう生放送は，［オランダのテレビのリアリティ・ショー］「ビッグ・ブラザー」（Big Brother）とは逆の効果を生む。クリストフ・シュリンゲンジーフが「ビッグ・ブラザー」を翻案し，「庇護申請者」（'asylum seekers'）を出演者に仕立て，2000年にウィーンの英雄広場（ヘルデンプラッツ）でおこなったパフォーマンス「オーストリアを愛して！」は有名である。「ビッグ・ブラザー」では，協定のシニシズムに従う同意と引き換えに，カメラを使用してプライバシー，親密さ，信頼を売る。絶え間無い監視は，コンテナのなかで生活するひとびとを孤立させ，楽しみたい観客の求めに応ずるように，彼らの身体を（及びその身体が主人であるところの主観を）仕向ける。彼らがさらされている可視性こそが，彼らを絶え間無く傷つけ，辱めていると言えるかもしれない。「虐げられた人々」でも似た設定が用いられるが，家のなかの者たちが俳優であり，家が劇場の舞台の真ん中に据えられることで，全く異なる状況が展開する。撮影されることにより，彼らの間に集団的な動力が生まれる。それは人と人との関係であり，俳優たちが望んでも個々人の視覚的魅力には変換できない。「複製技術時代の芸術作品」においてベンヤミンは，録画と映写の過程を，人と人との関係を再編成する機会として捉え，「今日の人間は誰でも，

映画に写されたいという欲求をもっている」と記す[16]。カストルフとノイ
マンのビデオ映写の試みは，多くの作品でさらに追求されたが，ベンヤミン
の言葉が演劇にとり何を意味するかを示唆するのである。

原文

Van Eikels, Kai, "Projection Technology and the Theater Stage: Light, Space,
Body Politics", in *Performance Spaces and Stage Technologies: A Comparative
Perspective on Theatre History*, ed. by Yuji Nawata / Hans Joachim Dethlefs,
Bielefeld: transcript, 2022, pp. 143-156. DOI: 10.14361/9783839461129-010
Translated and printed with permission of the author and transcript Verlag.
縄田雄二訳。四つの節それぞれに，原文に無い節題を著者に相談の上で訳者が補っ
た。そのほかに訳者が加えた文言は［　］に入れた。

注

1)「……した男」(*L'homme qui*, 1993) は，Oliver Sack の著 *The Man Who
Mistook His Wife for a Hat* に基づく。

2) Kittler, Friedrich, *Optical Media: Berlin Lectures 1999*, trans. Anthony Enns,
Cambridge: Polity Press, 2002, p. 169.［英訳からの重訳を避け，ドイツ語原書の
該当箇所を日本語に訳した。Kittler, Friedrich, *Optische Medien: Berliner Vor-
lesung 1999*, 2. ed., Berlin: Merve, 2011, p. 219.］

3) 前掲 Kittler, *Optical Media*, p. 170.

4) Brook, Peter, *The Empty Space: A Book About the Theatre: Deadly, Holy,
Rough, Immediate*, London: Penguin, 2008, p. 7.［ピーター・ブルック著　高橋康
也・喜志哲雄訳『なにもない空間』晶文社，1971 年，7 頁より引用。］

5) Rancière, Jacques, *The Emancipated Spectator*, trans. Gregory Elliott, London:
Verso, 2009.［ジャック・ランシエール著　梶田裕訳『解放された観客』法政大
学出版局，2013 年］

6) Piscator, Erwin, *The Political Theatre: A History 1914-1929*, trans. Hugh
Horrison, Glasgow: Avon Books, 1978.［エルウイン・ピスカトール著　村山知義
訳『左翼劇場』中央公論社，1931 年］

7) Kranich, Friedrich, *Bühnentechnik der Gegenwart*, Vol. 2, Munich: Oldenbourg,
1933, p. 132.

8）以下にさらに詳しく説明されている。Greg Giesekam, *Staging the Screen: The Use of Film and Video in Theater*, Basingstoke: Palgrave Macmillan, 2007.

9）Benjamin, Walter, "The Work of Art in the Age of Its Technological Reproducibility", *The Work of Art in the Age of Its Technological Reproducibility and Other Writings on Media*, trans. Edmund Jephcott et al., Cambridge: Harvard University Press, 2008, p. 47.［久保哲司訳「複製技術時代の芸術作品」（ヴァルター・ベンヤミン著　浅井健二郎編訳『ベンヤミン・コレクション　1』第2版, 筑摩書房, 2008 年, 583-640 頁）632 頁］

10）Benjamin, Walter, "What Is Epic Theater?", *Understanding Brecht*, trans. Anna Bostock, London: Verso, 1988, p. 10.［浅井健二郎訳「叙事演劇とは何か」（ヴァルター・ベンヤミン著　浅井健二郎編訳『ベンヤミン・コレクション　5』筑摩書房, 2010 年, 335-360 頁）353 頁］

11）simulacrum という用語はフランスの社会学者ジャン・ボードリヤールが有名にした。例えば以下を参照。Jean Baudrillard, *Simulacra and Simulation*, trans. Sheila Faria Glaser, Ann Arbor: The University of Michigan Press, 1994.［ジャン・ボードリヤール著　竹原あき子訳『シミュラークルとシミュレーション』法政大学出版局, 1984 年］

12）Roselt, Jens, „Die Fünfte Wand: Medialität im Theater am Beispiel von Frank Castorfs Dostojewski-Inszenierungen", trans. Kai van Eikels (in: David Roesner / Geesche Wartemann / Volker Wortmann (eds.), *Szenische Orte, Mediale Räume*, Hildesheim et al.: Georg Olms, 2005), p. 111.

13）Ibid.

14）Shirky, Clay, *Here Comes Everybody: The Power of Organizing Without Organization*, London: Penguin, 2008, p. 105.［クレイ・シャーキー著　岩下慶一訳『みんな集まれ！　ネットワークが世界を動かす』筑摩書房, 2010 年］

15）Barthes, Roland, "Deux mythes du Jeune Théâtre", *Mythologies*, Paris: Seuil, 1957, pp. 100-102.［「若い演劇の二つの神話」ロラン・バルト著　篠沢秀夫訳『神話作用』現代思潮社, 1967 年, 83-86 頁］

16）前掲 Benjamin, "The Work of Art in the Age of Its Technological Reproducibility", p. 33.［前掲・久保訳「複製技術時代の芸術作品」612 頁により引用］

第4章　上演空間，舞台技術，筆記面の歴史 としての世界演劇史

縄　田　雄　二

1．文化技術史としての演劇史

　世界の演劇の歴史は，いかに書けるか。この問いに答える前に演劇という語を定義しよう。演劇は通常，役を役者が演ずる芸能を意味する。これを演劇の狭義としよう。狭義の演劇と，歌舞や，歌舞を用いる祭祀とは，しばしば分かちがたく結びついている。また，役を演ずるのは人間とは限らず，人間が操る人形でもありうる。狭義の演劇を核とし，歌舞，歌舞を用いる祭祀，人形芝居，これらすべてを含むものを，広義の演劇としよう。以下，演劇というときは，広義の演劇を指すこととする。

　演劇の歴史はさまざまに書かれてきた。例えば各地域の文学史の一環として，大作家や名作の歴史として。ヨーロッパの演劇史は，アイスキュロス，ソポクレス，エウリピデス，セネカ，シェイクスピア，モリエール，ラシーヌ，ゲーテ，シラーら戯曲家たちの歴史として書きうるし，書かれてきた。日本の演劇史は，能の，狂言の，人形浄瑠璃の，歌舞伎の名作の歴史として書きうるし，書かれてきた。これら地域ごとの歴史をたばねれば，世界演劇史が生まれる。大きな事典の演劇の項目を引けば，そうしたものが見出せる[1]。

　これよりもはるかに目立たぬながら，演劇の歴史は，役者の歴史としても書かれてきた。これはとりわけ，歌舞伎のような，役者中心の芝居に当ては

まる。19世紀，20世紀の日本の演劇の歴史を，九代目団十郎，五代目菊五郎，五代目歌右衛門，六代目歌右衛門といった歌舞伎役者の名を除いて書けば，気の抜けたものにしかならない。名役者の同時代における視覚的表象（例えば錦絵，写真）を集め，役者の歴史としての演劇の世界史を，一種の美術史として書くこともできるであろう。

演劇の歴史は，演出家の歴史としても書かれ得る。20世紀後半から21世紀にかけての，演出家中心の演劇（ドイツ語で言えばRegie-Theater）が席巻したヨーロッパの演劇の歴史は，演出家の名を連ねることによっても記述できる。

これらとは別の書きようでも，演劇の世界史は記し得る。Bernhard Siegertの言う文化技術（cultural techniques）[2]，つまり文化現象の基盤にある広義の技術の歴史としてである。演劇に関わる文化技術には何があるか。以下を挙げ得る。

－上演空間（例えば劇場）

－舞台技術（上演で用いられる広義のテクノロジー，例えば照明）

－演劇のもととなる物語や，台本を記し，保存し，広める筆記面（例えば紙）

文化技術のありさまは演劇のありさまを根本的な次元で規定しうる。以下，この観方により世界の演劇の歴史を眺めてみよう。詳細に体系的に世界演劇史を記述するわけにはいかない。上演空間，舞台技術，筆記面という三つの観点から，気づいたいくつかのことを書き留めるのみである。

これは，現代ドイツの文化学（Kulturwissenschaft）を比較文化に応用する試みでもある。文化技術が文化をいかに規定しているかを分析するのは，文化学の手法だ[3]。文化学はヨーロッパの文化史に対象を限る傾向がある。文化技術の歴史を地球規模で眺め，文化学を比較文化に対し開かねばならない[4]。演劇学と文化学とグローバル史とが出会うところ，あらたな研究領域が開ける。小論はこの領域を示そうとするものでもある。

2．上 演 空 間

　劇場や劇場機構の歴史は少なくとも西洋演劇についてはすでに書かれてき
たし，それにアジアの劇場史・劇場機構史を併記することもなされてきた。
Franklin J. Hildy がブリタニカに執筆した項目 "Theatre design"[5] はその
成果のひとつである。こうした先行研究を踏まえ，さらに先をゆくことがで
きよう。

　世界史は，さまざまな地域史の束としてではなく，一体である地球の歴史
として，すなわちグローバル史として書かれるようになってきた。モノの歴
史もグローバル史として書き得る。例えば本のグローバル史[6]，などと。モ
ノは建物でもありうる。Mark Jarzombek らの *A Global History of Archi-
tecture*[7] は建築のグローバル史を記述した書である。建築様式は地域を越
えて伝播するが，この書でそのありさまをたどることもできる。例えば "The
Roman Theater" の章は，ローマ帝国が版図の諸都市に劇場を置き，現在
のトルコに位置する都市エフェソス（エフェス）やアスペンドス（ベルキス）
にいまも遺ることを録する。劇場史は，グローバル史の一環として書かれ得
るのである。Christopher Balme は 20 世紀後半，植民地支配が終わったさ
まざまな地に生まれた，支配した側された側の文化が混淆した演劇を論じた
書で，空間が上演に与える影響を指摘しつつ，西洋式劇場でも街路でもあり
うる多様な上演空間を performance space という概念により包摂する[8]。確
かに，野外の祭祀空間や都市の広場も含む「上演空間」という概念を用いれ
ば，演劇のグローバル史は書きやすくなろう。

　演劇空間の歴史は，人類の人口増加と，人口の特定の空間への集積の歴史
として捉えられないか。

　David Christian の Big History は，自然史と人類史を統合し，宇宙の誕

生から現在までを記述し，さらに未来を予測する包括的歴史である[9]。クリスティアンは地球史の一環としての人類史を三つの段階に分ける。狩猟時代（およそ 250000 年前-およそ 10000 年前），農業時代（およそ 10000 年前-およそ西暦 1750 年），現代（およそ西暦 1750 年-）である。クリスティアンにとり農耕がなぜ地球のいくつもの場所で同じような時期に発生したかは謎であるが，いずれにせよ，農耕は地球のあちらこちらに定住をもたらし，定住した地域における人口の増加を促進した。現代という時代を招来した工業の発達は，都市を肥大させた。これに，例えば河竹登志夫による「世界演劇史要」[10] を重ねれば何が言えるか。演劇の多くは，各所に生まれ，痕跡を遺さず消えていったろう。現代にその痕跡が伝えられている演劇の歴史を書くならば，それは，所謂古代文明における都市のはじまりとともに始まるであろう。都市は，文字，絵画，建物など，後世に歴史資料を豊富に遺し，さまざまな演劇の痕跡をも遺したからである。インドのモヘンジョダロにおける，シバー神に献納した芸能（紀元前 3000 年頃）。エジプトにおけるオシリス神の受難劇（紀元前 2000 年頃）。殷代の中国における巫覡（ふげき）（紀元前 1500 年頃）。紀元前 1000 年ころから都市国家を形成した古代ギリシアにおけるディオニュソス祭，そこから発展し紀元前 6 世紀に明確な形をなした悲劇や喜劇。農耕神としての性格を持つシバーやディオニュソスは[11]，農耕からの演劇の誕生を示唆していよう。演劇史の最初期は，農耕による人口集積と，それがもたらした都市の誕生・発展という脈絡で説明することができよう。河竹は必ずしも同意していないが，河竹は，中央アジアからインド北西部の農耕部族が芸能を捧げた神が，西に進んではディオニュソスとなり，東に進んではシバー神となり，さらには日本の能の三番叟の源ともなった，という説を挙げる。神が方々に伝わり，神に伴う芸能も広まった，と考えるよりも，ここでは，地球の方々の土地の歴史が，直接の接触が無くとも，農耕による人口集積という力により同期（シンクロナイズ）され，それにより，各地の演劇も同期された，と考えたい。都市という空間

における芝居の上演空間は，人口の集積をさらに集積させた場所である。グローバル史と演劇史を結べば，人口集積の歴史としての上演空間史が浮かび上がる。

　農耕が地球の方々で同時多発的に，すなわち地域同士の直接の接触無く，上演空間を生んだであろうことを述べた。直接の接触により上演空間という仕組みが広まった歴史に眼を向けよう。すでにローマ帝国の劇場の例を挙げた。農耕が人口を増やし，増えた人口が都市をつくり，強大な都市を擁する帝国も生まれ，帝国は文化技術の或るもの，例えば軍事技術により版図を広げ，或るもの，例えば都市という仕組みを版図のあちらこちらにもたらす。かくしてローマ帝国は都市という仕組みとともに劇場という仕組みもさまざまな地にもたらした。

　はるかのち，18世紀後半の西欧で工業革命が起こり，それが世界を席巻した。西洋列強の植民地主義は，欧米様式の都市と劇場を世界に広めた。クリスティアンはこの過程がすさまじい人口増加を伴ったこと，その人口を吸収する空間として近代都市があったことを述べる[12]。すると，近代都市における劇場も，人口が集積した都市のなかでも人口が集中する特別な空間としての意味を帯びる。そこでの火災を避けるべきことが都市管理の課題となるのも当然である[13]。植民地とされることを恐れ，欧米の強国のような国家の様態を整えようと努めた日本が，近代都市と近代劇場を自ら建築し（例えば東京の日比谷公会堂，1929年），日本に支配された朝鮮半島にも近代都市と近代劇場が生まれたのも（例えば日比谷公会堂を範につくられた京城，今日のソウルの府民館[14]），こうした歴史の一環である。この流れは植民地主義の時代が終わってからも続いた。植民地支配から独立したアフリカ諸国でも，西洋式の劇場がつぎつぎと建設されたのである[15]。

3．舞 台 技 術

　視覚に関わる舞台技術（上演で用いられる広義のテクノロジー）をいくつか挙げよう。Fan Pen Chen を参照しつつ述べれば，影という物理現象の演劇への適用，すなわち影絵芝居は，中央アジアかインドに起源があるらしいが，実現しやすいテクノロジーであるがゆえにか，世界各所で発展し，影響しあったと思しい [16]。

　ヨーロッパでは影絵芝居は，アジアから伝わったと意識されたので，「中国の影（影絵）」（ombre chinoise）と呼ばれた。17 世紀のヨーロッパで記録され，種絵を投影する映写技術，幻燈もまた，同じく光を用いての投影であるので，しばしばこの名で呼ばれた [17]。しかし幻燈はヨーロッパに由来し，世界へ，アジアへも，広まったものである。ドイツの作家メーリケの長篇小説『画家ノルテン』（*Maler Nolten*, 1832 年）には，家に家族友人がつどい，幻燈で情景を映し，鍵盤楽器を鳴らし，役をわりふり脚本を朗読しあう場面がある。この場面の異稿では，ombre chinoise という概念が幻燈にはそぐわないこと，幻燈がヨーロッパのものであることが表現される。

　　「影絵ですって？　素敵ですこと！」御婦人がたは異口同音に言い，たのしそうに手を打ち鳴らした。「中国影絵でしょう？」（"DES OMBRES CHINOISES, nicht wahr?"）「違います。われわれがお見せするつもりなのは彩色影絵です。ノルテンは存分にあらゆる色を使い，立派なニュルンベルク流にこうして描いたのです。」[18]

　江戸時代の日本にもオランダ貿易船により幻燈機がもたらされ，阿蘭陀エキマン鏡と呼ばれることもあった。エキマンとは，幻燈の光源として用いた

Eichman lamps のこと。江戸では 1803 年に幻燈機による一種の芝居の上映が始まった。彩色した絵を鳴り物を入れ上映しながら，語り手が怪談などを物語ったのである [19]。地球をめぐり商売したオランダの船が，幻燈機を世界のさまざまな場所にもたらした。日本はそのひとつに過ぎまい。阿蘭陀エキマン鏡。幻燈機にオランダとの形容詞はまことにふさわしい。

　大きく描く近いものから，小さく描く遠いものへ，所謂消失点へ向け縮めて描いてゆく線遠近法（perspective）も，光学に関わる舞台技術であり，上演空間で書割などに用いられる。Hans Belting によれば，線遠近法は西南アジア・北東アフリカ（バスラ，バグダッド，カイロ）に生きたイブン・アル・ハイサム（965-1040）の光学書に胚胎した。この書はヨーロッパに伝わり Perspectiva と称された。15 世紀のフィレンツェにて線遠近法が発明されたのはよく知られているが，ベルティングはその背景にイブン・アル・ハイサムの学問を見てとるのである [20]。ベルティングはさらに，線遠近法の書割が 16 世紀初期にイタリアの劇場で用いられるようになり，一世紀かけてイギリスまで広まったことを記す [21]。線遠近法の書割はさらに東アジアへも広まった。18 世紀，清朝の中国において北京の近郊に生まれた王宮「円明園」には，線法（線遠近法）を用い画を描いた障壁を並べた線法画という一角があり，書割に線遠近法を用いたヨーロッパのバロック劇場を髣髴させる。築造を担当したのはイタリア出身のイエズス会士カスティリオーネ。線遠近法についてのポッツォの著 *Perspectiva pictorum atque architectorum* の原著（1693-1700 年）あるいは中国語訳（1729 年，新版 1735 年）を参照した可能性がある [22]。20 世紀の日本の歌舞伎においても，大道具にしばしば（厳密なものではなかったが）線遠近法が用いられた [23]。

　視覚に関わる技術についてのみ語るのは不当であろう。聴覚に関わる技術についてもひとつだけ，音を響かせるテクノロジーとしての劇場空間について，付け加えよう。Susanne Holl は，空間を伝播する音波として音を捉え

る理論がヨーロッパで発展したこと，その観点から1800年ごろに劇場空間の分析が行われたことを論ずる[24]。劇場建築に際し欧米の音響理論を考慮することは欧米から世界に広まったはずである。少なくとも東京で1911年に開場した帝国劇場はそうであったろう。オペラも上演されたこの欧米式劇場を設計したのは横河民輔。その著書『地震』に云う。「地震伝搬ハ震原ノ博撃ヲ受ケコレヲ波動ニヨリテ移伝シ上下四方球形ニ進行スルコト音響ノ伝搬スルカ如シ」[25]。地震と音響をひとしく振動の伝搬と捉えるのは，音響学の影響を受けたドイツの作家クライストの小説「チリの地震」にも出る考え方である[26]。この考え方は，横河も共有したし，帝国劇場の音響を考えるに当たり用いた考え方でもあろう。帝国劇場は，1923年の関東大震災の揺れに堪えた（そのあと火事で消失したが[27]）。横河の耐震設計ゆえであろう。地震の特性を理解した上で建てられた劇場は，音響の特性をも分かった上で建てられたろう。舞台に立つ役者や歌手は横河にとり，地震ならぬ空気振動の震源であった。その震源から振動（＝音）は「上下四方球形ニ進行」し聴衆に達する。帝国劇場の内部空間が箱型ではなく丸みを帯びているのは[28]，それが「球形」に近いからであろうか。聴衆に均しく音がゆきわたるようにと考えたのであろうか。

4．筆　記　面

　演劇の文化技術につき述べながら，筆記面について語らないわけにはいかない。広域に広まり，演劇を支えた筆記面にはいかなるものがあろうか。

　紀元前3世紀のアレクサンドリアの詩人にして学者のカリマコスは，彼の知る主な著作を分類し巨大な『大目録』を作り，分類項目に戯曲も含めた[29]。『大目録』はあまたのパピルスを蔵したアレクサンドリアの図書館の単なる目録というわけではないが[30]，パピルスで保存されたギリシア語文

献の主たるものの総目録には違いなかろう。エジプトの産するパピルスは古
代地中海世界の文化，例えば古代ギリシア文化，ヘレニズム文化，古代ロー
マ文化を担う重要な筆記面であった。それは戯曲にも該当した。

　紀元105年に中国で生まれたと記録された紙は，東進し7世紀に日本に達
し，西進し12世紀にヨーロッパの工場で生産されるようになった。中国で
は7世紀に木版印刷が，11世紀に活版印刷が始まり，近隣地域に広まった。
ヨーロッパでは15世紀半ばに活版印刷術が始まる。かくして紙は，『元刊雑
劇三十種』(13-14世紀，中国) を木版で，能の脚本『観世流謡本』(1600年前後，
日本) を木活字で，シェイクスピアの最初の全集 (所謂First Folio，イングランド，
1623年) を金属活字で刷る媒体となった。

　15世紀末以後，すなわちヨーロッパが紙と活字による印刷時代に入って
まもなく，スペインとポルトガルは世界に進出し，カトリックを布教，キリ
スト教劇をさまざまな土地で上演した。スペイン人，ポルトガル人はそれら
の土地に紙も持ち込んだ (ここで述べているのは中国に由来する狭義の紙につい
てであり，スペイン征服前のメキシコに存在していたアマテ樹皮紙などとは異なる)。
例えばメキシコで何が起こったか。紙に記された台本に基づき，現地に存在
した祭祀と融合した新種のキリスト教劇が，舞台仕掛けを用いて上演された
のである。Louise M. Burkhart は現存する台本を論じて言う。「文学とパ
フォーマンスを組み合わせたこの新ジャンルは1530年代初めに初演された。
観客の感動は深く，先住民の歴史家は1531年に大洪水が，1533年に最後の
審判が上演されたことを記録した。数百人が参加し，台本の朗読に歌，踊り，
行進を加えたパフォーマンスもあった。何段もの舞台，綱，台座が，天使が
天から降ったり，キリストや聖母マリアが天に昇ったり，悪魔が人々を地獄
に引きずり下ろしたりすることを可能にした。」[31]

　スペイン，ポルトガルによるカトリック布教は日本にも及んだ。ここでも
メキシコで起きたのと同じことが起きた。台本，舞台仕掛けを用い，現地伝

来の演劇とヨーロッパ劇とを融けあわせたキリスト教劇が上演されたのであ
る。1562年の復活祭に九州（豊後）にて上演された劇において，日本ではじ
めて舞台仕掛けが用いられたと思しい。紅海の水が割れ陸があらわれ，イス
ラエルびとを通したあと，水が閉じ，イスラエルびとを追うファラオの兵た
ちを溺れさせる，という旧約聖書『出エジプト記』の重要場面の上演におい
てである。Thomas F. Leimsはこの例を挙げつつ，16世紀後半に日本で上
演されたキリスト教劇の舞台装置が人形浄瑠璃や歌舞伎の舞台装置の影響源
となったと推測する。良く準備されたに違いない大がかりな上演の背後にラ
イムスは，日本語で記された台本の存在を推定する。Paoloと称された九州
は横瀬浦の日本人が台本を書き，舞台仕掛けの使用も含むヨーロッパの演劇
の様式と日本伝来の演劇の様式とを折衷，日本人を指導しキリスト教劇を上
演したというのである[32]。これが当たっているならば，キリスト教劇は，
紙と日本語文字の助けを借り受容・上演され，それが人形浄瑠璃劇と歌舞伎
の生成発展を助けたことになる。スペイン，ポルトガルは西へ，東へ進み，
紙と舞台仕掛けという文化技術によりアメリカ大陸で，日本で，衝撃を与え，
あたらしい演劇を生んだ。

　世界の広い範囲に紙がゆきわたったのちも長らく紙と共存した筆記面が貝
葉（ヤシの葉）である。インドでは紀元前から用いられたと思しいが，南ア
ジアのみならず東南アジアから中央アジアまで広まった[33]。河竹は，イン
ドの古来の叙事詩『マハーバーラタ』『ラーマーヤナ』がインド，東南アジア，
東アジアの演劇に内容上の素材を提供し，サンスクリット古典戯曲の頂点，
カーリダーサ作『シャクンタラー』（4-5世紀）のみならず，歌舞伎の『鳴神』
の源もそこにあると述べる[34]。このような内容的素材の伝播を，いかなる
文化技術が可能にしたかも問うべきであろう。『マハーバーラタ』『ラーマー
ヤナ』は，貝葉にしるされ得たからこそ，その分量の豊富さを誇り得，長期
間にわたり広範に伝えられ得たろう。口伝よりも多い情報を保存・運搬でき

る貝葉により，大きな物語が長く広まれば，芝居になる機会も増える。15世紀なかごろのインド東部オリッサ州の詩人サーララーダーサが『マハーバーラタ』の一部を書き直したものを，17世紀はじめごろにオリッサ州にて書写した貝葉221葉が，貿易船によってか日本に来着，18世紀ころから日本の津島（現在愛媛県）に伝わる[35]。日本において貝葉が主要な筆記面であったことは無いので，誰も読めなかったであろう珍品であるが，時間空間を越える貝葉の伝播力を示す証左である。

　アジアの広い地域における貝葉の使用を19世紀おわりから20世紀はじめにかけてほとんど終わらせたのは，西洋から入った印刷術である[36]。ちょうどそのころ，フランスは植民地ベトナムの三つの都市，サイゴン（今日のホーチミン），ハイフォン，ハノイにヨーロッパ風の劇場を建て，オペラ，オペレッタを上演した[37]。西洋式印刷術の当時の広まりは，西洋文化の広まりの一環であった。これは貝葉使用地域を越えた地球規模の現象であった。世界の方々に広まった西洋式の都市は活版印刷所を擁した。そうした印刷所が戯曲を出版し，出版された戯曲が図書館に収められ，これらに支えられ劇場が栄えた例が，東京である。西洋式劇場，（東アジアに古くにあった木版や活字ではなく西洋からあらたに入った活字を用いた）印刷書籍，（寺の経蔵などではなく西洋からあらたに入った様式の）図書館。これらが揃った東京を舞台とするのが，1910年から翌年にかけ活字で印刷した雑誌に連載された鷗外の小説『青年』である。主人公の青年は，「東京に始めて出来て，珍らしいものに言ひ囃されてゐる，この西洋風の夜の劇場」[38] を訪れる。鷗外が訳し「東京印刷株式会社」が1909年に印刷したイブセン（イプセン）『ジヨン・ガブリエル・ボルクマン』[39]（原著1896年）が同じ年に有楽座の舞台にのぼり，西欧現代劇が日本語で上演された画期的事実が小説に取り込まれ，主人公はイプセンを観劇する。「西洋風の夜の劇場」とは有楽座であるが，夜の，とあるのは，昼の自然光を利用する旧来の歌舞伎小屋とは異なり，専ら人工照明を用い晩

に興行する意であろう（Friedrich Kittler は Richard Alewyn を参照しつつ照明が幕の長さを決めることを論じ，文化技術が演劇の内容を規定する例を示した[40]）。主人公は劇場で知り合った女性の家をのちに訪ねるが，帰り道に通りかかるのは上野の帝国図書館である[41]。

　手書き文字を載せた紙や貝葉，活字を印刷した紙——遠き世も近き世も，文字を載せる平面は芝居の後ろ盾であった。演劇の世界史は筆記面の世界史と重なる。

5．おわりに

　演劇のグローバル化は，このように見るならば，近年の所謂グローバリゼーションとともに起こったのではない。つとに始まったのである。しかもそのグローバル化は，上演空間，舞台技術，筆記面といった，演劇のコンテンツを外側から規定する文化技術とそのグローバル化として進行したと見なしうる。このような観点から，いままでのものとは全く異なる世界演劇史を書くことが可能なはずだ。その「文化技術史としての世界演劇史」のいくつかの重要な部分を示すことを，以上において試みた。

原文

Nawata, Yuji, "Cultural Techniques of Play: A Global Perspective", in *Performance Spaces and Stage Technologies: A Comparative Perspective on Theatre History*, ed. by Yuji Nawata / Hans Joachim Dethlefs, Bielefeld: transcript, 2022, pp. 157-169. DOI: 10.14361/9783839461129-011 Translated and printed with permission of transcript Verlag. 出版社の了解のもとに，著者本人が日本語版を作成。厳密な翻訳を離れ，内容上の加筆を施した部分がある。

注
1) 例えば「日本大百科全書（ニッポニカ）」に河竹登志夫が寄せた記事「演劇」（「ジャ

パンナレッジ」（https://japanknowledge.com/）にて 2020 年 3 月 2 日閲覧）。

2）Siegert, Bernhard, "Cultural Techniques: Or the End of the Intellectual Postwar Era in German Media Theory", *Theory, Culture & Society*, Vol. 30, No. 6, 2013, pp. 48-65.（ベルンハルト・ジーゲルト著寺田雄介訳「文化技術論　ドイツ・メディア理論における学問上の戦後期の終焉」縄田雄二編『モノと媒体の人文学　現代ドイツの文化学』岩波書店，2022 年，2-30 頁）

3）現代ドイツの文化学については前掲・縄田編『モノと媒体の人文学』を参照。

4）文化学を地球規模の比較文化に開くべきことについては Nawata, Yûji, *Kulturwissenschaftliche Komparatistik: Fallstudien*. Berlin: Kadmos, 2016, pp. 9-21, 前掲・縄田『モノと媒体の人文学』263-267 頁を参照。

5）Hildy, Franklin J., "Theatre Design", *Encyclopaedia Britannica*. https://www.britannica.com/art/theatre-design 2020 年 3 月 2 日閲覧。

6）Suarez, Michael F. et al.（eds.）, *The Book: A Global History*, Oxford: Oxford University Press, 2013.

7）Ching, Frank / Jarzombek, Mark / Prakash, Vikramaditya, *A Global History of Architecture*, 2nd ed., Hoboken: Wiley, 2011.

8）Balme, Christopher B., *Theater im postkolonialen Zeitalter: Studien zum Theatersynkretismus im englischsprachigen Raum*, Tübingen: Niemeyer, 1995.

9）Christian, David, *This Fleeting World: A Very Small Big History*, 2nd ed., Great Barrington: Berkshire, 2018.（デヴィッド・クリスチャン著渡辺政隆訳『ビッグヒストリー入門』WAVE 出版，2015 年）

10）河竹登志夫『演劇概論』東京大学出版会，1978 年，228-281 頁。

11）前掲・河竹『演劇概論』230-232 頁。

12）前掲 Christian, *This Fleeting World*, pp. 90-93.

13）1870-1890 年のベルリンの例については以下を参照。Itoda, Soichiro, "Berlin and its Theatres between 1870 and 1890", *Performance Spaces and Stage Technologies: A Comparative Perspective on Theatre History*, ed. by Yuji Nawata / Hans Joachim Dethlefs, Bielefeld: transcript, 2022, pp. 111-122.

14）李知映「京城府『府民館』を通じてみる新劇の新たな展開　1930 年代の『劇芸術研究会』の活動を中心に」『文化資源学』第 15 巻，2017 年，21-33 頁。DOI: https://doi.org/10.24641/crs.15.0_21

15）前掲 Balme, *Theater im postkolonialen Zeitalter*, pp. 204-205.

16）"This study suggests that the shadow theater may have originated in either Central Asia or India. The Euro-Asian steppe and the seas between Africa,

Asia and Southeast Asia may have served as avenues that linked disparate shadow traditions, and some influences were probably not unidirectional." Chen, Fan Pen, "Shadow Theaters of the World"（*Asian Folklore Studies*, Vol. 62, No. 1, 2003, pp. 25-64）p. 25.

17）Screech, Timon, *The Western Scientific Gaze and Popular Imagery in Later Edo Japan: The Lens within the Heart.* Cambridge（UK）/ New York: Cambridge University Press, 1996（タイモン・スクリーチ著田中優子・高山宏訳『大江戸視覚革命　十八世紀日本の西洋科学と民衆文化』作品社，1998年）原書107頁。

18）Mörike, Eduard, *Werke und Briefe: Historisch-kritische Gesamtausgabe*, ed. by Hans-Henrik Krummacher et al., Vol. 3-5: *Maler Nolten*, Stuttgart: Klett/Klett-Cotta, 1967-1971（メーリケ著手塚富雄訳（1964）「画家ノルテン」『世界文学大系　第79　メーリケ・ケラー』筑摩書房，1964年所収）原書第4巻，92頁。

19）岩本憲児『幻燈の世紀　映画前夜の視覚文化史』森話社，2002年，85-92頁。

20）Belting, Hans, *Florenz und Bagdad: Eine westöstliche Geschichte des Blicks*, Munich: Beck, 2012, pp. 104-126.

21）前掲 Belting, *Florenz und Bagdad*, pp. 202-217.

22）持田公子「圓明園あるいは宣教師たちの「夢の作業」」『大妻比較文化』第1巻，2000年，102-120頁。http://id.nii.ac.jp/1114/00005506/

23）面出和子「歌舞伎舞台の背景画について」『図学研究』第36巻，Supplement，2002年，17-22頁。DOI: https://doi.org/10.5989/jsgs.36.Supplement_17

24）Holl, Susanne, "Phänomenologie des Schalls: Zur Erfindung der Raumakustik in der Architekturtheorie des Theaters um 1800", *Kaleidoskopien*, Vol. 2, 1997, pp. 31-47.

25）横河民輔『地震』金港堂，1891年（https://dl.ndl.go.jp/info:ndljp/pid/831442）34頁。

26）Nawata, Yûji, "Anmerkungen zu 'ERDBEBEN.TRÄUME' "（Oper Stuttgart（ed.）*Toshio Hosokawa "ERDBEBEN.TRÄUME"*, Stuttgart: Oper Stuttgart, 2018, pp. 22-33. この論集に日本語版を掲載）pp. 23-24.

27）国立国会図書館「写真の中の明治・大正：帝国劇場」国立国会図書館ウェブサイト上の2016年の記事。https://www.ndl.go.jp/scenery/column/tokyo/teikoku-gekijo.html

28）前掲・国立国会図書館「写真の中の明治・大正：帝国劇場」の写真を参照。

29）Acosta-Hughes, Benjamin / Lehnus, Luigi / Stephens, Susan A.（eds.）, *Brill's Companion to Callimachus*, Leiden / Boston: Brill, 2011, p. 122.

30）前掲 Acosta-Hughes et al., *Brill's Companion to Callimachus*, p. 123.

31）Burkhart, Louise M., "A Nahuatl Religious Drama from Sixteenth-Century Mexico"（*The Princeton University Library Chronicle*, Vol. 53, No. 3, 1992, pp. 264-286. Stable URL: https://www.jstor.org/stable/26403767）p. 266.

32）Leims, Thomas F., *Die Entstehung des Kabuki: Transkulturation Europa-Japan im 16. und 17. Jahrhundert*, Leiden: Brill, 1990, pp. 289-296.

33）安江明夫「ヤシの葉写本研究ノート」『研究年報』（学習院大学文学部）第 57 号，2010 年，105-140 頁。Permalink: http://hdl.handle.net/10959/2641

34）前掲・河竹『演劇概論』238-239 頁。

35）Dash, Shobha Rani「日本で発見されたオリヤー語の『マハーバーラタ』について」（A Study on the Oriya Mahabharata Discovered in Japan）『印度學佛教學研究』（*Journal of Indian and Buddhist Studies*）第 54 巻，第 2 号，2006 年，872-869 頁，1324 頁。DOI: https://doi.org/10.4259/ibk.54.872

36）前掲・安江「ヤシの葉写本研究ノート」132-133 頁。

37）McClellan, Michael E., "Performing Empire: Opera in Colonial Hanoi", *Journal of Musicological Research*, Vol. 22, 2003, pp. 135-166. DOI: 10.1080/01411890305920

38）森鷗外「青年」（『鷗外全集』第 6 巻，岩波書店，1972 年，273-471 頁）323 頁。

39）イブセン著森林太郎（鷗外）訳『ジョン・ガブリエル・ボルクマン』画報社，1909 年。

40）Kittler, Friedrich, *Optische Medien: Berliner Vorlesung 1999*, 2. ed., Berlin: Merve, 2011, pp. 105-106.

41）前掲・鷗外「青年」341 頁。

第Ⅳ部

現代オペラの国際性

第5章　オペラを通して「アフリカ」に出会う
——現代の上演の現場から——

森　岡　実　穂

1．はじめに

　今回は，「グローバル文化史の試み」というテーマ設定の中でオペラについて語る，というお題をいただいた。いろいろな切り口が可能ではあるが，今回は「ヨーロッパのもの」と考えられがちなオペラという芸術が，現在の歌劇場の活動が，どのように「アフリカ」と接点を持っているかを，できるだけ幅広く紹介してみたい。

　そもそも「アフリカ」という言葉での認識自体があまりに大きなものを包含しておりそのごく一部に関する話しかできないのは確かである。また，アフリカ大陸の中でオペラハウスの数は相当少なく，クラシック音楽界で活躍できている出身アーティストの数も決して多くはない[1]。だが上演の中では，「アフリカ」と欧州の関係，その歴史を見直す機会が増えているという感触がある。ここで，主に21世紀に入ってからの時代に焦点を置き，いくつかの実例を報告しておくことに一定の意義はあるだろう。

　具体的には，私がこれまで観てきたいくつかの作品と演出，インテンダントたちの発言などを通して，現在のヨーロッパの歌劇場がどのように・どれだけ「アフリカ」に視線を注いでいるかを紹介していきたい。なお，そこで対象となっている国や地域はチュニジア，エチオピア，コンゴ，南アフリカ

共和国，そして時代もばらばらであるゆえに，自明な何かを指していない記号としてカッコ入りの「アフリカ」と記述しておく。その解像度の低さ自体に自覚的である必要があるだろう。

2．歌劇場の存在意義について

　藤野一夫は，元ケルン歌劇場インテンダントのクリストフ・ダマンの言葉として，ドイツの公共劇場が果たすべき役割とは「①教養・人格形成 (Bildung) ／②現代市民社会の反省 (Reflektion der Zivilgesellschaft) ／③娯楽 (Unterhaltung)」の３つであることを紹介し，この三点のバランスをいかに取るかが公共劇場運営のポイントとなると指摘している[2]。劇場の「総裁」と訳されることの多いインテンダントとは，劇場の芸術的成果のために芸術面・経営面のすべてを掌握する存在である[3]。ドイツでは特に②の，同時代の市民社会の問題を問い直し，市民に自らの属する社会について考える機会を持ってもらうことが重要な機能となると藤野の指摘は続く。そういう認識が共有されているからこそ，そこで活躍する演出家たちの作品には，観客が自分自身について，また自分の属する社会について考えるきっかけを与えるものだという意識が強くみられるのであろう。

　ドイツの公共劇場にもっとも顕著ではあり，国や劇場のスタイルによって程度の違いはあるとは言え，この「劇場」のあり方に関する姿勢はヨーロッパの劇場やフェスティバル団体，とりわけそれを代表する立場にあるインテンダントにもまた共通するものである。この職にある人たちは常に同時代の社会にどうコミットできるか，特にその社会が問題に直面した時に劇場が，芸術が，どういう貢献をできるか，を考えていると言えるだろう。たとえば，2016 年にフランスのエクサンプロヴァンス音楽祭総裁であったベルナール・フォックルールは，前年 11 月にはパリ同時多発テロ，直前に近隣都市ニー

スでトラックテロ事件が発生，という中で音楽祭を開催するにあたっての挨
拶をこう結んでいる。

　　芸術は，現在世界を震撼させつつある暴力や恐怖に比べれば，ちっぽ
　けなものに思えるかもしれない。反知性主義や恐怖を目の前にしては芸
　術など頼りないものかもしれないが，いっぽうで芸術は，私たちが攻撃
　をかわして生き延び，いまとは異なる未来を創造していくために必要な，
　本質的記憶，創造性，強力な理想郷を提供してくれる。この芸術作品の
　ためのコミュニティに集ったすべての観客は，人間とは何かという意識
　や理念を共有する体験を持つ。この経験こそが，何よりも価値あるもの
　である[4]。

　人間にとって，芸術作品を観て，同時代の社会と現実のいびつさについて
考え，理想と未来を語ることは，危機にあってこそ必要なことなのだ。
　いまや劇場には，演目の選定，歌手や指揮者，演出家の選定，上演時の広
報などすべての段階でこうした姿勢が求められていると言っていいだろう。
現状ではまだまだオペラの世界も，他の業界と同じく，いわゆる「西洋」「白
人」「男性」により多くの権力が集中し，舞台の表裏に登場する機会をより
多く持つ世界である。しかし，この状況が社会構成の現状を正しく反映して
いないのは明らかだ。ベルギーのアントワープとゲントの二都市で公演を行っ
ているオペラ・バレエ・フランダーレン（OBV）で 2019 年からオペラ部門
の芸術監督として活動しているヤン・ヴァンデンハウアは，2020 年 1 月の
日本でのシンポジウムにおいて，オペラの重要な役割のひとつとして「社会
の中で起きていることを，芸術作品を通じて問題提起する」ことがあると指
摘している[5]。具体的には非「ヨーロッパ系白人」歌手や女性指揮者の出演
機会を増やすことを明言し，OBV ではコロナ禍で劇場が閉鎖される直前ま

での 2019/20 シーズンには既にそうした人選が進められていた [6]。コロナ禍以降 2 シーズンのキャスティングを見ていると，他のそれなりの規模の欧州の劇場でも特に舞台上のダイバーシティの動きは急速に進んでおり，十分に候補は存在していて，あとは機会を与えるだけだったことが分かる。上記のシンポジウムの記録にしるされた，彼自身の言葉を読んでほしい。

　　なぜその作品を上演するのか，その作品は現代の私たちにとってどんな意味を持つのか，その意味合いを考えることは重要です。私自身がヨーロッパでオペラを鑑賞する時に，舞台で観るものと街中で見えるものに違いがあると感じます。オペラは都市で発生した芸術形態です。現代のヨーロッパの都市はますます多文化にあふれ，いろいろな国の人たちが街を歩いています。しかし，オーケストラ，コーラス，オペラの制作現場には，やはりまだヨーロッパ系の白人が多いのです。
　　今後は，オペラのプログラムを企画し，キャストを選ぶ際にも，どういう現実を舞台で示すのかを考えていかなければなりません。より現実的，現代的でなければならないでしょう。オペラは現在の世の中を表すだけではなく，将来あるべき理想の社会をも示さなければならないのです。ですから，今や指揮者の半数は女性だということも，私にとっては重要な要素なのです。素晴らしい女性指揮者もいるのに，オペラの指揮者は 99％が男性であるということは不自然です。意識的に選択をし，私たちの現実世界を芸術に取り込んでいくことが重要だと思います。キャスト，歌手も，人種や肌の色，出身国は関係ありません [7]。

　2020 年にアメリカでジョージ・フロイド事件が起き，反黒人差別デモが高まりを見せた時にも，OBV はすぐに SNS や公式サイトでデモ側を支持する声明を発表した [8]。この時には他にも主だった多くの劇場が同様の声明を

発表したが，こうした問題への迅速な反応も，これまで述べてきたように，劇場が同時代の社会の問題を考える場として機能していることの一端を示すと言えるだろう。

　実際に作品を上演するにあたっては，これは演劇と同じことだが，舞台作品が再現芸術である以上，①作品中に設定されている時代／②作品が書かれた時代／③作品が上演される「現在」の3つの「時」が影響を与えることになる。「作曲家の意図」として特に①の忠実な再現を求める観客も存在するが，「作品への忠実さ」とは，その作品が②の当時持っていた意味や衝撃こそを伝えることだろう。「私に限らず舞台人の役割は，作品を作曲家の書いたスコア通りに上演することではありません。私たちの役割は，世界中で頻発する非人間的な出来事に対して，舞台を観る人々により成熟した賢明な態度で，そして人間的な感情をもって受けとめられるようにすることです」というのは演出家ペーター・コンヴィチュニーの言である[9]。特に現代の歌劇場では，③の時点からだからこそ分かる②の持っていた歪みへの批評性が強く打ち出される。そしてそれが，同時代の観客に，自分のいる社会について考える素材として提出されることになる。

　本稿では，この後，「アフリカ」のどこかの国を題材にしたオペラの現代視点での演出，演出によって「アフリカ」のヨーロッパとの関係の歴史を問い直す上演，「アフリカ」出身の演出家による同趣旨の上演を紹介することで，ヨーロッパの劇場がどのように「アフリカ」との関係を捉え，発信しようとしているかの一端を考察していきたい。

3．欧州のオペラハウスから「アフリカ」を描く

(1)　作品中の「アフリカ」に注目した演出——ベルリオーズ《トロイ人》

オペラの歴史の中で，「アフリカ」を舞台にした作品には，ヘンデル《エ

ジプトのジューリオ・チェーザレ》，ヴェルディ《アイーダ》，ビゼー《ジャ
ミレ》などエジプトを題材としたものが多いが，それ以外の地域を舞台とし
た作品としても，19世紀半ばにエクトル・ベルリオーズが作曲した大作《ト
ロイ人》（作曲1856〜58年，第二部初演1863年，全曲初演1890年）が挙げられる。
この作品は，イタリア文学の古典，ローマ建国伝説を描いたヴェルギリウス
の叙事詩『アエネーイス』を原作としている。第一部《トロイの包囲》は，
トロイ戦争最終局面で，王女カッサンドラの予言もむなしく，ギリシア兵が
潜んでいた「木馬」を城内に引き入れることでトロイが壊滅するまでを描い
ている。アフリカが舞台となるのは第二部《カルタゴのトロイ人》で，トロ
イから脱出した英雄エネアスとその部下たちが，神のお告げに従いイタリア
を目指す途中で到着するのがカルタゴ，すなわち現在のチュニジアである。
エネアスとカルタゴの女王ディドーは恋仲になるが，トロイの亡霊たちから
イタリア建国という使命へと促され，彼は彼女を捨て，この地を去る。女王
は「ハンニバル」の登場を予言したのちに名誉のために自らを炎の中に投じ，
残された国民は末代までの復讐を誓う，という結末を迎える[10]。

　女王ディドーはフェニキア（現在のレバノン周辺）のテュロスの王女だった
が，父の死後，夫シュカイオスを殺されて亡命，現在のチュニジアの地に先
住民から土地を「買い」，カルタゴを建国したとされる。但し，ベルリオー
ズのオペラでは描かれないが，その「買収」の際に先住民を騙したも同然と
も考えられるもので，ここにディドー／カルタゴを他民族への侵略者／加害
者とする視点を取ることも可能である。実際，アラン・パトリック・オリヴィ
エが指摘するように，ベルリオーズが本作作曲を計画した頃というのは，ナ
ポレオン三世がアフリカに進出して帝国主義的拡大を開始した時代であり，
《トロイ人》には19世紀当時の植民地主義的な視線が内在してしかるべきな
のである[11]。そういう作品としてポストコロニアルな批評的視点から《ト
ロイ人》を分析・演出したのが，ライン・ドイツ・オペラでのクリストフ・

ロイ演出（2005年）であり，シュトゥットガルト歌劇場でのヨアヒム・シュレー
マー演出（2007年）である [12]。これらの演出については過去にまとめてある
ので詳細についてはそちらをご参照いただきたい。

⑵　演出によって「アフリカ」とヨーロッパの関係に触れた上演
①クリストフ・オノレ演出《コジ・ファン・トゥッテ》

　原作に直接的に「アフリカ」そのものが登場する訳ではないが，演出によっ
て「欧州とアフリカの歴史・関係性」をあらためて問い直す舞台も増えてき
ている。そうしたものの中でも注目すべきもののひとつとして，クリストフ・
オノレ演出《コジ・ファン・トゥッテ》（エクサンプロヴァンス音楽祭，2016年）
を紹介したい [13]。公演プログラムによれば，本演出は，その設定を 18 世紀
のイタリア・ナポリから，1930年代，ファシズムの時代のイタリアの東ア
フリカ植民地，エチオピアのエリトリアに移している [14]。「イタリア人の男女」
の物語という点を核にした，大胆な設定の変更である。グリエルモ（ナウエル・
ディ・ピエロ）とフェルランド（ジョエル・プリエート）はイタリア・ファシス
ト軍の駐屯地に所属する兵士，フィオルディリージ（レネケ・リュイテン）と
ドラベッラ（ケイト・リンゼー）は白人植民者の娘たちである。この時代につ
いてはヨーロッパの戦場，特にナチの暴虐が圧倒的な注目を集め，また諸演
出で使われてきたために，それ以外の地域で起こったことへの目配りは手薄
になっている感は否めない。そこに斬り込んでいった舞台であったと言えよ
う。

　そこが圧倒的な人種差別意識に基づいた帝国主義社会であることは，まず
演奏開始前から日常茶飯事のように行われる，イタリア人兵士による現地少
女への性的暴行によって描かれる。傍らの壁には，黒人の青年が逆さ十字の
形で壁にロープで吊るされている。こうした行為が日々無造作に行われ，現
地の人間は男も女も黙ってそれを受忍するしか生きていく術がないという

ショッキングな幕開けであり，植民地を舞台にしたことでより放埒に爆発す
る差別的暴力行為を通して，これ以降の展開のエッセンスを辛辣に提示して
いる。

　グリエルモらイタリア人男性たちは現地の男性にも女性にも，人間として
の——特に性的な意味の——尊厳を保つことを許さない。冒頭で示された通
り，黒人たちはむしろ，自ら魂を殺して機械的に応じていくのでなければこ
の状況に耐えられない。そしてフィオルディリージらイタリア人女性たちも
また次第に，ドン・アルフォンソ（ロッド・ギルフリー）が仕掛けたゲームを
通して，そのような生のあり方に押し込められていくのである。

　特にファシズムの時代のイタリアにあっては——これはドイツでも同じこ
とだが——男性には「男らしさ」が過剰に求められる一方で，女性には「産
む性」としての国家への貢献が求められるため，「徹底した女性の家庭への
回帰政策」など，家父長制的なジェンダー観が社会全体として強化されてい
た[15]。舞台はイタリア「植民地」であるという留保はあれど，そういう中で，
本演出の中で起こっているように，特に兵士である男性たちが，「男らしさ」
の過剰な肯定を通して性暴力へのハードルを下げるだけでなく，「家父長制
の遵守を，「道徳的」に「監視」し，それを破る女性たちの処罰を「施行」
する「法執行部門」」[16]としてのミソジニー的行為をもまた正当化し先鋭化
していくとしても，それは不思議なことではないだろう[17]。

　「変装」したグリエルモとフェルランドは，顔を黒く塗り，身なりのよい
セクシーな黒人として——プログラムによれば，イタリア植民地軍に入隊し
たアフリカ人傭兵「ドゥバト」として——登場する[18]。もともと台本の中
で彼らは「アルバニア人」として紹介され，デスピーナ（サンドリーヌ・ピオー）
には「ワラキア人かトルコ人か」とも言われている。つまり彼らの「変装」
は，オリエンタリズム的な意味で，より性的に積極的な誘惑者としての異邦
人という台本の基本設定に沿った結果である[19]。

　ここで男性二人は，あくまで「ムッソリーニ時代の植民地主義者たちによる人種差別主義における，吐き気を催すような部分」[20] を露呈するためのパフォーマンスとして，いわゆる「ブラックフェイス」に相当する行為をしている。彼らの周りの「エチオピア人」を担う合唱としては，南アフリカのケープタウン・オペラ合唱団を招聘し，上演自体の中では欧州人合唱歌手による「ブラックフェイス」をきちんと回避していることも付記しておくべきだろう。第1幕のこの「外国人」たちの登場時に二人の姉妹は台本通りまず彼らを拒絶するが，この仕掛けによってその行為はより明確に人種差別的なものとなり，この部分の歌も「白人ならではの残忍さをもって聴かれることになる」と演出家は述べている [21]。

　そして「彼ら」が現地人である以上，第2幕で女性たちが婚約者たちより「彼ら」を選ぶことは，単なる浮気ではなく，彼女たちがもともと所属する西洋人社会にとってはそこからの「堕落」を意味することになる。変装したグリエルモはドラベッラを誘惑する際に途中から仲間を連れてきて，男三人で彼女を囲み，なかば脅すように共に奥に消えていく。彼にとって，「植民地の男」に誘惑される女は，もはや罰し軽蔑すべき存在であり，その身体は複数の男性で暴力的に――そして懲罰的に――消費していいものなのだということだろう。戻ってきたドラベッラが歌う「恋は盗人」にはすさんだ空気が漂う。「私たちは女なのよ」と歌う部分で大股を開いてみせる部分には，彼女がいまや「女である」ということをどのように理解させられているかが痛々しく表現されている [22]。「ブラックフェイス」のおとり捜査によって顕わになるのは，女性たちの貞淑さの欠如ではなく，この社会に存在するレイシズム，そしてミソジニーの醜悪さそのものなのである。

　新しい愛と葛藤するフィオルディリージもまた，「ブラックフェイス」による「変身」を試みる。男たちの相談を立ち聞きし，自分たちが騙されているという事情を把握しながらも，「男たちの軍服を着て戦場へ赴」こうとす

るはずの時に，彼女は彼ら同様身体を染料で黒く塗り始め，黒人の使用人から奪った服を身に着け始めるのである。彼女は，もしフェランドと自分がふたりともに「いまの自分」と違う存在になれば，新しい愛に生きることが可能だと考えたのではないか。それ程に彼女は真剣だったのであり，嘘の結婚式の際にも，彼女の瞳は常にフェランドに注がれ，その本気を伝えていた。

　だが最終的に，フェランドはドラベッラとの関係を修復することを望み，彼女はむしろそれを希望として受け入れる。必死にすがるフィオルディリージは，彼にむしろおびえたように拒まれる。皆が部屋を出ていく中，彼女の猟銃自殺を匂わせて物語は終わる。全身全霊をかけての心変わりも，結局彼にとってはゲームの一環でしかなかったが，彼女にとっては，まさに歌詞にある通り「死に値する（son rea di morte）」ことだったのだ。こうして姉妹のひとりは肉体的に，もうひとりは精神的に死んでこの物語は終わるが，男たちは安全に共同体の闇の中に消えていく。レイシズムを梃子にして顕わになった男女間にある権力の非対称とミソジニー，その理不尽が強く感じられる結末だった。

　「誰かを自分のモノのように扱っていい」「人間としての尊厳を認めなくていい」という発想という意味で，人種差別と女性差別は地続きである。作品中の社会において，フィオルディリージたちは特権階級であり，彼女たち自身が黒人たちをモノ扱いし差別する姿も描かれているけれど（「私は黒いほうがいいわ」の二重唱で，彼女たち自身が使用人の男性を性的におもちゃにして平然としている場面もある），根本的に同じ発想に基づいて，グリエルモたちは「格下の者」として彼女たちを試し，懲罰的に残酷な扱いをしてみせた。他者の尊厳に対して最も残酷でありえた時代のひとつとしてファシズムの時代，帝国主義の現場としてのアフリカを選んだことは，《コジ》の本質を突いていると言えよう。

　仏『ル・モンド』紙でのインタビューによれば，この演出が「いまだ白人

によって虐待されている有色の人々を舞台化する」ものであることについて，オノレはエクサンプロヴァンスでは出演者に趣意書を送り合意を得たという[23]。そして，シカゴとの共同制作が予定されていたが，アメリカではこのテーマは刺激的すぎるということで取りやめとなったそうである[24]。しかし，実際に人種差別の問題を解決し，現在の欧米とアフリカの関係を改善していくためには，「植民地時代の過去について語らなくてはならない」というオノレの姿勢のほうが前向きと言えるのではないだろうか。

　なお，プログラムでは Opéra de Lille, Korea National Opera, Edinburgh International Festival が共同制作先として記載されていたが，リール（2017年）では普通に上演されたものの，韓国国立オペラでは現在まで上演された記録はないようだ。エディンバラ（2016年）では公演開始前にこの舞台が「成人向けのテーマとヌードを含む，モーツァルトのオペラに対する挑発的で性的に露骨な解釈」であるため，チケット購入者に返金を受け付ける旨を発表したことが，『ガーディアン』紙ほかで問題視された[25]。政治的・性的に先鋭的なテーマのアグレッシヴな描写のある演出への自主規制は，表現の自由にかかわる問題である。オノレ演出《コジ》は，舞台の外でもこうした非常に現代的な問題をも提起することとなり，社会と劇場のつながりを示す舞台となった。

②エルザン・モンターク演出《ヘントの鍛冶屋》

　次に紹介するのは，前述のヴァンデンハウアがインテンダントを務めるオペラ・バレエ・フランダレンで行われた，ベルリン出身の若き鬼才，エルザン・モンターク演出のフランツ・シュレーカー《ヘントの鍛冶屋》（2019年）である。この演出は，このオペラ団体の本拠地のひとつであるゲント（ヘント）を舞台にした作品を基に，物語の中心人物である鍛冶屋の親方スメーの位置に，19世紀末から20世紀前半に「コンゴ自由国」の所有者であった悪名高

いベルギー国王「レオポルド二世」を組み込み，ベルギー帝国主義時代のコンゴに対する負の歴史を可視化し，ともすると忘れられがちな植民地時代の記憶を積極的に人々に顕わにしていくものとなっていた。

　そもそも《ヘントの鍛冶屋》は 16 世紀，スペインとフランダースの八十年戦争の時代の，フランダースの一都市ヘント（ゲント）を舞台とした物語である。プログラムに掲載されているあらすじや解説によると，この混み入った物語のあらすじは以下のようになる。ヘントの鍛冶屋スメー（リー・メルローズ）は，スペイン反乱軍の一員でありながら，法外な価格でカトリックの貴族の馬に靴を履かせることで儲けてもいる。それを商売敵であるスリムブローク（マイケル・J・スコット）に糾弾され，商売にも失敗し，追い詰められて自殺を図ろうとしたところで，悪魔に 7 年後に魂を売る契約を結び，再び仕事で成功し繁栄を手にする。挙句に，「聖家族」を助けたほうびとして与えられた「3 つの願い事」を利用して悪魔たちを巧みにワナに嵌めて，7 年経っても自分は死なずに済むようにしてしまう。幕が変わり，老人の姿となったスメーは，こうした生前の悪行のため天国にも地獄にも入れてもらえないのだが，「悪魔を打倒した」と詭弁を弄してなんとか入天するのであった[26]。

　プロテスタントの鍛冶屋を主人公にしながら，「神」の恩寵をよりにもよって「悪魔」との契約を反故にするためのペテンに利用し，最終的に天国にもごまかして入ってしまうという，よく言えば職人の機知を面白がるブラック・コメディだが，作曲家シュレーカーはユダヤ人であったため，1932 年ベルリンでの初演は右翼に妨害され，彼自身も「退廃芸術家」のひとりとして迫害されることとなり 34 年に死を迎えたことを振り返ると，むしろこれはキリスト教徒の狡猾さをグロテスクにからかうような物語であるとも言えるのかもしれない。そしてその「狡猾なキリスト教徒」として，代表的な帝国主義者のひとりであるレオポルド二世はまさに相応しい人選であろう。演出家モンタークはスミーの詐欺的行為について，「実に植民地時代の物語と似て

いる」と評している[27]。

　この演出では，物語全体が，コンゴ自由国を私有し，残酷な植民地支配によって大儲けをしたベルギー国王レオポルド二世の時代の時代と重ね合わせて描かれているのである。スペインに支配されるフランドルの人々の中でも，第１幕最後に集まるスメーの部下の職人たちは，ベルギーに支配されるコンゴの先住民たちとして描写されている[28]。舞台美術も兼任したモンタークへのインタビューによれば，ヴィジュアルとしてはこの作品が作曲されたドイツ1920年代の表現主義を意識したそうだが，古今のアフリカ美術からの引用ももちろん多い。回転舞台の中央には子どもを取って食らうグロテスクなバアル神の像が造られ，アスタルテ（ヴヴ・ムポフ）ほか悪魔たちはすべて先住民たちの神のイメージで視覚化されたということだが[29]，実際にこれに比する残酷な支配を行っていたのは「ベルギー人」で，彼らの大義名分はキリスト教徒としての「白人の責務」だったことを考えるとなおさらグロテスクな構図である。

　第３幕で急に老け込んだスメーは，レオポルド二世そっくりの長い髭を生やしている。その彼が地獄と天国の入り口の前で右往左往する姿は，声望を地に落とした王の晩年を彷彿とさせる。第１・２幕で「鬼」を載せた回転舞台が回る時，途中の壁に，明らかに「切り落とされた男性器」が大量に籠に入っている落書きが描かれていたのが見えるのだが，この幕ではスメーが堂々と「人間の手首から先でいっぱいの籠」を持ち歩いている。レオポルド二世は，19世紀末にコンゴを「私有」し，ゴム貿易のために現地人を過酷な状況で働かせており，現地の管理者たちは，銃弾数管理のため，奴隷を射殺した証拠としてその手首を提出させていた[30]。この落書きは，手首では済まず，「男性」を殺した証拠として男性器を集めたこともあったことを示唆しているのだろう[31]。そうした歴史の暗部を広く伝える機能を，この演出は確かに果たしていた。

しかし同時に，ドラマトゥルグのティル・ブリーグレブは，このベルギーの「蛮行」もまた，自らがスペインほかの大国に受けてきた暴力的支配のトラウマ——まさにこのオペラのオリジナルの設定における「スペインとの戦争」——に発するものではないかとプログラム内の「演出コンセプト」解説で述べている。「そうした歴史は，超大国として振舞いたいという強烈な渇望を生むのではないだろうか？」[32) ひとつのオペラ上演の中に存在する複数の時間によって，国際的な「暴力の連鎖」についても考える機会ともなっている。

音楽史の中で忘れられかけていた作品を，現代の視点で見直すことで新たな意味で「面白い作品」に生まれ変わらせることはよく行われているが，この《ヘントの鍛冶屋》では，そこで更にコンゴとベルギーの二つの「歴史」を忘却から救い，現在につなげる仕事も行われている。

⑶ 「アフリカ」出身の演出家が「アフリカ」を語る
～ウィリアム・ケントリッジ演出《魔笛》

アフリカ大陸出身で現在最も国際的な評価を受けている芸術家，とくに舞台演出家のひとりとして，南アフリカ共和国出身のウィリアム・ケントリッジを挙げるのに異論のある人はいないだろう。ケントリッジは，自作の絵画や版画・ドローイングを基にアニメーションや短編映画，それらを組み込んだインスタレーションを作り出してきた，現代美術界の多才なスターであり，その華々しい受賞歴の中には日本の京都賞（思想・芸術部門，2010年）や高松宮殿下記念世界文化賞（絵画部門，2019年）も含まれる[33)。

1955年に南アフリカ共和国のヨハネスブルクに生まれた彼は，この国がアパルトヘイト政権下にあった時代に生まれ育っている。ユダヤ系移民の子孫であり，反アパルトヘイト派の弁護士を父に持ち，1975年から地元ヨハネスブルクのジャンクション・アヴェニュー劇団で演出家や役者としての活

動を開始するが，76 年のソウェト蜂起を機に，直接の政治活動にかかわるのではない，自分ならではの芸術活動を通した社会へのかかわりの形を模索し始める[34]。演劇や絵画とさまざまな可能性を試した末に，スタジオでつくるアート作品を通して，南アフリカの現在を語る「ソーホー・エクスタインシリーズ」のようなドローイング・アニメーションを生み出し，世界に発信するようになる。

　多くの作品に音楽が重要な要素として組み込まれていることから，各所から乞われてオペラ演出をすることとなったのも当然のなりゆきだったろう。1998 年に，ハンドスプリング人形劇団と共に，人形劇とアニメーションによる，モンテヴェルディ《ウリッセの帰還》を上演はしていたが，最初の本格的なオペラ演出はブリュッセル・モネ劇場での《魔笛》（2005 年）となった。本作は初演から 14 年を経て東京・新国立劇場でも上演され，2021 年には再演もされたが，作品の中で「19 世紀の欧州とアフリカ」を叩き台に問い直されている現代社会の諸問題は，いまだ有効なものだ。のちのオリジナルの音楽劇『頭と荷物』（2019 年）のような作品における問題意識とつながる部分を持つ作品である。

　この《魔笛》の舞台美術の重要なキーワードは「カメラ」と「写真」である。舞台セット自体が，旧型カメラの蛇腹の内側にも似たバロック劇場の形式を模している。そして舞台の時間設定は，写真が次第に普及し始めた 19世紀という時代だ。そして言うまでもなく，19 世紀は帝国主義によってアジア・アフリカが欧州に蹂躙された時代である。

　この演出では，ザラストロを通して，知的な全能者という体で民衆を従わせようとする啓蒙独裁君主から連なる危険な権力者の系譜を描いている。ケントリッジはあるインタビューで，モーツァルトがザラストロを描いた時代はまだフランス革命が過激化する以前であり，まだ当時には「慈悲深い独裁者」を持つことは可能と思われていたけれど，「この二百年の歴史がわれわ

れに教えてくれるように，この世で最も有害な組み合わせは，自分は正しいという確信と，権力の独占の組み合わせ」なのだと指摘している。「スターリンにせよ，ヒトラー，ポル・ポトにせよ，それぞれに，自分なりに自分はザラストロであり，皆にとって最良のことは何かを知っていると思っていました。そして彼らは自らの信念に従って権力を行使しました。そういう訳でザラストロと言うキャラクターは，内に怪物を隠した情け深い人物像の一例なのです」[35] というのが演出家の結論である。そこに彼は《魔笛》を「植民地のオペラ」として描きうる道を見い出し，ザラストロを植民地の領主，合唱を植民地の臣民としたのだというのだ。

　第2幕のザラストロのアリア「この聖なる殿堂では」は，この演出中で一番強烈なメッセージ性を持つ場面のひとつとなっている。写真の次に登場したメディア，投影された短い記録「映画」には，サファリジャケットを着て銃を背負った男性が二人登場する。20世紀初頭のアフリカ植民地における，植民者か探検家たちのいる最も典型的な風景だ[36]。狩猟に行って犀を撃って捕え，最後に満足げに握手するまでの場面が収録されている。顔つきまでは判別できないが，犀を倒した後に一人がもう一人に何かを手渡しているので，一方は雇われて協力している現地人なのだろう。

　「この聖なる殿堂」に住む人の間では，「人は人を愛し／裏切者が窺うことはない，／敵としても許されるものだから」，とザラストロは悠然と歌う。だがその団結は「他者」に対しての容赦なさと表裏一体である。「このような教えをよろこばないものは／人間であるのに値しない」[37]。この映像に登場する「犀」は，捕獲し殺してかまわない獲物なのだ。

　そしてこの犀は，植民地の先住民や女性，弱い立場の者の象徴と言っていいだろう。セレーナ・ガラチーノが指摘するように，この犀殺しの挿話は「「人間」のなかに，「人間以下」と見なされ，良心の呵責なく暴力を振るうことができる対象にされる人間がずっといたという事実」[38] を思い出させる。ロ

ベスピエールもヒトラーも，また「白人の責務」という認識に基づいてアフリカを自分たちの考える「善きほう」に導こうとした帝国主義者たちも，被支配者に独立した平等な人格・人権を認めず抑圧的に支配を進めたのであり，そこにはしばしば「このような教えをよろこばない」者たち，そしてどんな理不尽な基準であれ彼らが「人間であるのに値しない」と考える者たちの虐殺があった。ケントリッジはこの映像場面のアイディアを，トマス・ビーチャム指揮の《魔笛》の録音を聴いた際に思いついたのだそうだが，「この演奏が 1938 年ベルリンで録音された時，すぐ外ではユダヤ人たちが強制収容所に連れて行かれていくところであった」というエピソードは実に示唆的である[39]。

　但し，現在観られる記録としてのミラノ・スカラ座での録画（2007 年）でのザラストロ役はギュンター・グロイスベックだが，ブリュッセル・モネ劇場［ハリー・ピータースとダブルキャスト］（2005 年），ニューヨーク・ブルックリン音楽院（2006 年），ケープタウン・ヨハネスブルク（2007 年）では南アフリカ出身のカイザー・ンコシがザラストロを歌っていた[40]。初演当時のこの配役は，ザラストロを先刻の映像を観る場面で握手をする「現地人」，白人の下で帝国主義的な序列を受け入れた現地人政治家として見せているのかもしれない。「啓蒙専制君主」として「迷いなき正しさ」を振りまわすのは白人とは限らないのだ。もっと言えば，もし彼が革命派の黒人のリーダーだったとしても，また同じ道をたどらないとは言えない，ということだろう。

　そしていずれにしても，「女性」に対する抑圧が変わることはないのだ。このジェンダーをめぐる暴力的構造の重層性も重要なポイントとなる。啓蒙というプロセスを経て市民社会に至っても，家父長制自体は基底に残り揺らがずむしろ強化されてしまう。

　この狩りの映像にはまた，これを通してこの神殿のメンバーとしての「男らしさ」を証明し，一緒に狩りに行った者同士のホモソーシャルな絆を強め

るという意味があるのだとも考えられる。タミーノが最初からこのサファリ
ジャケットを着ていたことは、もともと彼にそういう「男性サークル」に入
る素質があったことを示唆しているのだろう。実際、ケントリッジによる「演
出家ノート」には、今回の演出の僧侶たちが「「王立地理教会」のような、
男性だけで学習・研究の機会を持つ会員制組織のメンバー」であると記され
ている [41]。ホモソーシャリティは《魔笛》において重要要素である。

　犀が撃たれて倒れ苦しむ姿に、パミーナは思わす目をつぶり顔を手で覆う
が、ザラストロは彼女の頭に手をかけて無理やり上げさせ、一部始終を見る
よう強制する。彼は彼女に「タミーノに求められている試練を見て、この価
値観をまるごと受け入れよ」と迫っていると解釈していいだろう。母には暗
殺を命じられ、モノスタトスには襲われかけ、肝心のタミーノには会えない、
そんな不安定な時に、ザラストロはその弱い立場に付けこむように「教育」
を施そうとする。2018年の新国立劇場での上演では、ザラストロ役のサヴァ・
ヴェミッチとパミーナ役の林正子の体格差もあり、特にパミーナの無力感と
苦悩が伝わる場面となっていた。身動きできないようにザラストロに肩を抑
えられているパミーナは「沈黙させられるサバルタン」だという指摘もあ
る [42]。

　ここで彼女に見せられる旧式の映像は、そうしたザラストロ的な人たちが
「科学技術の力」で対象を切り取り、「あるべき姿」に閉じ込める「知の力」
の象徴でもあるのだろう。ケントリッジはエッセイ「影の礼賛」で、「それ
が政治的な好戦的愛国主義であれ、あるいは客観的な知であれ、確実性を欲
するあらゆるものは、盲目と抑圧に依存した権威主義的起源を持つ」と書い
ている [43]、ザラストロの支配する社会の規範に馴致された迷いなき「目」
は、この映像を観ても、犀の悲劇は悲劇としては目に入らず、世界を支配す
る男たちの力の栄光のみに注目することになるのだろう。それがここでの「正
しい読み取り」になる。

　同時に，そこには2つの皮肉がある。映像を構成する「写真」の話に戻ると，カメラの内部は「光が反転して捉えられる空間」であり，そこに投影される図像は反転し，白と黒は逆転する。撮影されたフィルムはまさにネガであり，それを印刷するとポジになる。「光」が「闇」に反転しうる可能性。まさにザラストロと夜の女王がはらんでいる，それぞれにその立場が正反対のものに逆転する可能性がそこにある[44]。

　そして，まさに当時の知の粋，19世紀の最先端のテクノロジーだったカメラと写真，そしてその少し先の20世紀初頭の「映像」さえも，21世紀のいまでは時代遅れに見える。同様に，もちろんそれぞれの時代の知を武器にした暴君は何度でも繰り返し世界に生まれてきたが，時間はかかってもその度に乗り越えられ「過去のもの」となってきた。ジョージ・オーウェルの『一九八四年』の「附録」の存在と同様に，物語に明確に「過去のもの」と感じさせる要素を挿入するのにはこういう合意もあるのではないか[45]。

　この舞台で「写真」のような，その時点限定での「先端」の技術と対照にあるのが，ケントリッジ独特のドローイングに見るシンプルな肉筆の線の普遍的な力，やわらかなアニメーションが持つ，記録映像にはない「魔法」的な感覚である。初演時にフリードリヒ・シンケルが舞台装置として描いた夜の女王の星のきらめく天蓋が，いま劇場中に投影され，高らかに駆けてゆくコロラトゥーラの旋律と共に，宇宙的なひろがりに発展するような中に包まれる感動は大きかった。狭い「知」に閉じるのではない，解放感が劇場に満ちる瞬間だ。物語の中では夜の女王たちは敗退していくが，こういう可能性のインパクトを残していくことができるのが舞台の力というものだろう。また，このアニメーションだからこそ実現可能になっている，前の線を消しては重ねて新しい線を引いていくようなプロセスが生む，パリンプセスト的な「歴史」の重層感もまた素晴らしい。

　最終場面について，ケントリッジは，われわれは「太陽の神殿，純粋な光

にみたされた空間」にいるが,「太陽の光を凝視するばかりでは,それによっ
て真実と意味を生み出すどころかむしろ殺してしまう」ことになると指摘し
ている。「影と光の交錯」があってこそ「意味を読みとる」ことができるの
である[46]。タミーノとパミーナは,両性の協力のもとに,新しい社会の在
り方への希望を見せてくれたかとも思わせるが,本演出の最終場面では,蛇
腹舞台の奥にある「目」に向けて二人は歩き出し,そのうちに「目」から発
される「光」によって舞台はただの「白い空間」に近くなり,二人の姿はシ
ルエットになってしまう。これは,ザラストロの次の新しい世代への「過剰
な正しさ」への警告なのか?

　《魔笛》の物語途中での唐突感ある方向転換についてはしばしば違和感が
語られてきた。ザラストロが必ずしも表看板のアリアの安定感通りの「善」
なる存在ではないのではないか,という問いかけは,21世紀に入ってむし
ろ当然のものとなりつつある。過剰な,迷いのない光は何も見えなくしてし
まう。これはしばしば宗教や信条において当てはまる真理である。この意味
で《魔笛》はまさに21世紀にあってもアクチュアルな意義を持つ作品であ
ることをケントリッジは示している。

4. おわりに

　この後,ケントリッジの音楽劇は,《ヴォツェック》(ザルツブルク音楽祭,
2016年),およびここから派生した,第一次世界大戦時のアフリカと欧州と
の関係について考察した『頭と荷物』(ルールトリエンナーレ,2017年)と,ヨー
ロッパによるアフリカへの抑圧・無視への異議申し立ての色彩が強くなって
いく。これについてはまた稿を改めて論じたい。『頭と荷物』が上演された
年のルールトリエンナーレでは,19世紀初頭にモーリタニア沖で座礁し,
多くのアフリカ人乗組員をも見殺しにしたフランス艦の物語であるヘンツェ

の「メデューサ号の筏」，演劇作品ではシリア出身のムハンマド・アル＝アッタールが，シリア騒乱後も営業を続けたフランス資本の工場経営の顛末について四人の視点から語る『工場』など，ヨーロッパが中東やアフリカに対して抱えている負債を意識させる作品が並んでいた。その開幕作品として，南アフリカから発信しつづけるケントリッジのこういう作品が置かれたことはとても意義深いことであったと同時に，こうした作品を集めることが欧州にとって必要なプロセスと判断してプログラムに組み込むインテンダントがいることも非常に心強いことであった。

　現在，ヨーロッパにおける芸術と劇場は，いろいろな側面から，自分たちに「見えている」／自分たちが「見せている」世界を，現実のバランスに近づけようとしているのだろう。「見えるもの」「見たいもの」を出していた状況を脱して，グローバルな歴史の中での自分たちの立ち位置を把握し，ケントリッジが言うように，抑圧を取り払って，「世界の中で眼をしっかりと開いて生きる」[47] 機会を提供する場となろうとしている。少なくとも理想としてはそうであろう。欧州よりも更に「アフリカ」が遠い日本で，私が欧州各地の劇場で感じた「距離修正」への意志を少しでも伝えることができれば幸いである。そしてその作業は，日本と周辺国の関係でも必要なものであるはずだ。演劇の世界では少しずつそうした動きも登場している。オペラ界にその波が波及するのはいつだろうか。

注

1）アフリカ出身の演奏者の割合については数値上の比較データは持たないが，アフリカにおける「オペラハウス」の数については，現在いわゆる「オペラ」を上演している劇場もしくは団体という基準で言えば，世界のオペラ上演のポータルサイト Operabase で確認できるものとして，エジプトのアレクサンドリアとカイロ，チュニジアのチュニス，アルジェリアのアルジェ，モロッコのラバトにある各劇場，ケニヤのナイロビでの Baraka opera Trust，南アフリカ共和国のケープタウンで

活動するケープタウン・オペラ，イサンゴ・アンサンブルによる活動などが挙げられる [https://www.operabase.com/companies/en のアフリカ諸国のページを確認。最終閲覧 2022 年 8 月 26 日]。ブルキナファソで映画監督・演出家のクリストフ・シュリンゲンジーフが始めた「オペラハウス」企画は広く教育機会を拡げる事業としていまだ進行中であり，また同じくブルキナファソでは日本の作曲家藤家渓子が現地のアーティストと協働してのオペラ《LÀ-BAS OU ICI...》制作も進んでいる [https://www.labasouici.net/ 最終閲覧 2022 年 8 月 26 日]。

2) 藤野一夫「ドイツの劇場政策と劇場制度 成立史・運営組織・人材育成・教育普及」（藤野一夫・秋野有紀・マティアス・テーオドア フォークト［編集］『地域主権の国 ドイツの文化政策—人格の自由な発展と地方創生のために』第 15 章，2017，美学出版）309 頁。

3) インテンダントの仕事についての説明は，アルノルド・ヴェルナー・イェンセン『プレミエからレパートリーへ—ドイツにみるオペラハウスの組織と経営』平尾行蔵（訳）（アカデミア・ミュージック，2015）20-33 頁に詳しい。

4) エクサンプロヴァンス音楽祭ホームページ掲載のベルナルド・フォクルールによる開幕エッセイより。現在は公式サイトより削除。『中央評論』297 号（中央大学出版部，2016 年）205-6 頁に掲載した拙訳を転載。

5) 『舞台芸術における国際共同制作の最前線 ― World Opera Meeting in Tokyo 2020 ―』（2020 年 1 月 17 日）講演録より https://www.geidankyo.or.jp/renkeikoryu/wp/wp-content/uploads/2020/04/2019report.pdf

6) 私は彼の就任初年度に 3 つの新演出初演を観に行ったのだが，例えば 12 月の《ルサルカ》では題名役にアフリカ出身の歌手 Pumeza Matshikiza，そして指揮者にリトアニア出身の女性指揮者ギエドレ・シュレキーテが起用されていた。そして後述する《ヘントの鍛冶屋》にはやはり南アフリカ出身の Vuvu Mpofu がアスタルテ役で登場している。

7) 『舞台芸術における国際共同制作の最前線 』前掲ページ。

8) 公式サイトでの記事は消えてしまったが，Facebook ページでの 2020 年 6 月 5 日の Opera Ballet Vlaanderen による投稿は読むことができる。「私たちは，アメリカ合衆国，その他の地域の黒人社会と連帯し，正義を求める声を支持します。（We zijn solidair met de zwarte gemeenschap in de Verenigde Staten en elders, en ondersteunen haar roep om gerechtigheid.）」https://www.facebook.com/operaballetvlaanderen/posts/pfbid027qejsHx8FhRhgYjXjDhB2Dm1jXAY1WLVChRDVxdqTDezopULanq9Mu77HY6UARBZl（最終閲覧：2022 年 8 月 21 日）

9）『演劇についての新たな考察〜ペーター・コンヴィチュニーを迎えて』（東京ドイツ文化センター，2018 年 7 月 18 日，通訳：蔵原順子）のレポート「コンヴィチュニーが語る《魔弾の射手》」。https://ebravo.jp/nikikai/archives/742　（最終閲覧：2022 年 8 月 21 日）。参考：「林田直樹の「レジェンドに聞け！」第 2 回　物議をかもすオペラ演出家，ペーター・コンヴィチュニーが考える「良い演出とは？」」https://ontomo-mag.com/article/interview/legend02-peter-konwitschny201807/（最終閲覧：2022 年 8 月 21 日）

10）ベルリオーズ《トロイ人》については，拙著『オペラハウスから世界を見る』（中央大学出版部，2013）「Ⅰ 戦争の時代に：《エレクトラ》《トロイ人》」および論文「台本および最近の上演にみるベルリオーズ《トロイ人》の現代性［増補改訂版］」（中央大学人文科学研究所編『アップデートされる芸術—映画，オペラ，文学』所収，中央大学出版部，2014 年）85-128 頁で詳しく論じた。

11）Alain Patrick Olivier, „Der Schatten Hektors", *programm des DIE TROJANER am Staatstheater Stuugart*, 2007. p. 42.

12）ロイ演出については「台本および最近の上演にみるベルリオーズ《トロイ人》の現代性［増補改訂版］」110-115 頁を，シュレーマー演出については同論文 115-119 頁，および『オペラハウスから世界を見る』8-16 頁を参照。

13）クリストフ・オノレ演出《コジ・ファン・トゥッテ》については以下を基に加筆改訂した。森岡実穂「フランスで体験するモーツァルト・オペラ解釈の最前線—— オノレ演出《コジ・ファン・トゥッテ》，ムアワッド演出《後宮からの誘拐》」，（『中央評論』297 号，中央大学出版部，2016 年）205-210頁。

14）Christophe Honoré, 'Lettre aux chanteurs', in *Così fan tutte, programme.* (Festival d'Aix-en-Provence, 2016) pp. 14-15.

15）伊藤公雄「ジェンダーの視点でみたイタリアと日本」日本ジェンダー研究 2006 (9)，75-79 頁，2006 年　1937 年版の『イタリア婦人年鑑』からの引用として紹介されている以下の文は，そのジェンダー観を端的に表している。「ファシズム，つまり倫理的原理としてのファシズムは，女性をその本来の産む者としての任務，すなわち家事の任務へと復帰させんとす。また，男性をその本来の夫としての威信の地位へ，さらに家庭を教育的・社会的機能の任務へと復帰させんとするものである。」

16）杉田俊介『マジョリティ男性にとってまっとうさとは何か　#MeToo に加われない男たち』（集英社新書，2021 年）31-32 頁。ケイト・マン『ひれふせ，女たち——ミソジニーの論理』小川芳範訳（慶応義塾大学出版会，2019 年）60 頁。「より具体的には，ミソジニーは，家父長制秩序の内側で，女性の隷属を監視し，施

行し，男性優位を支えるために働くシステムとして理解されるべきだと，私は論じる。」

17）兵士の性暴力と，社会の家父長制的ジェンダー観の強化との繋がりについては，シンシア・エンロー『策略——女性を軍事化する国際政治』上野千鶴子，佐藤文香訳（岩波書店，2006年）を参照。「軍事的政策決定者の男性たちは——制服組も文民も——軍事目的の達成のためには女性をコントロールする必要があると信じてきた。（中略）すなわち，彼らは「男らしい男」という不安定な地位は，男性を「男らしい」と考えてくれる女性たちに依存しているのだということを，男性たちにたえず思いおこさせる必要があるかのように行動してきた」（42頁）。そして軍事政権下における「ちゃんとした女性というものについての家父長的な考え——政治的な活動を遠ざけ，性的純潔を守ることで国家の安全保障を支える女性」（90頁）を守るために，この基準から外れた，政治的・社会的な活動をする女性への懲罰的レイプが行われた例が紹介されている。

　もちろんこの問題は，日本の慰安婦問題にも繋がってくる。参考：歴史学研究会・日本史研究会（編）『「慰安婦」問題を／から考える——軍事性暴力と日常世界』（岩波書店，2014年）

18）Honoré, op. cit., p. 15.

19）三宅新三『モーツァルトとオペラの政治学』（青弓社，2011）では，「モーツァルトのオペラでは，貴族や異教徒異民族の男性はしばしば性的に放縦な存在として表象されるが，このふたりの誘惑者たちはそれらの特性をすべて体現している」と指摘されている（147頁）。

20）Honoré, op. cit., p. 15.

21）Honoré, op. cit., p. 15.

22）このアリア「恋は盗人」は，《コジ》の中でも多様な演出の影響が最も音楽に影響している箇所のひとつである。この曲は調子よいリズムとともに軽やかに歌われる長調の明るい調子の曲だが，例えばエクサンプロヴァンス音楽祭でのパトリス・シェロー演出（2005年）のエリーナ・ガランチャや，ザルツブルク音楽祭でのクリストフ・ロイ演出（2020年）でのマリアンヌ・クレバッサは，この歌に不安や焦燥，怒りなどの感情を織り込み，恋とエロスに理不尽に振り回される苦しみ，女性としての規範を踏み外した罪悪感を前面に押し出している。

23）Marie-Aude Roux, 'Christophe Honoré: «Il faut parler du passé colonial de l'Europe»', *Le Monde; Paris* [France]. 29 June 2016. https://www.proquest.com/newspapers/il-faut-parler-du-passe-colonial-de-leurope/docview/1800080965/se-2?accountid=26790（最終閲覧：2022年11月28日）

24）Roux, op. cit.

25）Chris Johnston, 'Christophe Honoré's *Così fan tutte* has been described as a 'provocative and sexually explicit' adaptation Mozart's opera'. *The Guardian;* London（UK）. 27 July 2016. https://www.theguardian.com/stage/2016/aug/26/cosi-fan-tutte-review-edinburgh-festival-theatre-mozart-cape-town-opera（最終閲覧：2022 年 11 月 28 日）；エクスでの上演についての批評の代表的なものは Zachary Woolfe, 'Mozart Reimagined in a Violent, Racist World' New York Times（Online）, New York: New York Times Company. Jul 1, 2016. https://www.nytimes.com/2016/07/02/arts/music/review-cos-fan-tutte-mozart-aix-en-provence-festival-chrisophe-honore.html（最終閲覧：2022 年 11 月 29 日）。

26）'Synopsis' and Piet De Volder, '"THANK GOD NOT VERY HOMOGENEOUS" THE COLOURFUL WORLD OF 'DER SCHMIED VON GENT"' in *Program of Der Schmied von Gent*. Opera Ballet Vlaanderen, 2020. pp. 6-7, pp. 20-23.

27）'The kaleidoscopic world of Der Schmied von Gent' 2020 年,《ヘントの鍛冶屋》が Operavision に公開された時の公式サイト内の記事。https://operavision.eu/feature/kaleidoscopic-world-der-schmied-von-gent（最終閲覧：2022年11月29日）

28）長木誠司「音楽にかまけている｜アントワープの《ヘントの鍛冶屋》」『Mercure des Arts』2020 年 2 月 14 日　http://mercuredesarts.com/2020/02/14/attracted_music-der_schmied_von_gent_in_antwerpen-choki/（最終閲覧：2022 年 8 月 20 日）

29）'Het regieconcept van Der Schmied von Gent' https://youtu.be/V6GaYG8H07E（最終閲覧：2022 年 8 月 21 日）

30）藤永茂『『闇の奥』の奥――コンラッド／植民地主義／アフリカの重荷』（三交社, 2006 年）78 頁。中村隆之『野蛮の言説―差別と排除の精神史』（春陽堂書店, 2022 年）206-210 頁。「切断した手首の入った籠」は，コンゴ自由国における帝国主義的蛮行のシンボルとして語られてきた。Guy Vanthemsche, *Belgium and the Congo, 1885-1980.*（Cambridge University Press. 2012）p. 25 の注 30 に *Jean Stengers, Le Congo: Mythes & réalités.*（Gembloux, 1989）〔初出は *Wm. R. Louis & J. Stengers, History of the Congo Reform Movement,* Oxford, 1968〕から以下の引用がある。'Concerning the practice of cutting off hands: To avoid wasting ammunition, soldiers had to bring back the cut off hand of their victim as 'proof; some soldiers even cut the hands off people who were left for dead but who were simply injured. Sometimes they even inflicted the same fate on a living person to justify wasted cartridges.'

31）性器切断について。Adam Hochschild, *King Leopold's Ghost: A Story of Greed,*

Terror, and Heroism in Colonial Africa. (Mariner Books; Reprint, 2020)〔原著出版 1998 年〕p. 203.

32) Till Briegleb, 'Trickster or the Devil's' Double? The Staging Concept of 'Der Schmied von Gent'' in *Program of Der Schmied von Gent.*, p. 44.

33) ウィリアム・ケントリッジは思想・芸術部門（美術）で第 26 回（2010 年）京都賞を, 絵画部門で第 31 回（2019 年）高松宮殿下記念世界文化賞を受賞しており, その際の紹介文が彼の経歴などを日本語で確認するには有用である。https://www.kyotoprize.org/laureates/william_kentridge/
https://www.praemiumimperiale.org/ja/laureate/laureates/kentridge（共 に 最終閲覧：2022 年 8 月 20 日）

34) A Universal Archive: William Kentridge as Printmaker Research pack (Hayward Touring Gallery, Southbank Centre, 2012) p. 8.

35) 'William Kentridge: "The Magic Flute" | Art21 "Extended Play"' (2011), https://youtu.be/hKzcbbEb7l4（最終閲覧：2022 年 8 月 20 日）

36) Serena Guarracino によれば, この映像は Robert Schumann による「ドイツ領東アフリカの犀狩り」(1910-11) からの引用ということである。Serena Guarracino, 'The Dance of the Dead Rhino: William Kentridge's *Magic Flute*'. in Altre Modernita / Otras Modernidades / Autres Modernites / Other Modernities N. 4 (Universita degli Studi di Milano, 2010) p. 273. なお石谷治寛は,《魔笛》の派生作品《ブラックボックス（暗箱）》(2005 年) でほぼ同じ場面が使われている映像について, 記録映像「ドイツ領東アフリカの犀狩り Nashornjagd in Deutsch Ostafrika」(1913 年) だと指摘している。石谷は, この場面について「西洋人の狩猟者とアフリカの狩猟者が握手し, 両者が協力して犀を狩」っていると明確に判定している。石谷治寛「ウィリアム・ケントリッジによるドイツ領南西アフリカへの〈喪の労働〉」甲南大学人間科学研究所紀要『心の危機と臨床の知』vol. 17（甲南大学人間科学研究所, 2016 年）130 頁。

37) アッティラ・チャンパイ＆ディートマル・ホラント（編）『名作オペラ ブックス 5 モーツァルト 魔笛』リブレット対訳：海老沢敏 145 頁。

38) Guarracino, op. cit. p. 275. 石谷治寛も《ブラックボックス（暗箱）》の同映像での犀について,「動物」もまた応答すべき他者として考えるべき可能性について触れている（前掲論文, 141-2 頁）。またこの犀自体がこの作品の中心にある被迫害者・ヘレロ人を連想させる上, ケントリッジ自身が「犀のイメージは, 南アフリカの歴史と自然に結びついた動物であるだけでなく, ヨーロッパにおいて繰り返し幻想的なイメージとして表象された他者性を示している」と述べていたと指

摘している（前掲論文，142 頁）。

39）William Kentridge, 'Magic Flute and Black Box: Sarastro and the Master's Voice'（2009）. https://www.kentridge.studio/magic-flute-and-black-box-sarastro-and-the-masters-voice/（最終閲覧：2022 年 8 月 20 日）

40）ブリュッセル・モネ劇場のアーカイブ検索 c.a.r.m.e.n. によるデータ（最終閲覧：2022 年 6 月 5 日）http://carmen.lamonnaie.be/

41）ウィリアム・ケントリッジ「演出家ノート，2018 年」森岡実穂（訳），モーツァルト《魔笛》公演パンフレット（新国立劇場，2018 年）15 頁。

42）「ザラストロの手の重み」についての記述を参照。ケントリッジ「演出家ノート」，16 頁。Guarracino, op. cit. p. 237.

43）ウィリアム・ケントリッジ「影の礼賛」，展覧会図録『ウィリアム・ケントリッジ —— 歩きながら歴史を考える　そしてドローイングは動き始めた ——』（京都国立近代美術館，2009 年）所収，92 頁。

44）ケントリッジ「演出家ノート」，13 頁。

45）ジョージ・オーウェル『一九八四年 [新訳版]』（高橋和久訳，早川書房，2009 年），トマス・ピンチョン「解説」，507 頁。

46）ケントリッジ「演出家ノート」，14 頁。

47）ケントリッジ「影の礼賛」，92 頁。

鑑賞データ

[1] Wolfgang Amadeus Mozart, *Cosi fan tutte.* Festival d'Aix-en-Provence（2016）
Director: Christophe Honoré, Stage designer: Alban Ho Van, Costume designer: Thibault Vancraenenbroeck, Lighting designer: Dominique Bruguière, Conductor: Louis Langrée, Chorus Master: Marvin Kernelle
FIORDILIGI: Lenneke Ruiten, DRABELLA: Kate Lindsey, DESPINA: Sandrine Piau, PERRANDO: Joel Prieto, GUGLIELMO: Nahuel di Pierro, DON ALDONSO: Rod Gilfry / Freiburger Barockorchester / Cape Town Opera Chorus
【鑑賞日：2016 年 7 月 15 日，Théâtre de l'Archevêché】

[2] Franz Schreker, *Der Schmied von Gent.* Opera Ballet Vlaanderen（2020）
Director & Set Designer: Ersan Mondtag, Artistic Collaborator（Set）: Manuela Illera, Costume: designer Josa Marx, Lighting designer: Rainer Casper, Choreographer: Yevgeniy Kolesnyk, Dramaturgs: Till Briegleb & Piet De Volder, Conductor: Alejo Pérez, / SMEE: Leigh Melrose, SEINE FRAU: Kai Rüütel,

ASTARTE: Vuvu Mpofu, FLIPKE: Daniel Arnaldos, SLIMBROEK: Michael J.
Scott, HERZOG ALBA: Leon Košavić, DER HENKER JAKOB HESSELS: Nabil
Suliman, JOSEF: Ivan Thirion, MARIA: Chia-Fen Wu, PETRUS: Justin Hop-
kins, ERSTER ADLIGER: Thierry Vallier, ZWEITER ADLIGER: Simon
Schmidt, DRITTER ADLIGER: Onno Pels, EIN KNAPPE: Erik Dello / Symfo-
nisch Orkest Opera Ballet Vlaanderen / Koor Opera Ballet Vlaanderen /
Kinderkoor Opera Ballet Vlaanderen
【鑑賞日：2020 年 2 月 28 日，ゲント歌劇場】

[3] Wolfgang Amadeus Mozart, *Die Zauberflöte.* 初演 La Monnaie (2005)，録画 Teatro
alla Scala（2011），日本初演：新国立劇場（2018）
Director & Set designer: William Kentridge, Set designer: Theunissen Sabine,
Costume designer: Goiris Greta, Lighting designer: Tipton Jennifer, Video:
Meyburgh Catherine（montage vidéo）, Conductor: René Jacobs
【参考：初演 2005 年 4 月 26 日】
SARASTRO: Kaiser N'Kosi, KÖNIGIN DER NACHT: Sumi Jo, TAMINO: Wer-
ner Güra, PAMINA: Helena Juntunen, PAPAGENO: Stéphane Degout, PAPA-
GENA: Céline Scheen, MONOSTATOS: Yves Saelens, ERSTE DAME: Salomé
Haller, ZWEITE DAME: Isabelle Everarts de Velp, DRITTE DAME: An-
gélique Noldus, SPRECHER: Edmund Toliver Zelotes, ERSTER PRIESTER:
Marc Claesen, ZWEITER PRIESTER: Lorenzo Caròla, ERSTER GEHARNIS-
CHTER: Caròla Lorenzo, ZWEITER GEHARNISCHTER: Marc Claesen, DREI
KNABEN: Manon Poskin, Brieuc Wathelet, Maximilian Niemeyer, DREI
PRIESTER: Luc de Meulenaere, Marcel Schmitz, Christian Serré. / L'Orchestre
symphonique de la Monnaie / Choeurs de la Monnaie
【日本初演：2018 年 10 月 3 日，新国立劇場】
ザラストロ：サヴァ・ヴェミッチ，タミーノ・スティーヴ・ダヴィスリム，弁者・
僧侶Ⅰ，武士Ⅱ：成田眞，僧侶Ⅱ・武士Ⅰ：秋谷直之，夜の女王：安井陽子，パ
ミーナ：林正子，侍女Ⅰ：増田のり子，侍女Ⅱ：小泉詠子，侍女Ⅲ：山下牧子，
童子Ⅰ：前川依子，童子Ⅱ：野田千恵子，童子Ⅲ：花房英里子，パパゲーナ：九
嶋香奈枝，パパゲーノ：アンドレ・シュエン，モノスタトス：升島唯博／指揮：
大野和士，合唱指揮：三澤洋史，東京フィルハーモニー管弦楽団，新国立劇場合
唱団
【鑑賞日：2018 年 10 月 3 日】

第6章　細川俊夫作曲マルセル・バイアー台本のオペラ「地震・夢」

縄　田　雄　二

1．はじめに

　1896年に東北日本を地震と津波が襲った。当時それを素材としたオペラが出来，東京で上演された——西洋式のオペラではなく，日本式のオペラ，歌舞伎であったが（『三陸大海嘯』[1]）。一世紀あまりのち，2011年に同じ地域を襲った大地震と津波がひとつの契機となり，あらたなオペラが制作された。ゲーテ時代のドイツの作家ハインリヒ・フォン・クライスト（1777-1811）の短篇小説「チリの地震」（"Das Erdbeben in Chili", 1807年）に基づき現代ドイツの作家マルセル・バイアー（Marcel Beyer, 1965-）の書いた台本に，日本の音楽家細川俊夫（1955-）がすばらしい曲をつけたオペラ「地震・夢」（"ERD-BEBEN.TRÄUME"）である。ヨーロッパを代表する歌劇場のひとつ，シュトゥットガルト歌劇場（Oper Stuttgart）で2018年に初演され，好評を得た。

　地震は民衆を狂わせ，民衆は愛し合う一組の男女を殺す。男女の子に取り違えられた子も殺められるが，実の子は生き残る。——クライストの小説の大筋を，バイアーは継承した。地震と音楽，地震と狂気，子供のあいだの生死の交換，日独オペラ，国際的文脈における地震，地震の音楽化・演劇化——このオペラのいくつかの要素を先例に探り，この作を文化史の文脈に置いてみよう。

2．音響学史から見たクライスト「チリの地震」

　ヨーロッパは 17 世紀に音響を振動として理解し始めた。メルセンヌ
(1588-1648) は巨大な弦を揺らす実験を行った。その緩慢な振動は，人間の
可聴域以下の音しか鳴らさなかった代りに，振動という現象を可視化し，研
究しやすくし，振動という概念をもととした音響学を促進したのである [2]。
バロック音楽はこの新しい音響学の上に築かれた。

　弦などの音響体 (Corps sonore) が振動し，空気を共振させ音楽となり，
音楽の振動が聴き手の神経を震わせ，振動に応じた感情を生む。作曲家ラモー
(1683-1764) が抱いていたこの考え [3] は，ロマン派の文人が音楽を聴く聴き
方の基礎となり [4]，クライストも共有したが，クライストにおいて独自なの
は，可聴域と不可聴域の垣根，魂と肉体の垣根を取り払ったことである。音
楽という可聴域の振動がひとびとの感情を産む，という考えから踏み込み，
地震という，可聴域には必ずしも収まらない低周波振動，しかも広域の地面
の震える振動が，多くのひとびとの魂のみならず肉体をも同様に震わせ，シ
ンクロナイズさせたことを表現したのである。これこそは彼の小説「チリの
地震」の核心のひとつだ。地震は妊婦たちの身体を同期し，一斉に子を産み
落とさせた。「地震の起りし時，幾千万の婦女は一時に子を夫々の目の前に
て産み落としつ」[5]。地震後にひとびとが睦みあう「エデンの楽土」[6] の場面
では，地震の衝撃がひとびとの心を貫いて轟き，皆を和解させたことが述べ
られる。「彼のおそろしき天災は忽ち人心を激動して，夙怨を釈きもやしけ
む」[7]。同調した魂たちは，のちに集団の狂気を帯び，ひとびとを殺す。人
間という小さな存在は，大地という最大の音響体の振動に同調させられ，翻
弄されるしかない。ラモーがその音響論ですでに書いていたではないか。「小
さな音響体［の振動］が大きな音響体に対して持つ力よりも，大きな音響体

が小さな音響体に対して持つ力の方が大きい」[8]。恋人たちの実子フィリップは殺害を免れ生きのこり得た。教会の鐘の音の振動の，母体への影響により誕生した，聖なる出自がそうさせたのであろうか。「ふびんなるジヨセフエ［フィリップの母］は打出す鐘の響や身にこたへけむ，産の気つきて本堂の石段に僵れふしたり」[9]。

　「チリの地震」はメルセンヌ以来のヨーロッパ近代の音響学史に深く組み込まれている。クライストの書いたサンチャゴの大地は，メルセンヌの巨大な弦が揺らしたのである。

3．子の取り違えと子殺し

　高貴な子を救おうと，わが子を身替りに死なせる「寺子屋」（『菅原伝授手習鑑』の一幕の通称）は，人形浄瑠璃と歌舞伎の古典のひとつであるが（初演は1746年人形浄瑠璃として），1900年にドイツ語訳が出版された[10]。版を重ね，ヨーロッパの作曲家の眼に触れ，カール・オルフ（Carl Orff, 1895-1982）が1913年に，フェーリクス・ヴァインガルトナー（Felix Weingartner, 1863-1942）が1920年にオペラに仕立てた[11]。

　オルフが自ら書いた台本では，首を刎ねられた男児の父 Matsuo（松王丸）は，力尽きてこう述べる。

　　Krank bin ich[,] zerrüttet meine Seele.
　　Müde, sterbensmüde![12]
　　私は病み，わが魂は乱れた。
　　疲れた。疲れ果てた。

　「地震・夢」においてバイアーは，わが子を殺され茫然自失のフェルナン

ドに嘆かせる。

Ist es noch mein eigenes Blut,

das in meinen Adern fließt

und mir über die Schläfen rinnt?

Bin dieser Mensch noch ich?

Mir ist, als fehlte mir mein eigenes Gesicht. [13)]

わが脈に流れ

わがこめかみにしたたるのは

いまだにわが血か。

この人間はまだ俺か。

俺は顔をなくしたように感ずる。

「寺子屋」独訳に基づくオルフの劇のエキゾチシズム[14)]は，美術のジャポ
ニズムよりも遅れてヨーロッパを捉えた文学・音楽・演劇のジャポニズムの
一例と看做せよう。これに対しバイアーの台本はエキゾチシズムと無縁，舞
台は画一化が進んだ現代の世界のどこかだ。これよりも大きな違いが二作の
あいだにはある。「犠牲」においては，侍が冷徹に計算し子を取り換えた。「地
震・夢」においては興奮した群衆が偶然に子を取り違える。バイアーがクラ
イストの作に見出し，台本において強調したのは，群衆のこのような集団心
理である。

4．地震と狂気

「大地震のやつと静まつた後，屋外に避難した人人は急に人懐しさを感
じ出したらしい。向う三軒両隣を問はず，親しさうに話し合つたり，煙

草や梨をすすめ合つたり，互に子供の守りをしたりする景色は，渡辺町，
田端，神明町，——殆ど至る処に見受けられたものである。殊に田端の
ポプラア倶楽部の芝生に難を避けてゐた人人などは，背景にポプラアの
戦いでゐるせゐか，ピクニックに集まつたのかと思ふ位，如何にも楽し
さうに打ち解けてゐた。

　これは夙にクライストが『地震』の中に描いた現象である。いや，ク
ライストはその上に地震後の興奮が静まるが早いか，もう一度平生の恩
怨が徐ろに目ざめて来る恐しささへ描いた。するとポプラア倶楽部の芝
生に難を避けてゐた人人もいつ何時隣の肺病患者を駆逐しようと試みた
り，或は又向うの奥さんの私行を吹聴して歩かうとするかも知れない。
それは僕でも心得てゐる。しかし大勢の人人の中にいつにない親しさの
湧いてゐるのは兎に角美しい景色だつた。僕は永久にあの記憶だけは大
事にして置きたいと思つてゐる。」[15)]

　当時の日本を代表する作家のひとり芥川龍之介が，1923年に東京とその
周辺を襲った大地震について書いた一文である。地震やそれが引き起こした
火災は十万を越す命を奪った。そのほかの原因でも人は死んだ。例えば，地
震後に朝鮮人が放火などを行ったというデマを一般人が信じ，朝鮮人などに
対し行った殺人である。芥川は作家菊池寛との談話を自ら記録した。

　「僕は善良なる市民である。しかし僕の所見によれば，菊池寛はこの資
格に乏しい。

　戒厳令の布かれた後，僕は巻煙草を啣へたまま，菊池と雑談を交換し
てゐた。尤も雑談とは云ふものの，地震以外の話の出た訣ではない。そ
の内に僕は大火の原因は○○○○○○○○さうだと云つた。すると菊池
は眉を挙げながら，『譃だよ，君』と一喝した。僕は勿論さう云はれて

見れば，『ぢや譃だらう』と云ふ外はなかつた。しかし次手にもう一度，何でも○○○○はボルシェヴィツキの手先ださうだと云つた。菊池は今度は眉を挙げると，『譃さ，君，そんなことは』と叱りつけた。僕は又『へええ，それも譃か』と忽ち自説（？）を撤回した。

　再び僕の所見によれば，善良なる市民と云ふものはボルシエヴイツキと○○○○との陰謀の存在を信ずるものである。もし万一信じられぬ場合は，少くとも信じてゐるらしい顔つきを装はねばならぬものである。けれども野蛮なる菊池寛は信じもしなければ信じる真似もしない。これは完全に善良なる市民の資格を放棄したと見るべきである。善良なる市民たると同時に勇敢なる自警団の一員たる僕は菊池の為に惜まざるを得ない。

　尤も善良なる市民になることは，——兎に角苦心を要するものである。」[16]

　朝鮮人による放火は噂に過ぎなかった。デマは広まり，「善良なる市民」の形成した自警団は，地震後数日間，朝鮮人を見つけては殺した。芥川は，殺戮を喜ぶなと戒めながらも[17]，噂を信じ，自警団に属した。

　クライストの「チリの地震」は1890年に森鷗外が日本語に訳し広く読まれた。この作に学び地震後の狂気を逃れることは，芥川にすら難しかった。

　殺人を行ったのは「善良なる市民」のみではない。官憲もであった。よく知られるのは，無政府主義者大杉栄の事件である。地震後の混乱のなか，大杉と妻，甥の三人は官憲に連行され，絞め殺され，古井戸に埋められた。地震が，社会の護り手を自任する者たちに，社会の破壊者と彼らが信ずる者たちを，殺させた——ひと組の男女と幼少の者を。その男女の実子たちは生き残った。クライストとバイアーにおけるように。

5．地震の音楽化

　1923年の日本の大地震は海外でも報道された。ミュンヘンにいた精神医
学者・詩人の斎藤茂吉の回想を引く。

　　「そこに夕刊の新聞売が来たので三通りばかりの新聞を買ひ，もう半立
　　突の麦酒を取寄せて新聞を読むに，伊太利と希臘とが緊張した状態にあ
　　ることを報じたその次に，"Die Erdbebenkatastrophe in Japan"［日本
　　における壊滅的な地震］と題して日本震災のことを報じてゐる。
　　　新聞の報告は皆殆ど同一であつた。上海電報に拠ると，地震は九月一
　　日の早朝に起り，東京横浜の住民は十万人死んだ。東京の砲兵工廠は空
　　中に舞上り，数千の職工が死んだ。熱海・伊東の町は全くなくなつた。
　　富士山の頂が飛び，大島は海中に没した。云々である。［…］けふは，
　　もう日本震災のための死者は五十万と註してあつた。［…］首相も死に，
　　大臣の数人も死んだ。」[18]

　茂吉が引用している，誇張を含む当時のさまざまな報道の一端である。大
島は沈まず，死者は五十万人よりもはるかに少なかった。数々の誤報もまた，
地震の引き起こした一種の狂気である。
　1938年・39年にダッハウとブーヘンヴァルトの収容所に収容され，辛く
も逃れてアメリカにわたった作家のハインリヒ・エードゥアルト・ヤーコプ
(Heinrich Eduard Jacob, 1889-1967) の小説に『ジャクリーヌと日本人』("Jacqueline
und die Japaner", 1928) がある[19]。1923年のドイツを舞台とし，歌手ジャクリー
ヌ・イェニッケ，その夫，指揮者にして作曲家のルードルフ・イェニッケ，
妻の，日本人教授プロフェッサー・ナカムラ，その友人の日本人たちをめぐ

る物語である。

　ナカムラのもとに日本の大地震と，誇張された被害の報が到る。

> 「受付の所には『ハイデルベルグ日報』が懸つてゐるし，『フランクフル
> ト新聞』の号外が貼つてあつた。――この惨事の範囲は未だ計り知るべ
> からず……！　死者五十万以上……！　天地開闢以来最大の災厄……！
> 太古の恐怖再来す……！」[20]

　ナカムラは沈思，仏典をドイツ語詩に訳しルードルフに聞かせる。ルード
ルフは感銘，これに曲をつける――地震のトラウマをエキュメニズムにより
克服しようとする「基督の教会にて歌はるべき仏教的苦悩の交声曲」（カンタータ）("Kantate
des buddhistischen Leids, in der Kirche Christi zu singen") だ。小説は，カンター
タがヨーロッパ中のカトリックや福音派の教会で響き渡るなか幕を下ろす。

> Es gibt, ihr Brüder, eine Zeit, wo die äußeren Meere rasen
> Und verschwinden machen die Erde.
> Dieser so großen Erdenart ungeheure Vergänglichkeit [.]
> Wird sich also, ihr Brüder, zeigen;
> Zeigen wird sich, zeigen – o Brüder! –
> Zerstörung, Auflösung, Unbestand.[21]
> 汝等兄弟［いまし］よ，やがては外海［そとうみ］荒れすさみて，
> 大地をば滅ぼすことあらむ。
> かくて汝等兄弟よ，かの偉大なる大地の
> 恐る可き無常のさまは示されむ，
> おお兄弟よ――示されむ，
> 破壊と，解体と，無常とは[22]。

　クライストの小説で大きな役を果たすキリスト教的要素をバイアーは台本から除いた。「地震・夢」はルードルフのカンタータとは異なり非宗教的である。

　あるいは──ヤーコプにおけるとは異なる宗教性を帯びている。バイアーがクライストを改作した台本の主人公は，筋の大枠から言えば，愛し合い殺される男女ではなく，生き残った子フィリップであり[23]，フィリップの背後には死者たちが生きているからである。

　　Wie nah die Toten dort
　　in deinem Rücken sind –[24]
　　死者たちがいかにお前の近くにいることか。
　　そこに，お前の背に。

　死者たちの霊にたびたび声を与えてきた細川は，このテクストをも，みごとな音楽に乗せた。

6．おわりに

　以上，示すことを試みてきた通り，このオペラは，ヨーロッパや日本の文化史とさまざまに絡み合っている。日本で上演すれば，ドイツで上演された場合とは異なる文脈におかれ，異なる意味が生まれるであろう。その相違は価値ある相違であろう。この傑作オペラが日本の舞台にかかることを，強く望み，この論考がそれに向けての一助となることを願う[25]。

注
　1）日置貴之『変貌する時代のなかの歌舞伎　幕末・明治期歌舞伎史』笠間書院，

2016 年，155-158 頁参照。

2）Vgl. Friedrich Kittler: Blitz und Serie – Ereignis und Donner. In: Nikolaus Müller-Schöll（Hg.）: *Ereignis. Eine fundamentale Kategorie der Zeiterfahrung.* Bielefeld: transcript, 2003, S. 145-158. 人間に聞こえない音の音響学と，そうした音響学の音楽への影響については以下を参照。ユーリア・クルセル，アルミーン・シェーファー著沼口隆訳縄田雄二解題「力の競合　音響と知覚の非対称性について」（岩波書店『思想』1103 号，2016 年，47-70 頁）。縄田雄二編『モノと媒体の人文学　現代ドイツの文化学』（岩波書店，2022 年）135-166 頁に再録。

3）Jean-Philippe Rameau: *Génération harmonique*（1737），Daniel Muzzulini: *Genealogie der Klangfarbe.* Bern u. a.: Peter Lang, 2006, S. 192, 199 に引用。

4）Vgl. Bettine Menke: Akustische Experimente der Romantik. In: *neue vortraege zur medienkultur.* Hg. von Claus Pias. Weimar: VDG 2000, S. 165-184; dies.: Adressiert in der Abwesenheit. Zur romantischen Poetik und Akustik der Töne. In: *Die Adresse des Mediums.* Hg. von Stefan Andriopoulos / Gabriele Schabacher / Eckhard Schumacher. Köln: DuMont, 2001, S. 100-120.

5）Kleist, Heinrich: *Sämtliche Werke und Briefe in vier Bänden.* Bd. 3. Frankfurt am Main: Deutscher Klassiker Verlag, 1990, S. 205. 翻訳は鷗外訳「地震」を用いた。『鷗外選集』第 16 巻，岩波書店，1980 年，85-101 頁，引用 93 頁。

6）Kleist 前掲書，S. 201. 前掲・鷗外訳「地震」91 頁。

7）Kleist 前掲書，S. 205. 前掲・鷗外訳「地震」92-93 頁。

8）Rameau 前掲書（Muzzulini 前掲書，S. 196 により引用）。

9）Kleist 前掲書，S. 189. 前掲・鷗外訳「地震」86 頁。

10）*Japanische Dramen. Terakoya und Asagao.* Übertragen von Karl Florenz. Leipzig: Amelang / Tokyo: Hasegawa, 1900.

11）Vgl. Peter Revers: *Das Fremde und das Vertraute. Studien zur musiktheoretischen und musikdramatischen Ostasienrezeption.* Stuttgart: Franz Steiner, 1997, S. 188-203.

12）Carl Orff: *Gisei – Das Opfer,* Audio-CD, cpo / Deutschlandradio 2015（= LC 8492），Begleitheft, S. 48.

13）Marcel Beyer: ERDBEBEN.TRÄUME. Nach Heinrich von Kleists Novelle "Das Erdbeben in Chili". In: Oper Stuttgart（Hg.）: *Toshio Hosokawa "ERDBEBEN. TRÄUME".* Programmheft. Stuttgart: Oper Stuttgart, 2018. S. 54-59, hier S. 59.

14）Revers 前掲書，S. 188-199 を参照。

15）芥川龍之介「大震雑記」『芥川龍之介全集』第 10 巻，岩波書店，1996 年，142-

147 頁，引用 143-144 頁。

16）同上 145-146 頁，327 頁の注解参照。「○」は伏字。

17）関口安義『よみがえる芥川龍之介』日本放送出版協会，2006 年，253-263 頁参照。

18）『斎藤茂吉全集』第 5 巻，岩波書店，1973 年，797-799 頁。

19）ヤーコプの生涯と業績については以下を参照。Isolde Mozer: *Zur Poetologie bei Heinrich Eduard Jacob*. Würzburg: Königshausen & Neumann, 2005. Martin Glaubrecht: Jacob, Heinrich Eduard, in: *Neue Deutsche Biographie* 10（1974），S. 217 f., Onlinefassung des 11.11.2016, URL: http://www.deutsche-biographie.de/pnd118835327.html

20）H. E. ヤーコブ著相良守峯訳『ジャクリーヌと日本人』岩波書店，1952 年，126 頁。原文 Heinrich Eduard Jacob: *Jacqueline und die Japaner*. Ein kleiner Roman. Berlin 1929, S. 162.（初出 1928 年）

21）Jacob 前掲書，S. 180。

22）ヤーコブ前掲書，138-139 頁。

23）フィリップの出自に焦点を当てたこの改作は，クライストの小説を「『養子縁組』の物語」として読む David E. Wellbery の解釈と軌を一にしている。D. E. W.: Semiotische Anmerkungen zu Kleists *Das Erdbeben in Chili*. In: D. E. W.（Hg.）: *Positionen der Literaturwissenschaft. Acht Modellanalysen am Beispiel von Kleists Das Erdbeben in Chili*. 5. Aufl. München: C. H. Beck, 2007, S. 69-87, 引用 S. 85.

24）Beyer 前掲文，S. 54。

25）この論文は，JSPS 科研費 JP 25370372 の支援も得て成った，筆者による以下のドイツ語論考に対応するものである。Nawata: Anmerkungen zu "ERDBEBEN. TRÄUME", in: Oper Stuttgart（Hg.）: *Toshio Hosokawa "ERDBEBEN. TRÄUME"*, Programmheft, Stuttgart: Oper Stuttgart 2018, S. 22-33. この論考もまた，ドイツ語読者に対してと日本語読者に対してでは，別の意味を持ちうるであろう。森岡実穂氏の論文と組み合わせ，現代の国際的なオペラ制作についての考察を深めていただく意図をもこめて，シュトゥットガルト州立歌劇場の許可のもと，日本語版をここに載せるゆえんである。

第Ⅴ部

世界の諸地域，諸時代の文化についての学術情報

第7章　人文学と学術情報流通

小　山　憲　司

1．はじめに

　WHO（世界保健機関）が2020年3月11日に新型コロナウイルスのパンデミックを宣言してから2年が経過した。この間，大学ではオンライン授業が日常となり，キャンパスの風景も一変した。2021年度からはウィズコロナと称し，新型コロナウイルス感染症対策を徹底しながら，対面授業を再開する大学が増えた。大学図書館も一時閉館したが，座席数を減らしたり，換気を確実に行ったりするなどの対策により，サービスを再開した。しかし，共同学習スペースを謳ったラーニングコモンズは，その機能を十全に果たせていない。

　新型コロナウイルス感染症は，研究者の研究活動にも大きな変化をもたらした。例えば，学会や研究会はオンラインで開催された。移動の負担や時間の制約が大きく軽減されたことにより，これまで参加が難しかったイベントにも参加できるようになった。他方，直接会うことで広げたり，深めたりしていた人脈づくりが難しくなった。在宅勤務を余儀なくされたことなどにより，女性研究者の研究活動が阻害されているという報告もある[1]。

　学術論文をはじめ，研究に必要な学術情報は，2000年前後から海外を中心に急速に電子化が進んでいたことから，学問分野によっては新型コロナウイルスの影響は限定的であるかもしれない。むしろ，研究成果をやりとりす

る学術コミュニケーションは，新型コロナウイルスの出現により新たな方法
を模索する契機になったとも言える。同時に，さまざまな課題に直面するこ
とにもなった。

　その１つは，プレプリントの積極的な活用である。プレプリントとは，学
術雑誌に投稿される前の原稿のことである。研究者はこれをプレプリントサー
バと呼ばれる専用のウェブサイトに登録することで，投稿前に研究者仲間か
ら助言を受け，論文を完成させることができる。1991 年に設置された arXiv
がその嚆矢である。arXiv は物理学，数学，コンピュータ科学を中心とした
プレプリントサーバであるが，その後，1994 年に SSRN（Social Sciences Re-
search Network，社会科学），1997 年に RePEc（Research Papers in Economics，
経済学），2013 年に bioRxiv（生物学），2017 年に ChemRxiv（化学），2019 年
に medRxiv（医学）など，各分野でプレプリントサーバが立ち上げられてい
る。

　新型コロナウイルスの流行を早急に抑えるため，世界中の研究者が研究に
取り組み，その成果をいち早く公開，共有すべく，プレプリントサーバが用
いられた。井手によれば，2020 年 9 月末までに 16,066 件のプレプリントが
主要なプレプリントサーバで公開されたという [2]。しかし，学術雑誌に投稿
される前のプレプリントは査読を受けていないため，信頼性という点で課題
が残る。

　では学術雑誌に掲載された査読済みの論文であればこの問題が回避できた
かというと，それを揺るがすできごとも起こった。国際的にも著名な『ラン
セット（The Lancet）』と『ニュー・イングランド・ジャーナル・オブ・メディ
シン（New England Journal of Medicine）』の 2 誌が新型コロナウイルス治療
薬の効果に関する査読済み論文を相次いで撤回したのである。2 つの論文で
用いられていた治験データの信憑性が問題になったという。このことは，一
般紙でも取り上げられ，話題となった [3]。研究成果の根拠となるデータの重

要性は，2014 年の STAP 細胞に関する一連のできごとでも記憶に新しい。

　もちろん，研究対象となるデータが注目されるのは，公正性や信頼性を担保するためだけではない。実験結果や社会調査の結果を公開，共有することで，同じ実験や調査を繰り返さずに済み，コストを削減できることに加え，他分野の研究者がそのデータを扱ったり，いくつものデータを組み合わせたりすることで，あらたな知見が得られる可能性が広がるからでもある。

　このことはなにも自然科学分野や社会科学分野にかぎったことではない。人文学においてもデータを共有，活用した研究が盛んになってきている。

2．オープンアクセス，オープンデータ，オープンサイエンス

⑴　研究成果の共有

　研究成果の共有は早くから行われてきた。学術コミュニケーションの成立に大きく貢献した学術雑誌は，1665 年 1 月にフランスで創刊された『ジュルナル・デ・サヴァン（Journal des sçavans）』と同年 3 月にイギリスで発行された『フィロソフィカル・トランザクション（The Philosophical Transactions of the Royal Society)』にその起源を持つ。これらの学術雑誌が登場する以前は，研究者はヨーロッパ各地にいる研究者を直接訪問したり，書簡のやりとりを通じたりして情報交換していた[4]。

　情報社会と言われて久しい今日，書簡は電子メールに，冊子体の学術雑誌は電子ジャーナルとなった。最近では，研究成果の基となったデータの公開も求められるようになってきた。研究資金を獲得するための応募書類の 1 つとして，データ管理計画（Data Management Plan）の作成が義務づけられたり，学術雑誌への掲載にあたってデータを公開することが要求されたりするようにもなった[5]。

(2)　研究成果の共有と学術政策，科学技術政策

こうした動向は，社会的背景と無縁ではない。とりわけ，政府の学術や科学技術政策の動向によるところは大きい。

例えば，2016年に策定された第5期科学技術基本計画は，狩猟社会，農耕社会，工業社会，情報社会につづく第5の社会として，超スマート社会（Society5.0）の実現に向けて取り組むことを提言した[6]。同計画によれば，超スマート社会とは「必要なもの・サービスを，必要な人に，必要な時に，必要なだけ提供し，社会の様々なニーズにきめ細かに対応でき，あらゆる人が質の高いサービスを受けられ，年齢，性別，地域，言語といった様々な違いを乗り越え，活き活きと快適に暮らすことのできる社会。」を言う[7]。超スマート社会を実現するための基盤技術としてIoT（Internet of Things）やビッグデータ，AI技術に注目が集まった。

IoTはあらゆるモノをインターネットに接続し，そのモノからデータを集めたり制御したりする仕組みである。そこでは多様なデータがやりとりされ，記録される。センサ技術などを活用して得られるこうしたデータもまた，ビッグデータとなる。人々の消費行動やスマートフォンなどによる位置情報の集合は，典型的なビッグデータである。IoTによって得られるビッグデータも加わり，世の中には多様で，かつ大規模なデータがあふれている。そのデータを適切に処理，分析する手法がAI技術である。

データに基づくよりよい社会の実現を目指した第5期科学技術基本計画では，その研究開発の基盤強化策として，オープンサイエンスの推進が掲げられた。ここでいうオープンサイエンスとは，「オープンアクセスと研究データのオープン化（オープンデータ）を含む概念」とされる[8]。オープンアクセスは，研究者の研究成果である査読付き論文をだれもが経済的な障壁なく利用できることを目指した活動である。その研究成果の基となる研究データもだれもが自由に利用できるように公開することで，さらなる研究の促進を図

ろうとするのがオープンサイエンスである。

⑶　オープンサイエンスと人文学

　オープンアクセス，オープンデータ，オープンサイエンスという概念は，いわゆる自然科学分野の研究にとどまらない。筆者が翻訳に関わった，カリフォルニア大学ロサンゼルス校（UCLA）のクリスティン・L・ボーグマン教授の著書『ビッグデータ・リトルデータ・ノーデータ：研究データと知識インフラ』は，自然科学，社会科学，人文学からそれぞれ2つの研究活動を事例研究として取り上げ，そこでどのような研究活動が行われ，どのようなデータを収集，利用し，研究成果をあげているか，そしてそのデータをその後，どのように取り扱っているかを詳細に記述，分析している。学問によって研究の方法やデータの取り扱いが異なるのは当然であるが，その一方で6つの事例研究を同じ視点から分析することで，データという公共財の重要性があぶり出されている。とりわけ，本書の最後に述べられた次の文章は，データの公共性と同時に，その適切かつ慎重な取り扱いがすべての学問において共通しているという点で示唆的である[9]。

　　　本書の前提を再度述べれば，データの価値はその利用にある。利害関係者が何をなぜ保存するのか，そして知識インフラの維持のために必要な目に見えない作業への投資について合意することができなければ，ビッグデータもリトルデータも同じくすぐにノーデータに変わってしまうだろう。

　情報通信技術を基盤とする超スマート社会の実現に向けた政策は，2021年度からの5カ年計画として開始された第6期科学技術・イノベーション基本計画に引き継がれた。この計画では初めて，「人文・社会科学の振興」が

加えられた[10]。この動向と軌を一にするように，日本学術会議はオープンサイエンスの深化と推進に関する検討委員会（2018年から2020年），それにつづくオープンサイエンスを推進するデータ基盤とその利活用に関する検討委員会（2022年から現在）の課題別委員会を設置し，人文・社会科学を含む学術界全体におけるオープンサイエンスの推進に関して議論を重ねている。また，心理学・教育学委員会，言語・文学委員会，哲学委員会，社会学委員会，史学委員会，地域研究委員会，情報学委員会の7つの分野別委員会からなるデジタル時代における新しい人文・社会科学に関する分科会（2021年から2023年）も立ち上げられ，2022年1月には公開シンポジウム「総合知創出に向けた人文・社会科学のデジタル研究基盤構築の現在」も開催された[11]。

　各学問が伝統的に用いてきた方法論に固執することなく，その知見を広げ，共有することで，それぞれの学問における研究活動を豊かにしようとする取り組みが広がりつつある。そのキーワードは情報通信技術，電子化，そしてデータである。

3．学術情報の電子化と人文学

⑴　研究成果の電子化

　では，情報通信技術，電子化，データは人文学にどのような変化をもたらしているのであろうか。ここでは，研究成果の電子化と研究対象の電子化の2つの側面に着目したい。

　まず研究成果の電子化である。学問分野による違いはあろうが，研究成果の多くは学術論文や学術図書によって著されるのが一般的である。海外では2000年前後から学術雑誌の電子化が進んでいる。最近では，欧米の政府や研究助成機関を中心に，オープンアクセスによる論文公開が盛んに推奨されている。

　国内の学術雑誌においても電子ジャーナル化が進んでいる。たとえば，科学技術振興機構が運用する J-Stage には哲学・宗教で 251 誌，文学・言語学・芸術学で 367 誌，人類学・史学・地理学で 406 誌がそれぞれ電子ジャーナルとして提供されている。また，国内の多くの大学で運営されている機関リポジトリには，大学紀要をはじめ，多くの学術論文が無償で公開されている。

　学術図書の電子書籍化も拡大している。Springer Nature をはじめとする主要な学術出版社に加え，ProQuest などのアグリゲータが百数十万点に及ぶ電子書籍を提供している。

　学術図書のオープンアクセス出版も行われている。商業出版社からのオープンアクセス出版は，電子ジャーナルのオープンアクセスと同様，著者がそのコストを負担する著者支払い型モデルが一般的である。大学出版局と大学図書館が協働して，図書のオープンアクセス出版を試みる例もある。たとえば京都大学では，2007 年から京都大学学術出版会と京都大学附属図書館の協働により，過去に出版した 16 冊の学術図書を機関リポジトリから公開する実験を行った[12]。

　このほか，有用な研究成果の 1 つに博士論文がある。日本では 2013 年に学位規則が改正されたことに伴い，博士論文のインターネット公表が義務化された。文部科学省からの通知では，原則，機関リポジトリを用いて公表するよう求められ[13]，例外を除き，博士論文のオープンアクセスによる公開が進んだ。

⑵　研究対象の電子化

　人文学においては，研究対象となる書籍，史料，遺物，その他の記録の電子化も進展している。これらは画像で提供される場合もあれば，テキスト，音声，動画など，多様な表現形式で発信されてもいる。

　永崎は，著書『日本の文化をデジタル世界に伝える』の中で，電子環境下

での人文学研究は，研究対象の①電子化，②公開，③検索のしくみの3つが基本的事項であると指摘する[14]。①の電子化は，先に記したとおり，研究対象となる書籍，史料，遺物，その他の記録を電子化することを指す。ただし，事はそう単純でないことは想像に難くない。たとえば，貴重書の電子化は，それをデジタルカメラで撮影して画像化すれば終わりではない。どのような画像形式を用いるか，解像度や色数はどのように設定するか，色見本やスケールをどう配置するかなどを考慮しなければならない。研究対象が文字資料であるならば，その画像の文字をテキスト化したり，翻字，翻訳したりする必要もあるだろう。

　また，③にも関連するが，電子化された資料がなにものであるかを示すメタデータを付加することも欠かせない。図書館におけるメタデータの典型は，目録である。図書館が所蔵する資料のタイトル，著者名，出版社，出版年などがそれに該当する。どのような項目をどのように記録するかは，その対象や学問分野によって異なる。たとえば博物館や美術館では，国際博物館会議（International Council of Museums）の下にあるドキュメンテーション委員会（International Committee for Documentation，CIDOC）が提案した CIDOC CRM（Conceptual Reference Model）が参照されている。公文書など記録史料の電子化では，国際文書館評議会（International Council on Archives）が提案した ISAD（G）（General International Standard Archival Description，国際標準記録史料記述一般原則）がある。

　人文学分野の資料の電子化に用いられるルールに IIIF と TEI ガイドラインがある。IIIF は International Image Operability Framework の略称である。従来，画像化された資料は，それを所蔵する機関のウェブサイトで個別に保存，公開されてきた。公開の方法によっては独自のプログラムが用いられることも少なくなかった。結果，利用者は求める資料を個別に探し出し，1つひとつ閲覧せざるを得なかった。こうした課題を解決し，利用者の利便

性を向上させるために，画像の配信，メタデータ，検索の 3 つに関して定められたルールが IIIF である。

　TEI ガイドラインは，Text Encoding Initiative（TEI）が策定した，人文学分野において文字資料を電子化するときに適用されるルールである。資料に記載された文字や文章を単にテキスト化するだけでなく，その文字や文章がどのような意味を持っているのかを記録したり，ある箇所に注釈を入れたりするなど，構造化して電子化するのである。テキストは XML（eXtensible Mark-up Language）という標準的な記述方法によって記録される。なお，文字資料の電子化に関しては，使用できる文字コードも問題であった。現在は Unicode の普及により大幅に改善されている。

　電子化された資料の公開は，その使い勝手と同時に，③の検索，すなわち発見可能性にも大きく影響する。相互運用性の確保された規格を参照してメタデータが作成されることで，研究者は他の電子図書館やデジタルアーカイブで公開されている資料を統合して検索したり，比較参照することが簡便になったりする。欧州の博物館，美術館，図書館，アーカイブなどが公開する電子資料を横断して検索できる Europeana（2008 年公開），米国で同様のサービスを展開する Digital Public Library of America（DPLA，2013 年公開）などが著名である。日本でも，2021 年 8 月に国立国会図書館がジャパンサーチを公開した。

⑶　デジタル人文学に向けた取り組み

　ここまで人文学の研究で用いられる学術情報の電子化に関して，⑴研究成果，⑵研究対象の 2 つの観点から最近の動向を概観した。これらの取り組みは，情報通信技術の発達，国内外の社会情勢の変化などに適切に対応しながら，研究者自身がよりよい研究環境を構築してきた結果とも言える。

　このことは，最近の研究からも確認できる。ギヴン（Lisa M. Given）とウィ

ルソン（Rebekah Willson）は，人文学分野の研究者20名（教員15名，大学院生5名）を対象に，自身の研究で情報通信技術をどのように用いているかをインタビュー調査した。その結果，①電子資料と情報通信技術は研究活動の一部になっていること，②すでに用意された電子資料のほか，自らが電子資料を作成する必要があり，そのための作業時間と労力が多大であること，③②を行う際，自らが研究用ツールも開発しており，ツールの開発自体が研究にもなり得ること，④研究は単独で行われるほか，チームでも行われること，⑤電子資料や情報通信技術，研究用ツールを生かすための教育が必要なことなどを明らかにした[15]。こうした実態は，『ビッグデータ・リトルデータ・ノーデータ：研究データと知識インフラ』の事例研究でも紹介されている。

4．共同研究プロジェクト「グローバル文化史の試み」における　位置づけ

　共同研究プロジェクト「グローバル文化史の試み」は，ある特定のテーマに関して，多様な学問分野の研究者が明らかにした研究成果を突き合わせることにより，新たな知見を得ようとする試みである。当然，研究に用いられる資料や研究成果も異なるであろうし，研究方法にも違いが見られるであろう。しかし，ここまで概観してきたように，情報通信技術が発達し，研究対象や研究成果が電子化されるようになったことで，それぞれの領域を超えた，あるいは横断した研究を実践できる学術情報基盤が整備されつつある。そのような今だからこそ，複数の学問において，研究対象とする学術情報とはなにか，その利用に共通点はあるか，どのような研究手法を用いているかなどを明らかにすることで，お互いの研究活動の向上に繋げたり，それぞれの研究対象や研究成果を結びつける新たな観点（属性）を発見したりすることが期待できる。そこで本プロジェクトの一環として，中央大学文学部に所属す

る唐橋文教授（古代メソポタミア），水上雅晴教授（近世東アジア），鈴木俊幸教授（近世・近代日本），石橋悠人教授（近代イギリス），縄田雄二教授（近現代ドイツ）の 5 名の研究者に登壇いただき，「世界の諸地域，諸時代の文化についての学術情報」と題する座談会を 2021 年 12 月 18 日にオンラインで開催した。本章につづく論文は，登壇者による発表内容をまとめたものである。

　座談会の開催にあたって，事前に筆者から研究活動における学術情報のインプットとアウトプットに関する問いを設定し，準備いただいた。研究活動におけるインプット（情報の入手）という観点からは，①研究対象となる情報（テキスト，原資料），②①の探索方法，入手方法，利用方法，③①の電子化の状況，④①に関する学術情報（他の研究者の研究成果）の探索方法と入手方法，⑤④の電子化の状況を尋ねた。アウトプット（研究成果の発信）では，⑥研究成果の公表方法（図書，雑誌論文，その他），⑦ PC や周辺機器（スキャナ，デジカメなど），アプリケーションソフトの活用の有無とその方法，⑧研究によって得られたデータの公開や共有についての紹介を依頼した。このほか，⑨図書館に期待することを自由に述べていただいた。

　登壇者の発表内容は，それぞれの論文を参照いただくとして，ここではコーディネータを務めた筆者の所見を簡潔に述べておきたい。唐橋氏は，楔形文字文書を対象に古代メソポタミアを研究している。研究対象を所蔵する機関は世界中にあり，電子化によって利便性が高まっているという。他方，その電子化自体も唐橋氏を含む研究者の活動の成果である。研究と電子化が両輪をなして進められているようすが窺える。

　水上氏からは中国の古典学と琉球漢学における研究活動を紹介いただいた。前者の研究対象は中国で刊行された資料が中心となるが，検索はもとより，資料そのものの電子化が急速に進んでいるようすが語られる。同時に，資料にあたるときにさまざまなリテラシーが必要なこと，その修得に王道はないことも確認される。後者の琉球漢学において，書き入れ，特に角筆に注

目した研究手法は，原資料の保存および電子化との間にある課題を指摘して
おり，興味深い。

「書籍文化史」を研究する鈴木氏は，江戸時代から明治初期の書物そのも
のに当たることで，その成り立ち，流通，受容など，文化的・社会的背景を
探求する研究者である。目的を持って資料を探索する一方，偶然の発見を期
して多様な資料を自ら入手し，つぶさに観察するようすは，電子化によって
実現される利便性だけでは埋め合わせられない領域である。また，情報通信
技術の中途半端な適用によって，かえって学術資料の損失に繋がりかねない
という話題は，共有財産として資料を収集，保存，提供することで研究を支
援する図書館の足元を今一度見直す警鐘でもある。

　石橋氏は，近代の時間概念を研究するにあたり，ケンブリッジ大学図書館
が所蔵するグリニッジ天文台アーカイブズを利用している。このグリニッジ
天文台アーカイブズは電子化されていないことから，石橋氏は同図書館を訪
問しては原本の史料に当たって研究を進めている。逆に，電子化されず，アー
カイブズとして整理された史料に直接触れるからこそ見えてくることもある。
1835年にケンブリッジ大学天文台長に任命されたジョージ・エアリ（George
Biddell Airy）とアーカイブズ形成との関係はその1つであり，石橋氏のあら
たな研究テーマとなった。

　最後は，本プロジェクトの主催者であり，ドイツの近現代文学および思想
を研究する縄田氏の論考である。外国文学の研究者が置かれた環境から，国
際競争型研究と自国向け型研究の2つの枠組みを提示し，それぞれの研究者
のふるまいを記述している。その背景は時とともに変化し，特に学問の電子
化が進んだ今日，両者の距離は縮まりつつあるとも指摘する。こうした対比
はドイツ文学研究をはじめ，外国文学研究の重層的で多様な側面を切り取っ
ており，研究活動を研究する際の参照枠組みとして広く利用できよう。

5．結　　び

　5 名の研究者の論文を通じて見えるのは，電子化の可能性と現段階での限界である。情報通信技術の発展とその活用により，時間や場所を問わず研究に取り組めるようになってきたことは，コロナ禍の研究生活を振り返れば想像に難くない。学術情報のオープンアクセスも推進され，研究対象の利用も容易になってきた。それらを活用するためのツールも充実してきている。

　他方，電子化できないもの，あるいは電子化によってこぼれ落ちてしまうものがあることもまた事実である。彫刻のような物理的形を伴ったモノは完全には電子化できないし，資料の触感も同様である。角筆の例のような資料に残された跡，コンピュータで扱える文字コードに完全に置き換えられない文字なども加えられよう。これらの課題は，研究者自身による解決に委ねられており，電子化のための技術開発もまた重要なトピックである。

　利用コストという経済的障壁にも触れておきたい。オープンアクセスが推進される背景には，研究者と学術情報との間に大きな金銭的な壁（paywall）が存在するためである。研究者の共有財である学術情報をいかに適切に流通させるかも，研究者が注目すべき論点である。

　電子化をはじめ，これからの学術情報環境を整備するには，それを利用する研究者はもちろん，目利き力のある専門職の存在が欠かせない。本稿で概観した研究環境の進展には，図書館員をはじめ，多くの専門職が関わってきた。その専門職であっても，常にアンテナを張り，知識や技術，技能を更新し続けなければ，すぐに時代から取り残されてしまうのが現在の社会情勢である。そのための教育機会の提供は，人文学に限らず，広く学問全般に課せられた課題の 1 つである。

6．お わ り に

　先述したとおり，第Ⅴ部で収録した5名の論文は，座談会で話した内容を
もとに執筆いただいたものである。それぞれの研究者が所属する学問領域の
特性であったり，研究者自身の人となりを反映したりしているものと考え，
あえて書式を統一しなかった。本研究の野心的な取り組みの一環と考えてい
ただけたら幸いである。

注・引用文献

1) Else, Holly. "How a torrent of COVID science changed research publishing－in seven charts." Nature, 2022-12-16, https://www.nature.com/articles/d41586-020-03564-y, (accessed 2022-10-24).
2) Ide, Kazuki, Hitoshi Koshiba, Philip Hawke, and Misao Fujita. "Guidelines Are Urgently Needed for the Use of Preprints as a Source of Information." *Journal of Epidemiology*, 2021, Vol. 31, no. 1, pp. 97-99, https://doi.org/10.2188/jea.JE20200506, (accessed 2022-10-24).
3) 香取啓介.「コロナ医学論文の撤回相次ぐ」『朝日新聞』2022年8月18日朝刊，3面。
4) ヴィッカリー，B. C. 著，村主朋英訳.『歴史のなかの科学コミュニケーション』勁草書房，2002。
5) 青木学聡.「オープンサイエンスと研究データ管理の動向」『情報処理』2021, Vol. 62, no. 5, pp. d1-d11, http://doi.org/10.20729/00210585, (参照 2022-10-24)。
6) "科学技術基本計画".内閣府，2016-01-22, https://www8.cao.go.jp/cstp/kihonkeikaku/5honbun.pdf, (参照 2022-10-24)。
7) 同書．11頁。
8) 同書．32頁。
9) ボーグマン，クリスティン L. 著，佐藤義則，小山憲司訳.『ビッグデータ・リトルデータ・ノーデータ：研究データと知識インフラ』勁草書房，2017，345頁。
10) "科学技術・イノベーション基本計画".内閣府，2021-03-26, https://www8.cao.go.jp/cstp/kihonkeikaku/6honbun.pdf, (参照 2022-10-24)。
11) "公開シンポジウム「総合知創出に向けた人文・社会科学のデジタル研究基盤構

築の現在」". 日本学術会議. 2022-01-22. https://www.scj.go.jp/ja/event/2022/318-s-0122.html, (参照 2022-10-24)。

12) 鈴木哲也, 高瀬桃子著.『学術書を書く』京都大学学術出版会, 2015, 25-26 頁。

13) "学位規則の一部を改正する省令の施行等について（通知)". 文部科学省. 2013-03-11. https://www.mext.go.jp/a_menu/koutou/daigakuin/detail/1331796.htm, (参照 2022-10-24)。

14) 京都大学人文科学研究所・共同研究班「人文学研究資料にとっての Web の可能性を再探する」編, 永崎研宣著.『日本の文化をデジタル世界に伝える』樹村房, 2019, 1 - 3 頁。

15) Given, Lisa M. and Rebekah Willson. "Information Technology and the Humanities Scholar: Documenting Digital Research Practices." *Journal of the Association for Information Science and Technology*. 2018, Vol. 69, no. 6, pp. 807-819.

第8章　楔形文字資料と人文情報学

唐　橋　　　文

　縄田雄二氏が主宰する「グローバル文化史の試み」の学術シンポジウムにおいて，座談会「世界の諸地域，諸時代の文化についての学術情報」が小山憲司氏によって企画された。そこで提示された，いくつかの論点の中から，筆者は，古代メソポタミアの楔形文字文書を資料とする文献学について，研究対象となる原資料，その探索・入手方法，および資料の電子化の状況を概観し，筆者自身の人文情報学の試みについて手短に紹介した。本稿は，その口頭発表の原稿に手を加えたものである。

1．研究対象となる原資料

　楔形文字が記されたもの全てが原資料となる。

　都市国家ウンマの王妃が国家神に奉献した黄金製の「髭」[1] や，都市国家ラガシュの王グデアの石像（図9-1）等，高価な材料を用いて美しく作られたものに刻まれた碑文は，世界各地の博物館や美術館に展示され人目を引くが，圧倒的多数を占めるのは，大小の粘土板に記された文書である[2]。紀元前3200年頃から楔形文字が使用され始めたチグリス・ユーフラテス川沖積平野（現イラク南部）において，粘土は―文字を記す板にするためには，粘土からゴミを取り除いたりする手間はかかるとしても―生活空間において容

易に入手できる材料であった[3)]。もちろん，粘土板文書も博物館の陳列ケースに展示されるが，その大半は保管室（あるいは倉庫）の引き出しの中に眠っている。木材が貴重な古代メソポタミアで，粘土板が焼成されることは稀であった。大多数の粘土板は乾かした状態で文書庫等に一定の期間保存され，不要になったものはリサイクルされるか（水に漬けると粘土の状態に戻る），破棄されて，建築物の土台の隙間を埋める詰め物として用いられた。私たちの

図8-1　都市国家ラガシュのグデア王像
（St. P）（紀元前 2090 年頃）

（出典：メトロポリタン美術館蔵（パブリック・ドメイン）。https://www.metmuseum.org/art/collection/search/329072（2022/2/24 閲覧））

手元に届いた原資料は，発掘の偶然―発掘自体が意図的であろうとなかろうと―によるものであることを忘れてはならない。また，シュメール語の神話や叙事詩，その他の文学ジャンルに属すシュメール語テクストは，原典に忠実な写本ではなく，将来役人になる子供たちが，文字を学ぶ過程で練習用に書いた粘土板が地中に埋もれ，たまたま出土した断片をつなぎ合わせて再構成されたものである。

2．原資料の探索方法と入手方法

　原資料は，主に，欧米や中近東の博物館・美術館・大学が所蔵している。考古学遺物の発掘を推し進めたのは，中近東を植民地にしていた，あるいはその地域と外交関係にあった，欧米列強であった。特に，19世紀半ば，フランスとイギリスが競って，新アッシリア帝国（現イラク北部）の三つの都，ドゥル・シャルキン（現コルサバード），カラフ（現ニムルド），ニネヴェ（現クユンジク）を発掘した[4]。ニネヴェのアッシュルバニパルの図書館[5]の楔形文字文書を含めた膨大な数の発掘品が本国に送られ，大英博物館やルーヴル美術館等で，大コレクションが構築された[6]。同時に，楔形文字文書の研究・解読が進み，古代メソポタミアの楔形文字資料を用いた学問（アッシリア学）が誕生した[7]。また，オットーマン帝国から発掘許可を得たドイツも，断続的ではあるが20世紀初頭から今日に至るまで，メソポタミア南部のウルク（現ワルカ）で発掘を行なっている。現在知られている最古の楔形文字文書は，この遺跡から出土した。それらは，ベルリン国立博物館[8]やハイデルベルグ大学[9]等に収められている。

　日本国内では，平山郁夫シルクロード美術館や，京都大学，古代オリエント博物館，岡山市立オリエント美術館等が，楔形文字文書を所蔵している。ここで特筆すべきは，古代オリエント博物が館蔵する，シュメール初期王朝

時代後期（前24世紀頃）の，シュメール語の粘土板文書である。大ぶりの美しい文字で記されたこの文書は，大きく破損していて，全体の四分の一を残すにすぎない。そのため，全容を明らかにすることはできないが，王の儀礼に言及していることは確かだと思われる。経済行政に関する文書が大半を占めるこの時代において，ユニークな内容を持つ貴重な資料といえる[10]。

　楔形文字の研究者たちは，先に触れたような博物館・美術館や大学などの研究機関に赴き，所蔵されている文書を手に取って，未刊行の文書を解読したり，あるいは既に刊行された文書の読みを確認したりというようなことを行っている。この研究方法は時間的にも経済的にも負荷が大きいが，楔形文字を書写したテクスト・コピーや，テクストの（楔形文字をローマ字表記に置き換えた）翻字と現代語訳・注釈をつけたテクスト・エディション（テクスト・コピーがある場合もない場合もある）を刊行する仕事は，楔形文字の解読が試みられた19世紀半ばから続けられている。これらは，厳密には，「原」資料と呼べないかもしれないが，楔形文字文書の研究は，各自が必要とする資料をこの形で準備することから始まる。

3．電子化の状況

　前述のような研究の仕方は，楔形文字文書研究の伝統，すなわちそのための博物館や図書館を持たない国の研究者たちにとって致命的であった。それが，テクストの電子化によって，日本のような辺境においても，ある程度研究できる環境が整ってきた。

　楔形文字文書研究の中でも，シュメール語テクストの電子化が，他の言語に先駆けて始まった。筆者はシュメール語を中心に研究を行なっているので，その恩恵を享受している一人である。以下に，テクストの電子化プロジェクトを三つ紹介したい。(1)は，カリフォルニア大学ロスアンジェルス校，(2)は

スペイン科学研究高等評議会，(3)はオックスフォード大学が中心になっているが，いずれも世界中の多数の研究者が協力する国際プロジェクトである。(1)には，アッカド語やヒッタイト語のテクストも含まれるが，最も充実しているのはシュメール語である。(2)と(3)はシュメール語テクストのみを扱っている。これらのデータベースは，シュメール語文書の研究—特に計量分析—にとって必要不可欠であるが[11]，(3)はそれ以外の研究者や一般の人々にも，シュメール文学の扉を開いた。

(1)　CDLI: Cuneiform Digital Library Initiative（https://cdli.ucla.edu）

　シュメール語の行政経済文書，王碑文，語彙集など様々なジャンルのテクストを包括し，文書の詳細な情報（そのテクストが最初に刊行された出版物・著者・出版年や，そのテクストの出土地・時代・材質・言語・ジャンルなど），文書の写真やコピー，テクストの翻字がセットになって提示される（翻訳は少数のケースのみ）。筆者がここ数年間研究している紀元前三千年紀のギルス文書およそ1,800点にも容易にアクセスできる。

(2)　BDTNS: Base de Datos de Textos Neosumerios（Database of Neo-Sumerian Texts）（http://bdtns.filol.csic.es）

　ウル第三王朝時代（紀元前2100〜2000年）のシュメール語で記された行政経済文書に特化していて，9万点以上のテクスト（現存する9割）を収蔵する。CDLIよりもすっきりしたフォーマットを用いる等，提示の仕方は異なるが，両者は機能的に類似している。CDLIのP番号が記載されているので，それをクリックするとCDLIのページに飛ぶことができる。

⑶　**ETCSL: Electric Text Corpus of Sumerian Literature**（https://etcsl.orinst.ox.ac.uk）

シュメール語の神話や叙事詩，王や神々を讃える詩歌，創作書簡，弁論，格言など約 400 のテクストを収蔵し，現存するシュメール語文学テクストをほぼ網羅する。テクストの翻字と英語翻訳の他に，テクスト再構成の際に用いられた粘土板の博物館番号と刊行情報，およびその他の参考文献が付けられている。

4. シュメール語コーパス作成の試み（Penn Parsed Corpus of Sumerian）

　シュメール語文法は文法研究者の数だけあると言われるほど，研究者の意見はさまざまな点で異なっている。そのような状況を背景に，シュメール語の統語・意味情報の注釈を付けたコーパスの作成は，コンピューターが自動処理した膨大な数のセンテンスを含むコーパスを用いる計量分析をベースに，シュメール語の基本的な構文の類型化を一つの目標にしていた。このプロジェクトは，2003 年から数年間，ペンシルバニア大学と中央大学の間で進められた[12] が，前者の研究環境があってこその企画であった。ペンシルバニア大学では，コーパス言語学のアンソニー・クロッホ（Anthony Kroch）の主導の下，優れた言語学者とコンピューター・サイエンティストによって，いろいろな言語コーパスが作成されている。彼らの豊かな知識と経験を後ろ盾にしたシュメール語コーパスの作成は，広い意味で，その一環と言える。

　シュメール語テクストの形態構文解析とその図式化（tree「樹形図」にすること）は筆者が担当し，アノテーション・マニュアル "PPCS（Penn Parsed Corpus of Sumerian）: A Brief Introduction to the Syntactic Annotation System of the PPCS" を作成した[13]。その際，2000 年にクロッホとアン・

図 8-2　シュメール語 CorpusSearch の問い（query）の例

図 8-3　シュメール語 CorpusSearch の結果の例

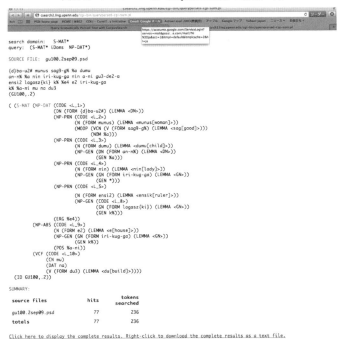

テイラー（Ann Taylor）によって編まれたアノテーション・マニュアル "The Penn-Helsinki Parsed Corpus of Middle English"（PPCME2）を参考にした[14]。シュメール語コーパス・プロジェクトのコンピューター関連はペンシルバニア大学のシュメール語研究者スティーブ・ティニー（Steve Tinney）が担当した。

　2011 年，グデア王の碑文 236 センテンスの樹形図を手作業で作成し，それを試験コーパスとした[15]。それに，すでに他の言語で使われていた CorpusSearch 2 [16] をかけ，言語学的な問い（query）を発して答えを得ることに成功した。例えば，図 9-2 の Query Tree は，「母型文（matrix sentence = S-MAT＊）が間接目的語（NP-DAT＊）を直接に支配する（immediately dominates = iDOM）のはどれか？いくつあるか？」という問いを発している。図 9-3 は，それに該当するセンテンスの一つを表示したものである。サマリー（Summary）には，236 のセンテンスのうち 77 例見つかったという結果が表示されている。最初に提示されるのは 1 例であるが，青字の下線部をクリックすると 77 例全ての詳細を見ることができる。上記の例は，最も基本的ない問いであるが，かなり複雑な問いを作ることも可能である。

　しかし，シュメール語コーパス作りはこの段階で止まっている。コンピューターによる自動的な形態構文解析を可能にしない限り，前進は難しいように思われる[17]。そのためには，言うまでもないが，シュメール語文法の更なる研究が必要である。

注・引用文献

1) 都市国家ウンマの王妃バライルヌンがシャラ神に奉献した黄金製の髭に碑文が刻まれている（ルーヴル美術館蔵）。上辺二点と下辺三点に小さな穴があることから，釘／鋲のようなもので木製の神像に取り付けられていたと推測されている（Frayne, D. R., Presargonic Period（2700-2350 BC）. *Royal Inscriptions of Mesopotamia: Early Periods 1*, Toronto: University of Toronto Press, 2008, p. 371）。（https://

collections.louvre.fr/en/ark:/53355/cl010120701. 2022/2/24 閲覧)。

2) 粘土板文書については，Taylor, J., "Tablets as Artifacts, Scribes as Artisans," in K. Radner and E. Robson, eds., *The Oxford Handbook of Cuneiform Culture.* Oxford: Oxford University Press, 2011, pp. 5-31, 様々な形と大きさの粘土板について は，特に p. 8 figure 1.2A; Finkel, I. and J. Taylor, *Cuneiform.* London: The British Museum Press, 2015 等を参照。

3) van Buylaere, G., Ch. E. Watanabe, and M. Altaweel, 2019. "'Clay Pit, You Are Creator of God and Man!': Textual Evidence for the Sources of Raw Clay Used in Mesopotamia," in I. Nakata et al. eds., *Prince of the Orient: Ancient Near Eastern Studies in Memory of H. I. H. Prince Takahito Mikasa.* Orient. Supplement 1, pp. 175-192.

4) ブリジット・リオン，セシル・ミシェル編『楔形文字をよむ』中田一郎日本語監修，渡井葉子訳，山川出版社，2012 年，14 頁。

5) A. H. レイヤードはこの発掘者として著名であるが，楔形文字解読に関する彼の再評価については，Ermidoro, S., "Not Only Nineveh and Its Remains: A. H. Layard's Contribution to Assyriology," in Walter Sommerfeld, ed., *Dealing with Antiquity: Past, Present and Future*（*RAI Marburug*). AOAT 460. Münster: Ugarit-Verlag, pp. 211-224 を参照。

6) 2018 年 11 月〜2019 年 2 月に大英博物館において，大規模なアッシュルバニパル展が開催され，多数の図版を含むカタログが出版された（Brereton, G. ed., *I am Ashurubanipal. King of the World, King of Assyria.* The British Museum, 2018.)。

7) Daniel, P. R., "The Decipherment of Ancient Near Eastern Scripts," in J. M. Sasson, ed., *Civilizations of the Ancient Near East.* New York: Scribner, 1995, pp. 85-87.

8) ベルリン国立博物館 Staatliche Museen zu Berlin（https://www.smb.museum/en/home/）の Online database をクリックして，Quick search all collections に "uruk tontafel" と入れると，所蔵されたウルク出土の粘土板文書の写真を閲覧できる。

9) https://www.uni-heidelberg.de/hcch/collections/uruk_warka.html（2022/2/24 閲覧)。

10) Karahashi, F., "An Early Dynastic Tablet in Ancient Orient Museum, Tokyo," *Bulletin of the Ancient Orient Museum*『古代オリエント博物館紀要』31（2011），pp. 2-17.

11)　(3)のコーパスを用いてなされた研究の成果が論文集として刊行された：Ebeling, J. and G. Cunningham, eds., *Analysing Literary Sumerian: Corpus-based Approaches.* London: Equinox, 2007.

12)　2009～2011年の3年間は，JSPS科研基盤研究C（課題番号21520450，研究課題名「紀元前三千年紀末から二千年紀初めにおけるシュメール語の関係節の研究」）の助成を受けた。

13)　マニュアルは修正を重ねたが，最初の2004年版はインターネットで参照できる。https://www.yumpu.com/en/document/view/12162126/ppcs-penn-parsed-corpus-of-sumerian-a-brief-introduction-to-the-（2022/2/24閲覧）。

14)　https://listings.lib.msu.edu/public-corpora/cd211/PENN-CORPORA/PPCME2-RELEASE-2/index.htm（2022/2/24閲覧）。Beatrice Santoriniによるアップデイト版（2005年）も参考にした：https://listings.lib.msu.edu/public-corpora/cd211/PENN-CORPORA/annotation/index.htm（2022/2/24閲覧）。

15)　試験コーパスを構成する碑文はGudea1～100（Edzard, D. O., *Gudea and His Dynasty. The Royal Inscriptions of Mesopotamia, Early Periods 3/1.* Toronto: University of Toronto Press, 1997, pp. 107–180）。図9-1に示した碑文（St. P）は含まれていない。

16)　https://projetohistoriasdobrasil.files.wordpress.com/2019/08/corpussearch_guide.pdf（2022/2/24閲覧）。

17)　ニーク・フェルトウィス（Niek Veldhuis）とミッコ・ルーコ（Mikko Luukko）によりヘルシンキ大学で2019年9月に開催されたワークショップ "Using Ancient TreeBanks: Reports and Dreams" において，筆者は，"A Failed Attempt to Make a Parsed Corpus of Sumerian" という題目で，シュメール語コーパス・プロジェクトの経緯，シュメール語テクストの形態構文解析の難しさ，中断している現状などについて発表した。

第9章　中国と琉球の学術研究の舞台裏

水　上　雅　晴

1．はじめに

　2021年12月19日（日），「世界の諸地域，諸時代の文化についての学術情報」と題する座談会の話者として招かれ，研究活動における学術情報のインプットとアウトプットについて報告する機会を与えていただいた。発表時間が限られていることに加え，アウトプットに関しては，文章を書いて国内外の研究書と学術雑誌に発表する以上に説明することがあまりないので，インプットに関連する事柄を中心に話をした。地域研究という角度から見ると，これまで研究してきた地域は中国と日本，そして琉球になる。日本に関わる学術研究については大家による論考が収録されているので，本稿では主として中国の古典学（第2節から第4節）と琉球漢学（第5節から第7節）に関わる学術情報の入手と利用の方法について説明することにする。

2．書籍と論文の入手

⑴　書籍の購入

　人文科学方面の学術研究の多くは学術書や論文を読むことから始まり，中国の古典学に関わる研究を進めるには手元に大量の文献がなくては話になら

ない。大学の個人研究室の書架に並んでいる書物の大半は個人蔵書に属し，書架の一隅を占めている『史記』は，中国書の中で最初に買った本の1つだと記憶している。奥付に相当する部分（日本の書物の奥付に相当する記述は，中国書では扉の裏に記されることが多い）を見ると，中華書局から1982年に刊行されている。本文3,322頁で10冊からなる本書の定価を確認してみたが，何とたったの10.10元である。現在の中国書は薄い本1冊が50元しても不思議でなくなっている。40年前は，1万円札を持って中国書専門店に行っては，購入した書物が入ったビニール袋の重みを感じながら帰り道を急いだものだが，現在なら書物の重みで手が痛くなる心配をすることはない。今の中国書の国内販売価格は，洋書の水準に近づいたようであり，かの国のこの30年間における経済発展ぶりとわが国の停滞ぶりを実感させられる。

　筆者は生まれも育ちも北海道小樽市であり，学生時代，近くにあって直接中国書を手に取って購入できるのは北海道中華書店（現在札幌市豊平区で営業中の店舗は移転後のもの）しかなかった。中国や台湾において出版される書物がすべてその店頭に並ぶわけはなく，研究書を入手するには，本州にある中国書専門店から送られてくるカタログを見て注文することが多かった。カタログ注文の場合，書名や著者名から内容を推測し注文するので，届いた書物の内容が想定と異なることもあったが，当初は，書架を占める中国書が増えていくことに単純に喜びを感じていた。

　東京に居を移した現在，都内に中国書専門店は何件もあり，行こうと思えば容易に行けるのだが，店頭に足を運ぶことは少ない。それは1つには，研究上必要な書物は大概個人研究室内にあるからである（そのように感じるのは，研究室の蔵書で足りる程度の研究しかしていないことを意味し，喜ぶべきことではない）。第4節で説くように，中国の古典学に関わる研究は典拠調べに多くの時間が取られるものだが，読んでいる文献の出典調査が必要になるたびに図書館に通っていると，研究時間がいくらあっても足りない。個人研究室で典

拠調べを済ませられるようにしようと思うと，室内は売れない古本屋よろし
く書物で溢れかえる結果となる。その結果，目的の書物を探し当てるために
数日を要することもあれば，どこかにある書物だとわかっていながら，途中
で探すのを諦めて注文することもある。もっとも，注文した途端に探してい
た書物が見つかることが多いのは不思議であるが。

　研究に用いる書物を購入するという点で，現在の若者は数十年前の若者に
比べると相当のハンデを負っているように見える。かつては中国学の研究を
志して大学院に進むと，在学中に自然といっぱしの蔵書家になっていたもの
だが，中国書の値段が高くなった現在はなかなかそうはならない。国内のど
この大学を見ても，中国の古典学を研究する日本人大学院生がほとんどいな
いことに関してはいくつかの理由が考えられるが，研究に必要な基本典籍を
揃えること自体が容易でなくなっていることは根本的な理由の1つに数えら
れよう。

⑵　ネット購入と電子書籍化，そして古書購入の留意点

　東京に居ながら実売書店に足を運ぶことが少なくなっていることに関して
は，他に2つの理由が挙げられる。1つめは，現在では研究に用いる書籍
をネット注文することができるようになっていることである。ネット注文は，
実物を手に取ることなく注文するという意味ではカタログ注文と異なること
はないが，書物の表紙画像や目次，詳細な紹介文，場合によっては本文の一
部まで画面上で確認した上で購入することが可能であり，購入者にとって多
くの利点がある。2つめは，書籍の電子情報化は国内外で進んでいるが，
中国書も電子書籍化が進んでいることである。中国のサイト「中華経典古籍
庫」は瞠目すべきサービスを提供している。このサイトで提供されているの
は，中国古典文献の標準的な点校本（古典籍を活字化し，句読・標点・校勘を施
した本）の全文データベースであり，有償であるこのデータベースを利用す

ると，電子化された中国古典文献のテキストを検索・コピーできるだけでなく，底本にした点校本の画像との対象も可能であり，研究論文にそのまま利用できるデータが容易に入手できるのである[1]。

　専門書の入手方法が変わってしまった現在，実売書店で中国書を購入することが多いのは，学会参加などのために中国に出張した際である。中国の書店は品揃えが違うし，値段も当然現地価格なので，段ボール1箱や2箱ほど購入してしまう。ただし書籍の値段は安くとも運賃がかなりかかるので，大量に購入の際はそのことを忘れてはならない。ついでながら，中国で古書を購入する際には刊行年にも注意を払う必要がある。というのは，「中華人民共和国文物保護法」・「中華人民共和国文物保護法実施条例」にもとづく「文物出境審核標準（文化財の海外持ち出し審査基準)」が2007年6月5日から施行されており，1911年以前に生産・制作された文化財は一律に国外持ち出し禁止になっていて，書物もその中に含まれているからである。要するに清代以前に書かれた書物は，すべて国外持ち出しが禁じられているわけであり，古書を購入して持ち帰ろうとして法律に抵触することがあり得ることは，常に念頭に置いておかなくてはならない。

⑶　海外の論文の入手

　学術論文を書く際には，扱うテーマに関する研究史の整理が必要であり，そのためには学術雑誌に収録されている関連テーマの論文を入手しなくてはならない。雑誌記事の調査について振り返ると，研究生活を開始した頃，中国で刊行されている雑誌の数は少なく，京都大学人文科学研究所が毎年発行していた冊子体の『東洋学文献類目』をめくって関連しそうな論文を探す程度の調査で済んでいた。『類目』に収載されている雑誌が学内に収蔵されていればそこから複写し，収蔵されていなければILL（図書館間相互貸借システム）を用いて外部機関に複写依頼を出していた。やがて『類目』の内容がデー

タベース化され，オンラインで検索できるようにはなったが，検索項目が少なくて必要な論文を見落とす可能性があるので，結局，各年度の『類目』をめくる，という原始的だが確実な検索方法を用いていた。

　現在は論文検索に要する労力は大幅に軽減されている。中国の学術雑誌に掲載されている論文について言うと，北京の清華大学が中心となって構築した CNKI（China National Knowledge Infrastructure）と題するデータベースに基本的に著録されており，契約形態による制限はあるものの，学術雑誌掲載論文，重要な新聞の記事，学位論文，学術会議論文について，タイトル，著者，テーマ，要旨，キーワード，全文などの項目を選んでの検索・ダウンロードが可能になっている。学者や著作の名前をキーワードにしてそれらをタイトルに含む論文を検索すると，2 桁や 3 桁の篇数の論文が見つかることも稀でない。『東洋学文献類目』を数十冊めくってもせいぜい 10 篇の論文しか見つからなかったような，かつてののんびりした状況と比べると情報過多に悩まされるようになっているが，中国では引用・参照回数やインパクトファクターなどの指標にもとづく学術雑誌のランク付けが進んでいて，権威ある学術雑誌は「核心期刊」に認定されている[2]。しかるべきふるい分けがなされている「核心期刊」に認定されている学術雑誌に収録されている論文を重点的に調べると，研究史の整理を比較的効率よくおこなうことができる。

　この CNKI は，国内の多くの研究機関が機関契約しているので，多くの研究者は無料で使うことができる。しかし筆者の前任校である地方の国立大学は学内予算が乏しく，機関契約していなかったので CNKI で検索した論文を読むことが容易でなく，その前の初任校の研究環境が恵まれていたことを痛感した。このように論文検索のデータベースの導入 1 つ取っても研究環境は所属機関によって異なり，研究者の学術成果の質と量の水準は，研究環境に左右される部分が少なくない。ここまで中国で発表された論文の検索に関する話をしてきたが，台湾の代表的な論文検索用のデータベースとして，

台湾国家図書館が提供する「台湾期刊論文索引系統」を挙げておく。

3．多様なかたちの漢字，同じでない漢字

⑴　漢字の字形を調べる

　中国学の研究者は，当然のことながら漢字で書かれた文献を日常的に読んでおり，研究の必要上，古い漢字や通常とは異なる字形の文字が含まれている史資料を参照することも多い。古い漢字の字形を調べる字書として，甲骨文字なら孫海波編『甲骨文編』，金文なら容庚編『金文編』が基本的な字書であり，古文字の字形とその変遷状況を総合的に調べる字書として，高明編『古文字類篇』や徐中舒主編『漢語古文字字形表』がある。異体字などを調べるには，唐・顔元孫『干禄字書』や遼・行均『龍龕手鑑』や台湾中央研究院歴史語言研究所編『宋元以来俗字譜』などがある。少し前までは，古文字や異体字の字形を調べるために，これらの冊子体の字書やそれらにおける字形の取材元である古文字資料集を参照していたが，現在では便利なデータベースがいくつか公開されている。

　古文字をオンラインで調べるには中国の個人サイト「国学大師」が便利であり，「甲骨文」や「金文」のタグを選択し，古い字形を調べたい文字を入力すると，『甲骨文合集』や『殷周金文集成』などの古文字資料集成に収載されている当該文字を含む文章の拓本画像と釈文（画像の字形を通用の字形に直したもの）が表示される。便利ではあるが著作権上，問題のある情報が含まれているようなので，利用に当たってはこの点に注意したい。台湾の中央研究院が運営しているサイト「漢字古今字資料庫」には「甲骨文」・「金文」・「戦国文字」・「小篆」のタグがあり，時代が下った戦国文字と篆書の字形まで調べることができる。このサイトで表示されるのは，検索した文字の各種字形とその字形が見える資料と掲載箇所であり，古文字資料の拓本画像は表

示されない。『甲骨文編』や『金文編』など冊子体の古文字字書の中では，採録されている漢字が現存する中国最古の字書である『説文解字』の部首順に並んでおり，その部首配列は一般的な漢字辞書と異なっていて検索に手間取ることがあるが，上記のサイトなら調べたい文字を入力するだけで，個々の古文字の様々な字形とそれらが収載されている文献や掲載箇所をすぐに把握できるので，古文字の字形調査を効率的におこなうことができる。異体字をオンライン検索するには，台湾の教育部発行の『異体字字典』（現在提供されているのは第 6 版）が便利である。

　ここまで原稿を書いてきて，何の気なしに「国学大師」を検索語句にして検索したら，新浪公司が運営するミニブログサイト「新浪微博」に上がっていた「国学大師」運営者の声明（2022 年 2 月 25 日記）が見つかった。それを読むと，「国学大師」はこの 1 年間，散々な目に遭った。サイト上の歴史欄に上がっていた一部の文章に不適切な内容と人名が見つかったので，危うく巨額の罰金を支払わされそうになった。そこで 3 月 1 日以後は，会員制か招待制にすると決めたので，サイトの維持のために少額の費用を負担して欲しいという趣旨のことが記されていた。その声明を読んだユーザーが「学生なので，あまり高くしないでください」とか，や「海外でも（自分の学校のように）中国文学を研究する多くの学者が使っています。会費を徴収するのであれば，外貨の支払い手段を考慮してください。そうでなければ，教師たちが大変困ってしまいます」とか，多くの声を寄せていることも確認された（https://weibo.com/5578017814/Lh9s42vpB。2022 年 3 月 1 日閲覧）。このようにウェブ上の情報サイトは，検索に役立つことが多いが，サイトとそこで提供される情報の信頼性や安定性の点で問題があることもある。この点については，第 4 節(3)において取り上げる。

(2) 漢字の字形の地域差

　漢字には様々な種類と形があり，漢字の形を表現する語として「字形」や「字体」があるが，この２つは明確に区別されることなく使い続けられている。かりに原田種成の区別に従うと，字体は「篆書・隷書・草書・楷書・行書・簡体字・新字体や正字・俗字など」，字形は「字の太い・細い，大きい・小さいや点画の方向・長短・曲直・つけはなし・はめとめ」を意味する[3]。字体は共通の特徴，主として時代的特徴を持つ文字セットにおける漢字の形であり，字形は個々の漢字が持つ形であると考えてもよいだろう。

　研究資料として読み書きすることが多いのは，やはり活字化された文章であるが，研究者として中国語の文章を読み書きするには，字体の中，簡体字と繁体字を理解してそれを使い分けられなくてはならない。たとえば常用漢字の「権」は，簡体字なら「权」，繁体字なら「權」と表記されるが，中国の口語文と文言文の両方を日常的に読む人を除くと，この３つの字体を苦もなく使いわけられる人は少数派に属するに違いない。言うまでもなく，簡体字は中国，繁体字は台湾と香港・マカオ，常用漢字は日本における標準字体である。日本人研究者の多くはこの３種の字体を使いこなしているが，それができるようになるまでには相応の学習が必要となる。

　漢字文化圏の中では同じ漢字が使われている，という言い方がされることがある。「漢字である」という点では同じだが，文字の形を比べるとすべてが同じであるとは言えない。それは今し方示したように，一つの漢字について３種の字体があることがあるからであり，字体の違いは電子テキストに使われる漢字にも現れる。世界中の文字を統一して扱えるようにしたUnicodeの中では，１つ１つの漢字に対してもコードが割り当てられているが，祖形は同一でありながら，現在，それぞれの地域において正字とされている形が異なる文字に対しては，別のコードが与えられていることがある。「権」とは別の例を挙げると，日本の常用漢字の「説」(U+8AAC)は，簡体字では「说」

(U+8BF4)，繁体字では「說」(U+8AAA) に作り，3者にはそれぞれ別個のコードが割り当てられている。常用漢字の「説」と繁体字の「說」とでは，旁の最上部の向きが異なるだけだが，この2つは別の字形として扱われるのである。

　ところで中国語の文章をキーボードで入力する際に，Unicode のコードを使って文字入力することは稀であり，通常は中国語 IME（Input Method Editor）でピンインなどを用いて文字入力をおこなう。一般的な中国語 IME では簡体字と繁体字を切り換えて指定することが可能であり，指定した後は，それに対応した字形が画面上に表示されるので，中国語の文章入力の際に，「この字形は簡体字だから繁体字に直さなくてはならない」といちいち判断して入力し直すことが必要となることは，実際にはほとんどない。

　入力文字の字形に注意を払う必要があるのは，国外のサイト上の情報を自作の文章に取りこむ時である。たとえば簡体字で入力されているテキストを日本語で作成中の文書にコピペすると，「説」と「说」が混在する類の文書中における字形の不統一が発生するし，出典を示すことなくこの種の字形の不統一を放置した文章を発表すると剽窃と認定されるだろう。別に注意を要するのは，データベースを使う時である。たとえば使用するデータベースが中国大陸で作られたものであれば，検索画面で日本の常用漢字体である「説」を入力すると，「说」や「說」を入力すれば数十件あるはずの検索結果が0件になってしまうことが起こり得る。データベースによっては，Unicode における字形の違いに配慮したシステムが構築されているが，そうでない場合は，異なる字体を理解し，それを入力できる環境とスキルを備えていなくては，データベースを有効に活用することができない。

(3)　中国語で文章を書くときの注意点

　同じような漢字を使っていても違いがあることは，中国語で文章を書いている時にも実感させられる。漢字文化圏においては，少し前まではいずれの

地域においても文章は基本的に縦書きで書かれていたが，現在では日本を除き，横書きが基本になっており，日本でも活字化された文章が横書きで刊行されることが増えている。海外で研究発表をする時は，当然，横書きの文章を書いて提出することになるが，書字方向の制約に困ることがある。白文の文章を引く場合には，底本が縦書きであってもそれを横書きに直して引用すれば特段の問題は生じないが，訓点，特に返り点がついている文章を横書きにして引用すると，読者がその引用文から原典中の文字・記号の配列を頭の中で再現することは容易でない[4]。そのため，中国語の文章の中で訓点付きの縦書き文章を引用する際には，原典の写真画像を併せて提示するようにしている。

　細かなことだが，句読点や括弧の使い方も地域によって異なり，中国語の文章を書く際にはその点に対する配慮も必要になる。たとえば日本語の縦書き文章で使われる句読点は「、」（読点），「。」（句点），「・」（中黒）だが，中国語の文章ではそれぞれに対応するものとして，簡体字・繁体字とも「，」（逗号），「。」（句号），「、」（頓号）を用いる。さらに繁体字の場合，句読点が文字の下側のベースライン上でなく，中央に相当する位置に配置されることにも気をつけなくてはならない。日本語で文章を書く場合，書名には『 』（二重鉤括弧），篇名などの文章名には「 」（鉤括弧）を用いることが多いが，簡体字では書名も文章名も区別なく一律に《 》（双書名号）を用い，繁体字では書名には《 》，文章名には〈 〉（単書名号）をそれぞれ用いる。

　引用符号について言うと，日本語では通常の引用には鉤括弧を用い，引用文の中でさらに引用がなされる場合は二重鉤括弧を用いるのに対して，簡体字ではそれぞれに対応するものとして“ ”（双引号）と‘ ’（単引号）を用い，繁体字では日本語と同様（「 」：単引号，『 』：双引号）の引用符号を用いる。日本語の文章の中で古典籍の文章が引用される時，「！」（感嘆符）や「？」（疑問符）が付されることはないが，中国語の文章の中で古典文献の文章が引用

される際には，この2つの符号が施されることが多い。

4．典拠調べの重要性

⑴　膨大な書物を生み出し引用し続けた伝統的知識人

　中国では，漢字を使った書写活動が3000年以上続いている。漢字の「筆」と「冊」は，殷代から使われており，「筆」の祖形「聿」（𦘒）は筆記用具である筆を手に取った様子，「冊」（𠕋）は書写材料である竹簡（竹の札）の類を紐で結わえた様子を示す象形文字である。殷代の出土物の一部からは筆を使った痕跡が確認されており，当時から獣の骨や亀の甲羅に文字を刻む以外の書写活動がおこなわれていたことは間違いない[5]。文字使用の歴史が長ければ，それだけ多くの文献が生み出されるのが道理であり，劉向・劉歆の父子が作成した漢王朝の宮中蔵書の目録（『別録』・『七略』）にもとづいて編集された『漢書』芸文志には，13,269巻にのぼる書物が著録されている[6]。同時代の地球上においてこれに匹敵する規模を持った図書館は，紀元前3世紀に創建されたと考えられ，「人類の英知の集積」とも称されるアレクサンドリア図書館があるのみであり，もしもアレクサンドリア図書館の蔵書目録が残っていたら……と考えると，西洋学術の研究者も『漢書』芸文志が持つ学術的価値を感じることができるであろう。

　『漢書』芸文志には，現在も読まれている儒家の経典や諸子百家の書物の多くが並んでおり，これらの一部が経典・古典（classics）や正典（canon）のような権威ある書物とみなされるようになると，その文句がしばしば引用されるようになる。たとえば外交の場面で『詩経』の一節を引いて自分の意図を婉曲的に相手に伝える「賦詩言詩」は春秋時代に広くおこなわれていた[7]。古典籍の引用は，言説の場だけでなく，著述の中でもおこなわれており，先秦時代の書物をひもとくと，「『詩』に曰く」とか「『書』に曰く」などと始

まる引用文がすぐに見つかるであろう。引用に関しても長い歴史をもつ中国の伝統的な知識人が書く文章には，断章取義である場合も含め引用文がいくつも見られるのが常である[8]。

胡適（1891-1962）は，アメリカ留学中の 1917 年 1 月，『新青年』誌上に「文学改良芻議」を発表し，その中で，書面語である文言が古人を模倣し，対句や典故，常套語を濫用する形式主義に堕した結果，「死んだ文字」になっていると指弾し，新しい時代にふさわしい口語にもとづく文学を創造すべきであると主張した。新しい文学による一般大衆の啓蒙と国民意識の改良を目指した「文学革命」の口火を切ったとされる同論文において，胡適は 8 箇条からなる主張を提出している[9]。その主張の 1 つに「不用典」（典故を用いないこと）が含まれているが，「文学改良芻議」の最初の方に見える「言之無文，行之不遠」（文彩が欠けている言葉を口にしても，遠くまで伝わることはない）は『春秋左氏伝』襄公 25 年に見える言葉でありながら，何にもとづくかが示されていない[10]。この例に限らず，「不用典」を主張した胡適が書く文章の中には，文献名や文章名が示されずに古典の文章が引かれることが珍しくない。彼のような伝統的な知識人は，よほど意識的にそれを避けないと，古典の語や文が自然に口をついたり筆に流露したりしたのであろう。

(2) 典拠調べの方法

中国の伝統的な知識人が書いた文章には古典籍からの引用文が含まれているものであるから，それを読む時には典拠調べという地味な作業が必要である。まず典拠のある言葉が引用原典においてどのような意味で使われているかを押さえないと，文意を正確に理解することができない。次に典拠調べをおろそかにすると，文章を読んでいる時，どこからどこまでが著者が書いた範囲で，どこからどこまでが引用された範囲かを取り違えてしまいかねない。さらには著者の引用が原文に忠実でないことも珍しくないが，典拠調べをし

ないと，不正確な引用が著者の不注意に起因するのか，それとも何らかの意
図にもとづく改変なのか，あるいは筆写文献中の引用であれば，鈔写者によ
る誤記・追記であるのかも判断することができない。

　「昔の学者には，『資治通鑑』を 3 日で覚える人がいた」と斯学の大家が語
るのを耳にしたことがあるが，294 巻からなる編年体の史書を数日で暗記で
きるような人には，そうそうお目にかかれるものではない。伝説級の記憶力
を持たない一般の研究者が古典の文句へのリンクが張り巡らされた文章を読
むために，少し前までは「索引」を使って典拠を調べることが多かった。た
とえば「論語曰」に続く句の出典を調べるには『論語索引』を使う。『論語
索引』は『論語』中のすべての語について，出現箇所と前後の語を含む句を
逐一提示しているので，「曰」に続く語のどれかを選び，その語を含む句を
索引で調べていくと，大抵の場合は目的の句が何篇の第何章に見えるかを把
握することができる。「索引」は「引得（yǐndé）」とも称されることもあるが，
「引得」は英語の index の音訳と意訳を兼ね備えた巧みな訳語である。

　索引は書物ごとに作成され，「韓非子曰」とあれば『韓非子索引』，「史記云」
とあれば『史記索引』を引いて典拠調べをする。索引があれば典拠調べの作
業が常にスムーズに行くかというと，そうとは限らず，たとえば「曰」や「云」
の前にある語が書名ではなく，篇名である場合には，その篇名がどの書物の
ものであるかを突き止める，という予備的作業が必要になる。引用が不正確
な場合は，引用文に含まれるいくつかの語で検索することが必要になること
もある。典拠となっている書物の索引が作られていない場合は大変であり，
引用原典の文字を頭からひたすら調べていく，という集中力の持続を要する
長時間の単純作業が必要になることもある。

　典拠調べで難しいのは，典拠がありながら，そのことが示されぬまま引か
れている文句の出典を調べる場合である。“ ”や「 」などの引号が使われ
ている文なら，少なくとも典拠があること自体はわかるからまだよい。白文

の中で典拠表示がなされぬまま古典籍の文句が引用されることがある。白文
の文章が活字化されていても，引号が使われていないこともあるし，活字化
する際に句読点を切った点校者が典拠のあることを見逃していることもある。
このような場合には，典拠があるという事実に読者自身が気づかなくてはな
らない。そのために必要なのは，「原文の文脈から判断すると，この句には
典拠がある」と察知する感覚である。この感覚を磨くには，古典籍の精読と
多読を積み重ねるしかない。

(3)　検索用データベースの発展と留意点

　電子機器やインターネットの発展は，索引や原著のページをめくる単純作
業を繰り返す煩わしさを大いに軽減した。現在では，実に多くの古典籍の文
字が電子テキスト化されており，それをもとに作成されたデータベースなど
を利用することで，典拠の文句を検索するのに苦しむことは少なくなった。
紙媒体の「索引」と異なり，データベースは，複数の文献のデータセットを
組み合わせて総合的に検索することも可能であり，目的の字句の異文まで見
つかることもある。文淵閣『四庫全書』の全文検索版が1999年に発売され
た時，中国学に携わる研究者を驚かせたが，中国ではその後も古典籍に限ら
ない各種の文献や雑誌のテキスト，あるいは金石や竹簡・木簡などの画像を
収録したデータベースが陸続と作成されており，この種の事業の規模の大き
さと進展のスピードに対して，日本との格差を感じずにはいられない。

　検索用データベースを使う際には，それを構成する電子テキストの文字に
信頼性の点で問題がある場合があることに留意しなくてはならない[11]。漢
字文献の電子テキスト化は，OCR（光学文字認識）の発達によって飛躍的に
進展した。OCRは，印刷・手写された文字を自動で文字コード上の文字に
置き換えて電子テキスト化するソフトウェアである。OCRが実用化される
ことで，文献や資料上の文字を手で入力していた作業が機械化されるように

なり，実際に使ってみると，活字化された文字など規範性が高い文字の認識
についてはその精度の高さに驚かされる。しかし漢字文献で使われる文字の
種類は優に 5 万を超え，1 つ 1 つの漢字が備えている字体と字形が異なるこ
とに加え，書写された文字には個性が現れる。現行の OCR では，様々な種
類と形体を持つ漢字のテキストのすべてを完璧に処理することは無理であり，
文字認識（→入力）のミスが出来することは避けられない。すると実用に耐
えるデータベースを構築するには，底本の文字と OCR を使って入力した文
字とを照合して校訂する作業を入念におこなう必要があるが，とりわけ非商
用のデータベースではこの作業が不十分なまま「アルファ版」や「ベータ版」
の状態で公開されていることが少なくない。そのような状態のデータベース
に依拠した研究成果は，信頼性に疑問符が付いてしまう。

　紙媒体に印刷・書写されている情報と比べるとネット上の情報は不安定で
あり，サイトで提供されている情報が改変されることもあれば，そのサイト
自体が突然閉鎖することもある。情報サイトにアクセスしようとした時，「メ
インテナンス中」の表示を目にし，臍を噛んだ経験は誰しもあるだろう。オ
ンライン検索は確かに便利だが，一時的もしくは永久に使用できなくなるリ
スクを常にはらんでいる。そのような時に困らないように，やはり研究に使
う文献や工具書（レファレンスブック）はできるだけ手元に置いておきたい。

5．琉球漢籍の書き入れ

　琉球における「三山」（中山，山北，山南）の一たる中山の支配者であった
尚巴志王（在位：1422-39）は，1416 年に山北，1429 年に山南をそれぞれ倒
して全土を統一し，琉球王国を打ち立てた。それをさかのぼる 1372 年，中
山王察度（在位：1350-95）は明の招撫使の楊載から入貢を促され，12 月に使
節を派遣した。これ以後，琉球（王国）からは朝貢のための渡唐役人や学問

を学ぶための留学生（官費留学生：官生，私費留学生：勤学），中国からは新国王を冊封するための冊封使が派遣される交流が500年間続いた。かかる状況を踏まえると，琉球王国では絶えず漢学が重視されていたかに見えるが，実際はそうでない。

　琉球王国において「中国化」と称されるような状況が生まれるのは18世紀に入ってからのことであり，それにともなって漢籍の享受者層が広がった。和文で記されていた王家の系譜『中山世鑑』が久米村の蔡鐸（1644-1724。蔡温の父）によって漢訳補訂され，『中山世譜』と改題されて1701年に刊行されたこと，および王国の正史たる『球陽』が漢文で書かれ，1745年に第1次の完成を見たことは，「中国化」の表象と見ることができる[12]。「中国化」は，中国の科挙を模倣した人材登用試験である科（科試とも称す）が導入されたことで顕著になった。王府内の中下級士族が試験によって役人になる道が開かれたからである。科は蔡宏謨（1700-1766）の提言を受けて実施されたから，18世紀後半中に開始されたことは間違いない。科導入後に公教育も始まり，そのカリキュラム内容を見ると科の試験対策の性格が強いから，教育制度の整備も漢学普及を推進した。

　以上の事情を踏まえると，琉球王国において漢籍が多くの士族によって学ばれるようになったのは18世紀に入ってからのことだと推察されるが，その実態解明は容易でない。沖縄県立図書館には，初代館長にして「沖縄学の父」と称される伊波普猷（1876-1947）らの尽力により，沖縄関係の史資料が大量に収蔵されていたが，沖縄戦でそれらがすべて灰燼に帰してしまったからである。このように史料の制約があるため，琉球王国時代のことについて調査しようと思っても，一次資料の不足を痛感することが多い。かくして現存する史料を活用して，そこからできるだけ多くの情報をくみ取ることが重要になる。その意味で注目に値するのは，琉球王国時代に流通していた漢籍に書き入れられた文字である。

　漢籍への書き入れは，句読を切るため，漢字の読みを定めるため，語釈を加えるため，文意をはっきりさせるため，気づいたことをメモするため……など様々な目的をもってなされる。琉球王国時代に流通していた漢籍を「琉球漢籍」と称することにすると，現在残っている琉球漢籍は，2005年に編纂された高津孝・榮野川敦『増補琉球関係漢籍目録』[13]に大半が著録されている。同目録に注記されている通り，琉球漢籍の一部には書き入れが認められ，それらの書き入れは，読み仮名，送り仮名や返り点などの訓点が多くを占めるが，他の情報を記すものもある。これらの書き入れを調べることで，個々の漢籍が学ばれた状況を如実に把握することが可能となる。

　書き入れが認められることが一番多い琉球漢籍は儒家の経典につらなる書籍であり，書き入れは，科の受験勉強の痕跡を示すものが多い。たとえば各地の琉球士族が収蔵していた清・范翔『四書体注』の欄上には「道光四年（1824年）科」とか「道光乙巳（1845年）科」など，科の実施時期を示す注記が認められる。そして注記がある箇所の下の漢文には，大抵訓点が施されている。『四書体注』は科の出題対象になっていた典籍の1つであり，本書に訓点が書き入れられていることは，白文に訓点を施すという科の試験内容に対応している。すると琉球士族旧蔵の『四書体注』の諸本に看取される書き入れは，彼らが受験準備のために「過去問」を解いていた事実と，その状況を理解するための手掛かりとなる[14]。

　漢詩集にも書き入れが多く認められ，たとえば清・王堯衢撰『古唐詩合解』（楚南家文書[15]）を見ると，詩句とその注釈には朱墨の訓点が施され，佳句には朱筆による圏点が加えられている。同書巻7所収王勃「送杜少府之任蜀州」詩を見ると，詩中の「五津」に対して，欄上において「白華，万里，江省，渉海，江南，是也」と長江上流域にある五つの主要な渡し場であることを示す語釈が施されている（第1丁裏）。同詩の「与君離別意，同是宦遊人（君と離別の意，同に是れ宦遊の人）」句については，欄上において「近日離，遠日別。

宦遊是因仕而遊也。言与君此番離別，意実凄然」（距離が近い別れを「離」と称し，距離が遠い別れを「別」と称する。「宦遊」は，仕官しているため任地に出向くことである。ここの句は，あなたとの今回離ればなれになることによって，気持ちが寒々として実に悲しみに堪えない，ということを意味している）と講釈がなされている（第2丁表）。

　以上のように，書き入れに着目することにより，琉球王国の士族が儒家の経典や漢詩をどのように学習したかを具体的に知ることができるから，書き入れのある琉球漢籍は当時の学問や文学の状況を研究するための一次資料と見なすことができる。多くの書き入れが確認できるのは，よく学習されていた書物であることの何よりの証拠であり，科の試験に使われる儒家の経典，そして科の受験[16)]や中国の文人との応酬に必要となる素養を養うために読む漢詩の選集に多くの書き入れが認められる，という事実から，琉球漢学には実用的な性格が強いことも読み取ることができる。

6．角筆の書き入れと紙資料の修理の問題

　琉球漢籍の書き入れには，筆写文字のみならず角筆文字も使われている。「角筆」は，「箸一本の形で，象牙や堅い木や竹で作り，一端を筆先の形に削り，そのとがらせた先端を和紙などの面に押し当てて凹ませて迹を付け[17)]」る道具である。紙面を汚すことなく文字を記すことができるという効用があり，角筆文字はわが国上代の木簡のみならず，中国漢代の木簡にもその痕跡が確認できる[18)]。琉球王国でも角筆が用いられたことは，八重山博物館所蔵漢籍を調査した小林芳規によって指摘されているが，同氏の調査が及んでいない石垣市役所において豊川家から寄託されている漢籍を調べたところ，角筆が見つかった。豊川家は石垣島で代々役人をつとめた家である。

　林羅山諺解・鵜飼石斎大成『古文真宝諺解大成』は，宋の黄堅が編輯した

詩文のアンソロジーである『古文真宝』を林羅山が仮名交じり文で解説し，鵜飼石斎が衆説を引いて補足した和刻本である。和訓と講釈が付され，日本で刊行された本書は「準漢籍」（日本人による漢籍の注釈書や編纂物）に分類されるが，琉球漢籍には準漢籍も一部含まれている。豊川家旧蔵『古文真宝諺解大成』にも書き入れが認められ，巻8に収録されている王羲之「蘭亭序」の「足以極視聴之娯」句を見ると，「視聴」の右側に角筆による「志チン」の書き入れが確認される[19]。「志」は「視」の読音が「シ」であることを示す変体仮名であり，「チン」は「聴」の中国語音をカタカナ表記したものであろう。「志チン」は，「視聴」の現代中国語のピンイン「shìtīng」に相当する読音を音写した書き入れだと推測される。漢籍の中に，漢字を同時代の中国語音によって読んだ書き入れが確認されるのは，中国との人的交流が途絶えることがなかった琉球王国だからこそ看取される現象と言える。

　角筆が確認できる琉球漢籍の数は限られているが，それは現存する史料の数が少ないことに加えて，もう1つ理由があるのではないかと考えられる。高温多湿の沖縄は漉いた紙に印刷されている文献の保存に適しておらず，県内各地の収蔵機関に出向いて調査した文献は，大半が虫損によるダメージを受けていた。二つ折りした紙を重ねて糸で綴じた線装本の補修は，手繕い・裏打ち・リーフキャスティングなどの手法によってなされる。手繕いは，損傷部分のみを和紙で部分的に繕う方法であり，損傷の度合いが軽微な資料の小規模な補修に向いている。裏打ちは，損傷を受けた資料の裏面に薄和紙を貼る方法であり，補修方法としては最も基本的なものであるが，デメリットとして，紙背に文字が書いてある場合，その文字を読むことが難しくなること，そして紙を貼るため資料が嵩張ることが挙げられる。

　リーフキャスティングは漉嵌法（すきはめ）ともいい，損傷部分に紙繊維を埋め込んだ後，プレスしながら乾燥させ，繊維同士を水素結合のみで接着させて虫食い穴を塞ぐ修理方法である[20]。この補修方法は裏に紙を貼ることがないので

紙背の文字を読むのに支障を来さず，虫食いの穴が空いた部分に紙繊維を埋め込むので料紙の厚さが増すこともないから，良いことづくしであるかに見え，実際，リーフキャスティングによって補修された琉球漢籍は多い。しかしこの方法は角筆保護の面で問題がある。紙繊維を埋め込む段階で補修対象の史料の料紙を１枚ずつ水槽に漬けるが，その時に料紙が水分を吸って膨らんで角筆の傷が消えたり目立たなくなったりするからである。料紙が水分を吸うという点では，糊で紙を貼って補強する裏打ちも同様であり，これらの補修がおこなわれることによって，かえって史料が持っている学術情報を喪失してしまう，という皮肉な結果を招く可能性があるのである[21]。文献に虫損があっても，学術情報保護のためにはむしろ未補修の方が望ましい場合があることに注意を喚起したい。

7．琉球漢籍の書き入れに見える方言音

書き入れの文字には，地域文化の独自性が反映されることもある。『詩経』の末疏に属する明・江環撰，清・呉士玉訂正『重訂詩経衍義合参集註』（楚南家文書）に書き入れられている漢字の読音には，以下のように方言音の影響と見られるものが含まれている。

第１例：巻１，周南「兔罝（と しゅ）」詩末句「施于中林」句の「施」字の左に「クス」の朱筆書き入れ。（第７葉左）【図9-1】

第２例：巻１，周南「汝墳」詩「惄如調饑」句の「調」字の右に「ウモク」の書き入れ。（第９葉右）【図9-2】

第３例：巻１，召南「野有死麕（や ゆうし きん）」詩「有女懐春」句の「懐」字の右に「ウモフ」の書き入れ。（第17葉左）【図9-3】

図 9-1　　　　　図 9-2　　　　　図 9-3

　第1例の書き入れは「施」を「ほどこす」ではなく「ほどくす」，第2例
の書き入れは「調」を「おもく」ではなく「うもく」，第3例の書き入れは「懐」
を「おもふ」ではなく「うもふ」とそれぞれ読むべきことを示している。3
例における下線部を比較すると，いずれもオ段からウ段へと母音が変化して
おり，これはエ段からイ段への母音変化と並んで琉球方言に見られる特徴的
な現象である。県立沖縄図書館の2代目館長であり，館内に収蔵されていた
焼失前の琉球漢籍を自由に参照することができた真境名安興によると，本書
は「国学」において毎月実施される定期試験の「月試」の出題対象となって
いる文献の一つであり[22]，管見によると科の出題対象にも含まれていた[23]
から，第1例から第3例に見られる琉球方言の影響を受けた訓読は，科の受
験準備として「国学」で教授された読み方を反映しているのかも知れない。
　那覇市歴史博物館に収蔵されている朱熹撰，陳選句読『小学句読』（比嘉
家文書）にも方言の影響を受けたと思しい書き入れがわずかながら認められる。

　　第4例：巻6「殽止於脯醢菜羹」句の「羹」字の欄上に「アチムン」の
　　　　　書き入れ。（第24葉左）
　　第5例：巻6「不仮垣屋什物」句の「垣屋」2字の右に「井ンウク」の

書き入れ。（第 25 葉右）

　　第 6 例：巻 6「逋和必貰免」句の「免」字の右に「ミンス」の書き入れ。

　　　　（第 31 葉左）

　　第 4 例の書き入れは「羹」を「あつもの」ではなく「あちむん」と方言読みすることを示している。第 5 例の書き入れは「垣屋」2 字を「えんおく」ではなく「いんうく」，第 6 例の書き入れは「免」を「めんず」ではなく「みんず」とそれぞれ読むべきことを示している。この 2 例も，いずれも琉球方言における定型的な母音変化のパターンに沿った訓読語の表記になっている。

　　訓読語に対する方言音の影響は，刊行された漢籍に最初から加えられている訓点に看取されることはなく，琉球漢籍に限らず，書き入れにおいてこそ確認される[24]。大抵の場合，翻刻や影印がなされる史資料の底本には，書き入れがないきれいなものが選ばれるが，それは底本のテキスト自体に学術的価値があると考えられているからである。それに対して書き入れがなされている書物は，学校や塾で使われる教科書など，入手しやすい普及版であることが多く，そのテキスト自体に価値が認められることはまずない。しかし個々の文献がどのように学習・研究されたか，という問題を考察しようとする時，書き入れにまさる情報源は存在しないのである。

8．おわりに

　　本稿のもとになった座談会のコーディネーターは図書館情報学の専門家なので，その問題関心に応えるべく，中国と琉球王国における伝統的な学術的営為を研究するために必要な情報のインプットと情報の利用方法について，個人的な経験をまじえながら論じた。中国と琉球王国とでは，学問の歴史，学者・文人の人数，利用可能な研究資料の量，すべてにわたって隔絶してい

るので，両地域の古典学に関する研究内容と方法はおのずと異なったものに
なる。中国の古典学研究に関しては資料の入手方法と研究の進め方に関する
基本的な事柄と留意点について解説し，琉球漢学に関しては入手可能な史料
の特色とそれを使った具体的な研究方法について説明した。後者について言
うと，従来注目されていなかった書き入れを活用することは，現存する史資
料が少ないことから思いついた苦肉の策であったが，予想外に有効であり，
琉球漢学に関しては，今後も書き入れに着目した研究を続けるつもりである。

　普段，情報学方面に関わる事柄を考察することはほとんどないが，中国学
の研究はどの分野においても豊富な史資料に記録されているデータと向き合
うことになるので，情報処理との関係は実のところ深いのかも知れない。来
し方を振り返ってみると，現在の情報機器と通信環境は，データ容量がわず
か1.44MBで大きさが3.5インチのフロッピーディスクにプログラムが収まっ
ていたワープロ，あるいは入力した文字が3行しか画面に表示されないワー
プロ専用機を使っていた30数年前には想像もつかないものである。今では，
1人の思想家の著作における特定の語の用例検索をするために，著作の全頁
に目を通す必要はなく，データベースを使って検索語句や範囲を指定すれば，
すぐに検索結果の一覧表が作成できる。

　IT化の進展によって1人1人の研究者が扱える情報量は飛躍的に増えたが，
それに比例して研究者が生み出す研究成果も増えたかというと決してそのよ
うなことはない。中国学の方面でいうと，全集が刊行されている内藤湖南，
宮崎市定，吉川幸次郎などのように質量兼ね備えた研究成果を輩出する学者
が現在いるかと尋ねられたら，具体的な名前を挙げることは難しいであろう。
人間の外部における情報処理環境が発展したことは疑いようもないが，人間
の内部における情報処理環境は果たして発展したのであろうか。

　最後に中国学における情報のインプットに関心がある人に向けて，最近，
刊行された有用なマニュアルを紹介する。漢字文献情報処理研究会編『デジ

タル時代の中国学リファレンスマニュアル』（好文出版，2021 年）がそれである。
同書の中では，古代から近代までの史資料や論文，あるいは時間・場所・人・
制度・社会・文学・芸術・現代中国語・音韻に関する調査のための具体的・
実践的な情報が豊富に提供されている。同書を編集した漢字文献情報処理研
究会は，「東洋学の研究・教育における ICT 活用を推進するためのプラット
フォーム」（同会趣意書）を形成するために設立したものであり，東洋学分野
における ICT 活用と研究に関する出版物や学術雑誌を出していることを補
足しておく。

付記：本稿第 6 節で引用した『重訂詩経衍義合参集註』（楚南家文書）の画像は，法
　　　政大学沖縄文化研究所所蔵本である。画像の利用を許可してくださった沖縄文
　　　化研究所に謝意を表する。本稿は，中央大学人文科学研究所研究チーム「東方
　　　思想の発展と交錯」による研究活動の成果の一部でもある。

注・引用文献

1) 本サービスは有償であり，国内では東方書店が取次店になっている。
2) 中国には，北京大学図書館と北京市内 10 数校の大学図書館の学術雑誌の編輯関
　係者が選定する「中文核心期刊」や南京大学中国社会科学研究評価センターが選
　定する「中文社会科学引文索引（CSSCI）来源期刊」などいくつかの「核心期刊」
　選抜システムがあり，認定雑誌の構成は定期的に更新されている。国外の研究者
　が論文発表する場合，掲載される雑誌が「核心期刊」であるか否かを気にする必
　要はさほどないが，中国内の研究者にとって自分が書いた論文が掲載される雑誌
　が「核心期刊」であるか否かは，就職・昇進・評価に関わるので切実な問題となっ
　ている。
3) 原田種成『漢字小百科辞典』三省堂，1989 年，165 頁。
4) 森岡健二『欧文訓読の研究―欧文脈の形成―』明治書院，1999 年を参照するとわ
　かる通り，江戸後期から明治初期にかけて，西洋語の文章に対して漢文訓読で用
　いられる訓点を施して読解することが広くおこなわれていた。したがって横書き
　の漢文に訓点を施して読むことは不可能ではなく，実際に現在もおこなわれるこ
　とがあるが，縦書きの漢文に馴染んだ者が違和感を払拭するのは困難であろう。
5) 表面に墨や朱で文字が書かれている甲骨片がいくつか出土していることは，阿辻

哲次『図説 漢字の歴史（普及版）』大修館書店，1989 年，25 頁を参照。卜辞が朱書された殷代初期の土器が出土していることについては，大西克也・宮本徹『アジアと漢字文化』放送大学，2009 年，11 頁を参照。

6）劉向・劉歆による目録の編纂とそれによって始まった目録学については，古勝隆一『目録学の誕生―劉向が生んだ書物文化』臨川書店，2019 年を参照。

7）貝塚茂樹「論語の成立」（『貝塚茂樹著作集』第 5 巻，中央公論社，1976 年），275-279 頁。

8）『論語』学而篇第 15 章に，孔子と弟子の子貢との問答が記録されている。子貢が「貧乏だが卑屈でない，金はあるが傲慢でない，というのはいかがでしょう」と尋ねたのに対して，孔子が「それも良いが，貧乏でも楽しみ，富んでいても礼を好む者には及ばない」と答え，さらに子貢が「『詩』に，切するがごとく，磋するがごとく，琢するがごとく，磨するがごとし，とあるのは，このことを指すのでしょうか」と尋ねたのに対して，孔子が「お前とようやく『詩』を一緒に語ることができるようになった」と称賛している。子貢が褒められたのは，孔子の教えに合致するものとして，『詩経』衛風「淇奥」詩の一節を引いたからであり，吉川幸次郎によると，その引用は原文の文脈とは必ずしも一致しない「断章取義」であるが，この「断章取義」は「詩の句に，新しい生命を加え与えること」として肯定的な評価が与えられていた。吉川幸次郎『論語上』（新訂中国古典選 2，朝日新聞社，1965 年），23-24 頁を参照。

9）『新青年』第 2 巻第 5 号，羣益書社，1917 年，1 頁。

10）胡適は，「新式標点符号の基礎を据えた者」（袁暉他『漢語標点符号流変史』，湖北教育出版社，2002 年，297 頁）と称されているように，西洋で使われていた標点符号を参考にして中国語に用いるのに適当な標点符号を開発することに力を注いだから，引用文であることを示すための手段は持っていた。実際，当該の句に対して双引号（『 』）を施していて典拠があることは示しているが，「文学改良芻議」における主張に反して「典故を用い」ているのである。

11）典拠があることはわかっているが，何に見える語か不明な場合，「ググる」とその語を含む文章が見つかって助かることもあるが，見つかった文章が孫引きであったりして素性がはっきりしないこともまた珍しくない。この方法を用いた場合は，見つかった文章中に典拠として注記されている文献に実際に当たらない限り，典拠の確認ができたことにしてはならない。

12）琉球王国の「中国化」については，赤嶺守『琉球王国―東アジアのコーナーストーン』第 5 章「王国の改革と中国化」講談社，2004 年を参照。

13）本目録は，日本学術振興会科学研究費補助金特定領域研究「近世琉球における漢

籍の収拾・流通・出版についての総合的研究」研究成果報告書の別冊として発行されたもの。

14）この点については，拙稿「琉球「科試」の実施状況について」（『沖縄文化研究』第44号，法政大学沖縄文化研究所，2017年）および同論文中に紹介されている先行研究を参照。

15）「楚南家文書」は，法政大学沖縄文化研究所に収蔵されている楚南家旧蔵の典籍・文書のコレクションである。楚南家は久米村在住の士族で，代々琉球王国の外交業務や漢学教育に携わっていた。

16）科の試験に作詩があったことは，真境名安興『沖縄教育史要』（『真境名安興全集』第2巻，琉球新報社，1993年），417頁下を参照。国学の月試に作詩があったことは，同書，396頁下を参照。

17）小林芳規『角筆のひらく文化史―見えない文字を読み解く』岩波書店，2014年，ⅴ頁。

18）小林氏前掲書第Ⅱ部第7話「労幹先生―漢代木簡の角筆文字を追う」を参照。

19）石垣島市役所で見つかった角筆文献とその画像については，拙稿「琉球地方士人漢籍学習の実態―書き入れに着目した考察」（『琉球大学教育学部紀要』第84号，2014年），2頁を参照。

20）リーフキャスティング法については，『小平市立図書館の資料保存と古文書補修』（東京都文化財保存事業「小川家文書保存修理に関する報告書」，小平市中央図書館，2007年，全96頁）に詳しい解説がなされており，同書のpdf版が小平市立図書館のＨＰ（ホーム＞調べもの＞レファレンス・古文書）から入手可能になっている（2022年3月2日確認）。

21）沖縄在住時，リーフキャスティングによって多くの琉球漢籍を補修している業者の工房を見学させていただいたことがある。補修の後の原状回復を正確におこなうため，水に漬けるとやはり剥離してしまう不審紙や部分的に貼られている付箋紙の位置も逐一記録している詳細なノートを作成してから，修理作業を開始することを教えられた。実際に作成した詳細なノートも見せていただいて丁寧な仕事ぶりに感心させられたが，工房内で角筆の存在は知られていなかった。

22）真境名安興『沖縄教育史要』，396頁下。

23）拙稿「琉球「科試」の実施状況について」，10-11頁および附録〈琉球「科試」実施記録一覧表〉を参照。

24）小林氏前掲書第Ⅰ部第4話から第6話では，日本各地の角筆文献における方言音の影響を受けた訓読語の事例が紹介されている。藩校の教科書や庶民の学習本への書き入れに方言音の影響が見られることが多いのは，教師が音読した訓読文を

生徒がそのまま書き取ったからであり，漢文を口頭で読み上げる際には方言音の影響が出やすいのである。

第10章　資料とそのゆくえ

鈴　木　俊　幸

1．研究とその資料

　足と金と勘というスマートならざるもので私の今の研究は支えられている。

　私がこれまで心掛けてきた研究は書籍文化史である。これは私の造語で，そもそもそんな学問分野は無かった。出版史と言ってしまうと，写本を排除して，ともすれば流通に関わることも棚上げされ，享受の実態も視野に入れなくてよいような狭いものになってしまう（つまり発信者主体の枠内に限定して研究すれば良いわけで，旧来の方法の中に収まる居心地良さはある）。そこで案じた言葉で，しつこく使い続けると（「書籍文化史」というタイトルの雑誌も19年間発行し続けた），馴染んでくれたのか，諦めてくれたのか，同業・近業も普通に発する言葉となった。

　時代の範囲を江戸時代から明治前半期までと定めて，当時の書籍がどのように作られてどのような回路を経てどのような受容に至ったのか。また，書籍受容者層の変化が何に由来しその変化がどのように書籍の制作に作用したのか，逆に書籍が書籍受容者層の変化にどのように関与したのか。書籍そのもの，また制作・流通・享受に関わる史料に基づいて，堂々巡り気味の愚考を重ねている次第である。したがって，当時の人間が触った生々しいものや制作・流通・享受に関わりそうな史料を得るために，古書展や古書店，ヤフ

オク！や販売目録を渉猟している日々である。さほど目的的に漁っているわけではなく，勘を頼りにたまたま手にしたものから目的が立ち上がったり，勘が狂ってそのまま寝かせられたままであったりというのが例となっている。非効率の極みである。もちろん入手できないものについては各地の文書館や図書館も利用するのであるが，それよりも自前の物が一番である。わが所有物は掲載許可をとる必要も無く，好きな時に好きなように触りたいほうだい，表紙の裏張りや裏打ちの文書を確かめるために解体してみることだって自由である。

　とくに近年は，ひょっとしたら今後現れるかもしれない後進を意識して，どのようなものが資料となりうるか，安い素材でどのような料理が可能か，またそれらの旨みと限界といったことを具体的に示すべく，書籍・史料を料理してみせる場当たり的「史料論」を書き散らしているので，お触りし放題のチープな相手がベスト。ここ2年間はネット上の画像類，データベースを利用することも多くなったが，あくまでも暫定的な措置，とりあえず考察を先に進める便宜的手段として自分の中では位置付けている。精緻な画像公開も多くなり，おおよその見当はつくものの，彫り摺りの善し悪し，紙質や仕立て，汚れ具合等の使用感など，実際に手に取らなければ自信を持って語れない。

　ささやかな一例。手許に小さな百人一首の絵本がある。縦12cm，横8cmほどのいわゆる豆本。この手の百人一首はたくさん見かける。私も10点ほどは持っていて，みな版が異なるところをみると，多くの版元が同様のものを手掛けて多数出版されたのであろう。こういった豆本は一般的に幼童向けのものと言われていて，それはたしかにそのとおりなのであろう。手許のものは，後表紙見返しに「広田勝太郎持主」と幼い手で書かれている。この勝太郎の持ち物，どれだけ玩弄したものなのか，不器用に綴じ直されているし，書皮もこすれ落ち外題も残っていない。本文も，何度見返したものなのか，手垢で汚れ，めくり部分はくたくたである。上欄に勝太郎の手と思しい数字

が書かれている。歌の番号を確認するため，また番号から歌を検するためな
のであろうが，このような数字の書き入れは歌人画像入り百人一首にたまに
見かける。勝太郎の場合もそれに倣ったつもりだったのであろう。あるいは
百まで数えられるところを自分で確かめたかったのかもしれないし，誰かに
それを見せたかったのかもしれない。最初の天智天皇に「壱」，そこから一
図ずつ幼い手で数字を振っていった。ところが最後の順徳院は百ではなく
「九十七」になってしまっている。一図ずつ確かめていくと四十九までは順調，
ところがその次，義孝に九十八，実方に九十九と振っているのである。集中
が途切れたのか，飽きちゃって早く百にしたかったのか，それとも雑音が入っ
てきて間違っちゃったか（時蕎麦みたいな）。気を取り直してまた挑戦したの
だろうが，この九十八・九十九を直さずに，その次の道信歌に五十と振った
ところが大きなつまづきであった。次のミスは重複。赤染衛門を五十七と数
えたが，その次の小式部内侍にも五十七と振っている。という次第で最後が
九十七という気持ち悪くも残念な次第となったわけである。勝太郎の挙措が
見えるようでじつにほほえましく，また生々しい。

図　百人一首の絵本の書き入れ

図 10-1　　　　　　　　　　　　　　　　図 10-2

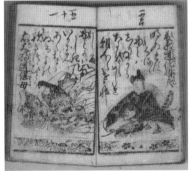

（出典　筆者所有）

　この時の勝太郎はせいぜい七，八歳くらいかなと想像するが，実際は何歳の時の仕業かわからない。しかし，この追体験で，この手の豆本が幼童の手の内にあったことを肌感覚をもって納得できるのである。この納得を経てさまざまな問題意識が沸き起こってくる。江戸時代において子どもとは何者であったのであろうか。子どもと大人はどこで区別されていたのか，またそれは一般化できることなのか。なぜ 500 年以上前の古典である百人一首が子どもの弄びとして供されていたのであろうか。勝太郎はじめ当時の子どもたちはこれをどのように受け入れていたのであろうか。子ども向けという括り方のどこかに近代的な発想が入り込んではいないだろうか。大人がこれを楽しんだ可能性は排除できるのだろうか。この時代において和歌とは何だったのであろうか。子どもという市場を書籍業界はどのように保持・開拓しようとしていたのであろうか。等々。

2．図書館と文書館

　地方の古書店や古道具屋などで思わぬものに出くわしたり，その地その機関ならではの資料を手に取ったりするのは大好きである。各地の図書館や文書館も大いに利用させてもらってきた。都道府県立のそれらでいまだ足を踏み入れたことのないのは 2 館くらいだと思う。かつてそれら機関が所蔵する資料に至り着く上で必須だったのは冊子体の蔵書目録・史料目録であった。これをひたすら繰ってリストアップして調査の段取りを固めていったのであるが，本学の図書館はそれらの収蔵が乏しく，大いに不自由したものであった。国文学研究資料館や国会図書館などに出向いて補わなくてはならなかったのである。

　しかし最近は Web 上の目録，検索システムがほとんどの機関で整ってい

て（それぞれシステムの出来不出来もあるし，実際に出掛けてカード目録を繰らなくてはならない県立文書館もまだあるが），そのような冊子体の目録に依らなくても，節穴が見落とすようなものまで拾いあげてくれたりする。便利になったもので，有用な資料の有無，その地に赴くべきかどうか，居ながらにして時間を掛けずに判断できるようになった。

　また近年，大半の市町村立の図書館も蔵書検索がホームページから行えるようになってきた。施設を訪れても，カード目録はもちろん，冊子体の目録すら手に取れる所に無く，端末のみが資料にアクセスするためのツールとなっているところも少なくない。しかし，これを利用していて首をかしげざるをえないことにも間々遭遇する。たとえば，かつて調査した資料を検索してみても出てこないことがある。また国文学研究資料館の所在調査でとったカードはあるのに検索には引っかからないことも珍しくない。無いことになっている。

　多くの都道府県立の図書館や文書館のように，古典籍や古文書の収集と公開に意欲的に取り組んでいる市町村立図書館も多い（近年は市立レベルの文書館も多くなった）。しかし，そうではない所は，もともと収蔵していた古い資料が表に出なくなっているのではないかという危惧を覚える。

　最近千葉県のある市立図書館所蔵の和本類を調査する機会を得た。段ボール箱30箱以上に及ぶ大量の和本類は，図書館の蔵書印が捺されていてかつて閲覧に供されていたことが明らかであるが，現在はWeb上の目録に登載されておらず，段ボール箱に詰め込まれた現物は近所の小学校の空き教室に積み上げられていて出納のしようもない。それらは，明治期から図書館蔵書の充実に寄与すべく地域住民の善意によって寄贈された書籍たちなのであり，それ自体がこの町の文化的歴史を物語る遺産なのであるが，住民はその存在も知らず，閲覧も叶わない状況である。限られたスタッフと限られた収蔵スペースという条件のしからしむるところで，利用度の高い書籍を中心に目録

化，また配架し，扱いの難しいものは見えないところに遠ざけておくことになるのであろう。昔あったはずのカード目録がどこかにあれば，か細いものではあってもその存在の認知への道筋は残されていたのであろうが，便利な検索システムはその道を遮断する役割を演じているわけである。

　さて，かつての清水市は平成の大合併で静岡市の一部となった。旧清水市の図書館は郷土資料の保全に意欲的な機関で，区有文書や家文書の類の収蔵も厚く，しっかりした冊子体の文書目録を文書群ごとに作成，発行していた。数年前，横浜港から積み出されて清水港に着いたはずの新聞・雑誌の流通の実際を把握できるかどうか，その文書目録所載の史料を確認する必要が生じた。ホームページから所在を確かめようとしたが，案の定たどり着けず，清水区の図書館に連絡してみたところ，そのような史料の存在は確認できないとのこと。市の中央図書館に連絡してみても同様の応答であった。県に移管されたかと，県立中央図書館や同歴史文化情報センターなどに問い合わせてみたがこれも無駄であった。そもそもあったものがどこかに無くなり，それらの現状はおろか無くなったという事実を知る職員もいなくなってしまったわけである。そんなこんなで諦めかけていた時，たまたま出版企画の打ち合わせを兼ねた研究会の打ち上げで，静岡市教育委員会の嘱託をなさっている方と酒を酌み交わす機会があり，件のいきさつを話してみたところ，ちょっと調べてみてくれるとのこと。それからしばらく経って，廃校になった由比の小学校にあるらしいとの連絡をいただいた。同道してもらって出掛けてみたところ，清水だけではなく，あちこちから同様に運び込まれたと思われる資料類が段ボールに収められて，数部屋にぎっしりと詰め込まれていた。段ボール箱のほかにも，展示に供していたであろう動物の剥製や古い農機具や調度品のようなモノ資料も別室に所狭しと置かれていた。請求番号を頼りに，段ボール箱をあっちにやったりこっちにやったりして探してもらい，ようやくお目当ての史料に至り着くことができた次第である。合併で自治体の組織

が再編され，公共施設も統合，運営が合理化され，その過程で出てきたのが
この宙ぶらりんの厄介者たちなのであろう。これらを今後市はどうするつも
りなのかと彼に尋ねてみたところ，どうする気もなさそうだとの答え。その
後まもなく彼も離職してしまっており，校舎を埋め尽くしていた宝の山が現
在どうなっているかわからない。せめて無事を祈るだけである。

　地域に伝えられてきたものは地域のアイデンティティを支えるものである。
利用の有無にかかわらず，存在していることだけで意義をもつ。所在情報を
含めて他からのアクセスが不可能な状況に置いておくことは地域住民への不
義理であろう。かつての寄贈者への裏切りであるかもしれない。合理的な運
営や便利なシステムの導入，それとこの不義理や裏切りが一連のものである
という嫌疑は濃厚であろう。

　家で持ちきれなくなった古典籍や古文書を受け入れて，他に散逸させない
役割を意識的ではないにしても演じていたのが地域の図書館であったことは，
これら段ボールの中身が自ずと語っているところである。図書館がそのよう
な役割を演じることをやめてしまった地域では，家にある資料を図書館に寄
せようという発想が住民の中から出てくるはずもなく，地域資料を地域で保
全していくことの意義も強く認識されないまま薄れていってしまうのであろ
う。ヤフオク！やメルカリの出番です。出品お待ちしています。

第11章　グリニッジ天文台における
文書管理の技法
——ジョージ・エアリとアーカイブズの形成——

石　橋　悠　人

1．グリニッジ天文台アーカイブズの概要

　この小論は，近代世界における時間概念の変容や天文学・海事技術の発展に関心を持つ筆者が，これまで主たる分析資料としてきたグリニッジ天文台アーカイブズについて簡単に素描するものである。最初に筆者の研究や調査の経験に触れながら，現在のアーカイブズの概況を説明したい。ついで，この資料群の形成過程を，歴史研究の対象とすることを試みる。アーカイブズが形成された初期の状況をたどるが，とくに19世紀の天文台長ジョージ・エアリに焦点を当てることが必要になる。エアリは天文台の歴史や観測記録，その他の多種多様な文書の収集・保存に余念がなく，この時期にアーカイブズの萌芽が構築されたと認めることができるからである。それまでの天文台長とは異なり，資料や書簡の秩序のある整理にひときわ大きな力が注がれたことをどのように理解すべきであろうか。天文台長の年次報告書を素材にこの問いを検討し，今後の課題と展望を示すことにしたい。

　まずグリニッジ天文台の歴史を簡潔に述べる。この観測施設は世界標準時や本初子午線の通過点として名高いが，17世紀末に設立された時点での活動目的は，海上において経度を正確に測る方法を実現するための天文観測デー

タの蓄積にあった[1]。近世ヨーロッパでは，自然哲学者や航海者・天文学者
が経度計測の研究に精力的に取り組んでおり，この難問を解決することで，
海上交通における国家間の競合で優位な立場を得ることや，人間や商品の安
全な往来や移送の活性化につながると捉えられていた[2]。しかし，ガリレオ・
ガリレイ，アイザック・ニュートン，クリスティアン・ホイヘンスら時代を
代表する学者から機器・時計職人まで様々な人々がこの難題に向き合ったが，
いずれも実用的な方法の考案にはいたらなかった。18 世紀後半になってよ
うやく時計職人ジョン・ハリソンが精密な海洋時計クロノメーターを発明，
そして天文学を用いる月距法（lunar-distance method）という正確度の高い方
法が登場するのである。歴代のグリニッジ天文台長は，月距法の基礎をなす
恒星の位置データの収集やクロノメーターの試験・改良・普及に携わり，海
事技術の進化と拡散において重要な役割を果たしている。
　19 世紀に入ると，グリニッジ天文台は海軍省から運営費を提供され，天

図 11-1　19 世紀後半のグリニッジ天文台

（出典：Edwin Dunkin, *The Midnight Sky*, London, 1872.）

文科学に関する国立研究機関として発展を続けていく。とりわけヴィクトリ
ア朝における天文台の特徴は，何よりもまず，標準時に関わる役割が新たに
付加された点に見出すことができる。1833 年には天文台の屋上に報時球が
設けられ，テムズ川の船乗りや周辺の人々に精度の高い時間を告げた[3]。つ
いで 1850 年代に天文台は新しい情報通信のインフラとして拡大の途上にあっ
た電信網と接続され，これを用いて鉄道駅，電信局，郵便局，都市自治体，
政府機関，軍隊などに対して，時報（の電流）を送るサービスの提供が始まる。
時報は社会の各所に設けられた公共時計や個人が所有する懐中時計を整正す
る有効な手段となり，国内の時間の標準化や正確化に結実させる大きな要因
となったと考えられている。

　さらに世界的な時間制度の形成という脈絡で画期的な出来事は，1884 年
に開催されたワシントン国際会議において，グリニッジ天文台が本初子午線
の通過点として採択されたことである。これにより，国際的な次元でこの天
文台が時間と空間の基準点となったことの意義はきわめて大きい。世界各国
がグリニッジ子午線を基準に時間帯（time zone）を設定して，国内の時間を
標準化し，共通性の高い時間の枠組みが次第に形成される契機をなしている
からである[4]。

　このように経度測定法の開発や標準時に関する役割を特徴とするグリニッ
ジ天文台であるが，本論文の検討課題に関わるために論じておくべきは，第
二次世界大戦後には都市化の進展によって天文観測に適さない環境となった
ロンドンを離れたことである。移転先としてイングランド南部のサセックス
が選ばれ，天文台の名称はそのままに活動を継続した。一方でロンドンの旧
天文台は，国立海事博物館（National Maritime Museum）とともに，現在も世
界遺産を構成する博物館として利用されている。その後，1990 年には天文
台の機能がサセックスからケンブリッジに再び移ることになるが，この際に
グリニッジ天文台の文書群も，諸学部・カレッジ・研究所の図書室ではなく，

大学図書館（Cambridge University Library，大学のメイン・ライブラリー）に所
蔵された[5]。以上のような経緯があり，このアーカイブズはロンドンのグリ
ニッジの諸施設ではなく，ケンブリッジに置かれている。

図 11-2　サセックス時代のグリニッジ天文台の跡地

（出典：筆者撮影，2011 年）

　ケンブリッジ大学図書館は世界屈指の図書館として豊富な文献資料を所蔵
するが，そのホームページによれば，グリニッジ天文台の史料群は貴重資料
（Significant Archival Collection）の一つとして位置づけられている。その他の
貴重資料として，万有引力の法則や数学・光学の卓越した発見・理論で知ら
れる自然哲学者ニュートン，進化論を唱えた生物学者チャールズ・ダーウィ
ン，物理学者アーネスト・ラザフォード，中国科学史の泰斗ジョゼフ・ニー
ダムなど，科学史に燦然と輝くケンブリッジの学者たちの文書を挙げること
ができる[6]。このように列挙すると，科学者に関連する文書が中心という印
象を与えるかもしれないが，そういうわけでもない。政治家や貴族の文書を

はじめ，19世紀以降に東アジア各地で活発な貿易を展開したジャーディン＆マセソン商会のような民間企業の文書も含まれている。貴重資料であるため丁寧に保管され，書誌情報の目録作成という研究者側から見て重要な作業も，相当に進んでいると考えてよいだろう。

　本題のグリニッジ天文台アーカイブズの議論にもどろう。この史料群は「RGO」と略記することが慣例となっており，それぞれに性格を異にする206のシリーズに分けられている[7]。まずRGO1から13および176と203番のシリーズは，歴代の天文台長が残した文書や観測記録であり，アーカイブズ全体の中核をなす史料である。RGO1は初代天文台長ジョン・フラムスティードの文書，2から7までは，彗星や地磁気の研究で成果を残したエドモンド・ハレー，光行差や章動の発見で知られるジェイムズ・ブラッドリーと短期間のみ天文台長を務めたナサニエル・ブリス，月距法を実用化したネヴィル・マスケリン，観測機器の改良と正確度の高い星表を出版したジョン・ポンド，天文台の組織改革や数学・光学の分野で重要な実績を残したジョージ・エアリ，天体物理学研究へのシフトを推進したウィリアム・クリスティの資料が続く。8から13番のシリーズは，主に20世紀に天文台長を務めた科学者たちの記録である。天文台長の文書のなかには，観測記録，書簡，政府や他の組織と交わした文書，観測機器の関連資料，報告書などの多彩な書類が保存されており，これらはグリニッジ天文台史研究の基盤となる一次史料と言える。

　アーカイブズには天文台長の資料の他にも多種多様な記録が含まれているが，ここでは代表的なものだけを紹介することにしたい。なお，各シリーズの詳細な情報の入手には，ケンブリッジ大学図書館の「ArchiveSearch」を用いることが最善の方法である[8]。まずRGO15：ケープ天文台資料は，1820年代にケープ植民地に設置された天文台に関する文書であり，海外領土における観測活動や植民地統治と科学の関係を知るための興味深い素材を

提供してくれる。個々の天文学者の文書によって構成されるシリーズも存在
しており，例えば19世紀にグリニッジ天文台で働いた助手ウィリアム・エ
リス（RGO54）をはじめ，天文台の外の人々についても，フランシス・ベイ
リ（RGO60），リチャード・シープシャンクス（RGO69），ウォーレン・デラ
ル（RGO73）などのヴィクトリア朝を代表するアマチュア天文学者たちの資
料も確認できる[9]。後述するように，ベイリの文書は天文台長エアリの時代
に天文台で管理されるようになったものである。

　天文台の関連機関としてとくに注目したいのは，こちらも同じくエアリが
収集したRGO14：経度委員会資料である。1714年にイギリス議会は「経度法」
を制定し，懸賞金をかけて有用な経度測定法を公募し，応募作を審査するた
めに経度委員会（Board of Longitude）を設けた。先に述べたハリソンのクロ
ノメーターを審査したのもこの委員会である。1820年代末まで委員会は海
事技術の開発政策の中心となり，イギリス帝国の領域的拡張や貿易の拡大に
科学・技術の側面から寄与した。筆者は2010年に出版した著作のなかで，
経度委員会の歴史を論じたことがある[10]。それまでこの委員会は航海術や
天文学の歴史では知名度が高かったが，手稿史料に依拠して活動の全容に迫
る研究は発表されておらず，その空白を埋めることが目標であった。

　以下では筆者のアーカイブズ調査の経験を簡単に振り返ってみたい。2006
年頃から経度委員会資料の分析に着手したが，当初はケンブリッジ大学図書
館での調査ではなく，ロンドンのナショナル・アーカイブズ所蔵の複製（マ
イクロフィルム）から，紙媒体に出力したコピーを国際郵便で取り寄せていた。
筆者はそれまで活字史料のみに依拠しており，筆記体で記される18世紀の
数理諸科学に関する難解な手稿史料の読解は容易ではなかった。それでも，
少しずつ読み進めていくうちに，ある程度正確に，そして一定の速度で文章
を判読できるようになったことで，この史料に全面的に依拠して修士論文を
まとめることが現実的な選択となったことの意味は大きかった。

　ただし，この方法では文書の詳細までは事前に把握できず，なおかつ少なからぬ費用が必要になる。そこで 2006 年秋に 2 週間ほどケンブリッジに滞在し，大学図書館でアーカイブズの原本を初めて調査した。その際に，同図書館の専門アーキヴィストであるアダム・パーキンス氏から，史料の概要やカタログ化の動向をはじめ，貴重な情報を得ることができたことは実に有益であった [11]。これ以降，筆者は定期的にケンブリッジ大学図書館を訪れて，資料の分析を続けている。

　現地で原本の史料にアクセスしなければならない最大の理由は，電子化やデータベース化がほとんど進んでいないことによる。アーカイブズの全シリーズのうち，例外的にインターネット公開されているのは，先ほど述べた RGO14：経度委員会資料の全巻と他のシリーズのごく一部に留まる。RGO14 がなぜ電子化されたかというと，2010 年代にケンブリッジ大学と国立海事博物館の研究者たちがこの委員会に関する共同研究を立ち上げ，論文や資料の発表はもとより，オンライン・コレクションの公開を大幅に前進させたからである [12]。18 世紀の科学史に関する研究の基盤整備という観点でも，意義深い取り組みであったと評価できる。電子化された RGO14 は，ケンブリッジ大学図書館が運営するケンブリッジ・デジタル・ライブラリーで公開されており，経度問題を中心とする天文学や航海術の歴史を探究するための有用な情報源となっている [13]。

　しかし，グリニッジ天文台アーカイブズを構成する大半の資料は，依然として電子化されておらず，その本格的な作業が検討されているという情報もまだ把握できていない。たしかに，グリニッジ天文台史を専門的に研究する歴史家や学者の数は，世界全体を考えてもそれほど多いわけではないため，ケンブリッジ大学図書館のなかでも優先度が低いのかもしれない。一方で，おおむね 2000 年代以降に，このアーカイブズ史料が科学史の先端的な研究成果を発表するために参照される例は大幅に増加しており，その史料的な価

値が高く評価されていることは明らかである。こうした現代における研究の状況を考慮すれば，電子化のさらなる拡充に期待を寄せる研究者も少なくないはずである。今後もその進捗を注視していくことにしたい。

2．天文台長ジョージ・エアリによる文書の収集と整理

　ここまでグリニッジ天文台アーカイブズの現状を述べてきたが，そもそも，この膨大な量の文書からなる史料群はいかなる経緯で形成されたのであろうか。歴史アーカイブズや資料保全に関する研究，さらに図書館に関する歴史研究が着実な発展を遂げるなか，科学史の視座からのアーカイブズ研究も新興のテーマとして関心を集めている[14]。しかし，グリニッジ天文台アーカイブズの成り立ちを詳しく論じる研究は，意外にもこれまで発表されてこなかった。同天文台の歴史を対象とする基本的な文献でも，天文台内の情報整理の技法や図書・論文の収集・管理に目配りをする議論は乏しく，今後の研究が大きく期待される課題といってよかろう。

　この課題に取り組むにあたり，重要なカギとなる人物が天文台長ジョージ・エアリである。簡単に経歴を振り返っておきたい。エアリは 1801 年にイングランド北部のノーザンバーランドに生まれ，1819 年にケンブリッジ大学のトリニティ・カレッジに入学する。学生時代から数学・物理学に秀で，1823 年に優等卒業試験（数学のトライポス）で最優秀の成績（Senior Wrangler）を収めたことは特筆に値する。同カレッジでフェロー職に就いたのち，1826 年にはケンブリッジ大学数学教授，1828 年には天文学教授に就任し，ケンブリッジ大学天文台の統括を任された。そして 1835 年にグリニッジ天文台長に任命され，1881 年まで職を全うする。天文台長の在任中にはロンドン王立協会会長，イギリス科学振興協会会長，天文学会会長を歴任し，イギリスを代表する数理科学者として豊富な実績を残した人物である。

　エアリに注目する理由は，筆者の現在の主たる研究テーマが，19 世紀の
イギリス社会と帝国における時間の標準化の動き，さらにその延長線上にお
いて考えるべきグリニッジ世界標準時の成立にあることにも関わる。エアリ
は 19 世紀中葉に天文台から電信を用いて標準時を発信する時報サービスを
結実させた。このことから，筆者は時報サービスの展開を究明するために，
RGO6：ジョージ・エアリ文書の調査を行っている。この資料は約 850 巻と
いう大部の文書で構成されており，アーカイブズ全体のなかでも最も多くの
巻を含むシリーズの一つに数えられる[15]。もちろん，資料の多寡は在任期
間の長短や他の様々な要因に左右されることは明らかであり，さらに一つの
巻といってもそこに含まれる書類の量にも差があるため，一概に巻数だけを
とって正確な量の提示というわけにはいかない。それでもエアリ文書がひと
きわ多くの記録から成り立っていることを疑う余地はない。

　それでは，具体的にどのような資料が含まれているのであろうか。エアリ
文書には研究論文や図書，大量の書簡，政府などに提出した報告書，天文・
地磁気・気象の観測記録，学会運営に関する資料，機器の購入に関する書類，
科学に関する新聞記事などの多種多様な書類が丁寧に保管されている。とり
わけエアリ文書を調査した者であれば，誰でも強い印象を抱くと思われるの
は圧倒的な量の書簡である。在任中のすべての書簡はグリニッジ天文台に保
管されており，どの内容であっても容易に発見できる状態であった[16]。そ
れらの書簡が語るのは，エアリが広範な人脈を構築していた点である。書簡
を交わしている相手は，例えば海軍省，財務省，商務省などの高級官僚や政
治家，学術団体，電信会社・鉄道会社，国内外で学術界をリードする学者た
ち，植民地の政府や学者などだが，一般化することが難しいほど様々な職業・
地位・階級・場所の人々とのやり取りが確認できる。エアリの書簡の送付・
受信相手は包括的に分析されていないため，膨大な量の書簡の解析により彼
の人脈と情報網を再構成する研究の実現が待たれる。

　エアリの書簡のさらなる特色として着目したいのは，受信した手紙だけではなく，送付した手紙の副本を保存している点である。もちろん，副本の作成は公的機関ではそれ以前から慣例として定着していたが，グリニッジ天文台ではエアリ以前にそのような手続きはつねにはとられておらず，後任天文台長もエアリほど綿密には作成していない。同時代の有力な科学者たちも，エアリと同じ水準で副本を残す習慣を持っていたわけでもない。それゆえ，この点もエアリの徹底した文書管理と職務上の規律的な振る舞いを伝えるものと捉えてよいだろう。結果として，現代の歴史家たちはエアリが書簡を通じて交換した情報を細部まで知ることができる。

　ここまで現在のエアリ文書の内容と性質を論じてきたが，以下ではエアリがまとめた天文台長年次報告書に依拠して，19世紀のグリニッジ天文台で，それらの文書がどのように扱われていたかを論じる。1830年代中葉に天文台長に就任したばかりのエアリが着手したのは図書室の改善であり，そのための資金として海軍省から100ポンドを得ている[17]。具体的な課題としては，複数巻で構成されるシリーズの文献に欠けている巻があること，大陸諸国で発展する天文学に関する最近の文献が不足していること，さらには図書の整理が行き届いていないことが指摘されている。1837年にもエアリは海軍省から得た200ポンド以上の資金を図書室の充実化に充てており，当初から文献資料の増加を重視していた様子がうかがえる。所蔵される図書や雑誌は，天文学はもとより，地磁気や気象学などの自然科学の複数の分野をカバーしている。

　エアリは蔵書の増加を目指す理由を次のように説明する。すなわち，ルーティンワークや科学と直結しない公的な仕事に追われる研究施設は，事務作業ばかりを行う場に劣化する可能性が高く，それに対処するには主要なスタッフが研究文献や諸外国の天文学に精通することが有効である。「これによってのみ，天文学者としての素質が単なる観測者や単なる計算者という性質を

上回ることができる」[18]。エアリは天文学の分業において，観測や計算だけに従事する人々とそれらの成果をもとにより高次の理論研究や発見を追究する学者を区分し，助手たちが文献資料を参照して研究に励むことで，天文台を事務作業ではなく科学の場として発展させることを意識していた。図書室の充実化が研究者たちの知的な発展に資するという認識である[19]。

　図書館を重視する姿勢は年次報告書の次の抜粋にも明瞭に示されている。寄贈や購入によって蔵書が増し，助手ジェイムズ・カーペンターによるカタログの作成を含む整理が行き届いているという。

> 私達の図書室はきわめて貴重なものであり，実質的に自然に関するテーマ（とくに天文学，地磁気，気象学，光学について）のほぼ標準的な図書室となっている。多くの天文台，アカデミー，哲学協会，個人の学者からの無数の寄贈に助けられており，購入に多くの支出は必要としていない。図書室における製本，カタログ作成，カタログとの定期的な照合は，とくに計画的な手はずを要する。この仕事はカーペンター氏が担っている。…私は図書室をきわめて重視している。天文台の一部として，全体の知的な性格を大いに左右するからである。私は図書室が天文台の状態の決定的な向上に寄与すると強く確信する[20]。

　何よりも注目すべきは，エアリが研究施設の知的な状況や水準に図書室の在り方が影響すると理解していた点であろう。ただし，充実しているといっても，この図書室はあくまでも天文台関係者が利用するものであり，一般公開の可能性は考えられていない点には留意しなければならない。グリニッジ天文台は国内外の学者や機器メーカー，その他の関係者たちが許可を得て訪問・見学することを認めていたが，ロンドン社会のなかで活動している施設であるにもかかわらず，一般市民への公開や見学，そして図書室の利用は認

めていなかった。

　図書室の整備と並んでエアリが大きな労力を注いだのが，手稿資料
（manuscripts）の収集と保全である。ここでの手稿資料とは，未刊行の主に
活字化されていない手書きの文書や観測記録を指す。エアリは就任直後から
大量の手稿文書を処理する必要に迫られ，当初はある程度の秩序を保って整
理することができたが，それでは日常的に進む文書の増加に対処することが
できないと判断した。そこで 1837 年に天文台の各所に分散していた観測・
計算結果などの文書を一箇所にまとめ，具体的な整理方法の検討が始まって
いる [21]。彼が考案した方法について述べれば，まず書類には糸を通すため
のホールが穴あけ機で開けられ，内容ごとに封筒ないしは小包に分別して収
納される。1841 年にはすべての手稿資料に記号が付され，カタログが作成
された。このようにエアリは就任から数年間のうちに，観測記録や関連する
書類の収集・整理の基本方針を確立したと思われる [22]。

　エアリは「私がこの組織の長を務めている期間に届いた天文台に関する全
ての書類の保存と整理に多大な注意を払っている」と述べる。あらゆる種類
の文書の原本・写本と関係各所との書簡は，簡便なレファレンスとともに容
易に発見できる状態におかれた [23]。到着した書簡は分類され，主題ごとに
小包にわけて保管される。小包と文書はホールを通過する糸でまとめられて
おり，綴じたままで読むことができる工夫が施されている。特定の主題に関
する書類が一定量を超えると，製本とインデックスの作成にまわされた [24]。
そして毎年一度，手稿資料をカタログと照合する点検作業が行われるのであ
る。1845 年の報告書には，エアリがあらゆる書類に目を通して製本を準備
したと記されているが，これは文書管理に並々ならぬ意識を持って注力して
いたことの証拠と言える [25]。翌年までには大量の文書整理が進み，148 巻の
製本の準備が整った [26]。この整理法はエアリが退職するまで，大きな変化
を伴わずに活用されている。

　1850 年代初頭までに，図書・手稿文書の大幅な増加によって，図書室と資料室が手狭になった。従来は図書室の横に海軍のクロノメーターの保管室があったが，そこからクロノメーターを別の部屋に移動し，空いたスペースに書架が新設されている。加えて，製本が進んだことで資料室の書架が不足したため，天文台長の居室と隣接する壁面に書棚とキャビネットが増築され，とくに機密性の高い文書を置くために利用することになった[27]。天文台の施設や敷地を空間的に拡大することは難しく，このような建物内の細かな配置変更や書架増設によって，文書の増大による圧力を緩和させなければならなかった。1860 年代の試算によれば，毎年 10 フィート（約 3 メートル）の書棚が新たに必要になるとあり，様々な手稿資料が絶え間なく増加している様子が読み取れる[28]。1855 年までにエアリは「資料室」（Record Room）を新設して，文書資料の大半をここに保存している[29]。1874 年には 140 フィート（約 42.7 メートル）の書棚が新設され，それぞれに分類記号と数字が付けられた[30]。1879 年までに製本された文書は 4,000 巻を超え，こうして圧倒的な量を誇るアーカイブズの原型が立ち現れたのである[31]。

3．天文台の観測記録と歴史的な文書の収集

　このような大量の手稿資料には，具体的にどのような種類の文書が収められていたのであろうか。以下に彼が集めた代表的な資料を例示することにしたい。1840 年にエアリは，「われわれの手稿資料の書棚に［グリニッジ］天文台の歴史に関わるあらゆる種類の文書の写本を保存することが望ましい」と述べている[32]。この考え方に沿うように，彼は天文台に関する複数の資料群の獲得を目指した。最初に挙げるべき事例は，現在の RGO14：経度委員会資料である。1840 年頃にエアリはこの文書が海軍省と王立協会に分散して保管されていることを把握し，海軍大臣と王立協会会長に対して資料の

統合の必要性とグリニッジ天文台にまとめて所蔵する利点を説明した。この提案が受け入れられ，二つの資料群はいずれも天文台に移送され，主任助手ロバート・メインが整理とカタログの作成を担当することになった[33]。

　エアリはこの資料を「わが国の科学の歴史に関連する最も貴重な書類」と評し，天文台への所蔵が実現したことを喜んでいる[34]。1858年までに製本が完了すると，エアリはその意義を次のように述べた。「これらの資料はおそらく，一般的なものも奇異なものも含めて，科学的な企てとして存在した成果に関する最も好奇心を刺激するコレクションの一つを形成するであろう」[35]。「これらの巻に含まれているのは，前世紀の大部分を占める科学の歴史に関する貴重な素材であり，いずれそのような目的で利用されることが望まれる」と続けている[36]。天文台における資料収集の理由として，将来の科学史研究に役立つという論理が多用されており，例えば資料保存に関して次のような見解が示されている。

　　昨年には，あらゆる種類の手稿の図書と文書の整理，製本，保存（天文台での観測記録に関わるものや天文台の通常業務に関わる出来事，私のところに入ってくる一般的な科学の問題などについてのもの）に多くの注意を払う必要があった。これらの収集資料が将来的に破壊ないしは散逸するような出来事がなく，この時代に探究された物理・数学的科学のほぼ全ての領域に関する価値ある資料として発見されることを願う[37]。

既述の通り，最近の研究ではグリニッジ天文台アーカイブズの調査に基づく成果が数多く発表されているが，これは文書群が歴史研究の貴重な資料として顧みられる可能性を認識していたエアリの見通しの正しさを証明するものと理解できる。

　第1節で言及したように，グリニッジ天文台アーカイブズには，天文台の

外部の学者の文書も含まれているが，そのうちの一部はエアリが所長を務めた時代に所蔵されたものである。アマチュア天文家フランシス・ベイリは，天文学会の創設や星表の作成などの貢献で知られるが，死後にその蔵書はグリニッジ天文台によって購入された[38]。1855 年までに数学者オーガスタス・ド・モルガンは，ベイリが残した書類に多数の書簡を発見し，それを同じくグリニッジ天文台で保管するよう求めた。この提案を受諾したエアリは，「たしかにこれらの書簡は，過ぎ去った時代の科学史の究明に対して高い価値があることをいずれ証明する主題を含んでいる」とし，将来の歴史研究にとっての資料的価値を説いている[39]。現在でも RGO60：ベイリ文書がアーカイブズに収められていることは，前に論じた通りである。

　経度委員会資料と同じくエアリが意欲的に収集を試みたのが，第 3 代天文台長ジェイムズ・ブラッドリーとその後任のナサニエル・ブリスの観測記録である。彼らの退任後に，原本はグリニッジ天文台ではなく，オックスフォードのクラレンドン・プレスに所蔵され，18 世紀末に書籍として刊行されていたが，エアリはそこに含まれている誤記や不一致を検討するために写本作成を考えるにいたった。そこでエアリはオックスフォード大学の副学長を介して原本へのアクセスと写本作成の許可を求め，大きな異論もなく承認されている[40]。「手稿資料はページごと，行ごと，文字ごと，さらには削除した箇所ごとに複写された」という報告書の記述から，丁寧な写本づくりの様子がうかがえる[41]。これにより，エアリは「今や王立天文台の創設以来のあらゆる信頼に足る観測記録のすべての写本を保有できた」と，歴代の天文学者たちの記録を整備できたことの意義を報告している[42]。

　ブラッドリーの観測記録は，18 世紀における恒星の位置研究の到達地点を示す歴史的な資料としてのみならず，19 世紀中葉の天文学の研究材料としても活用された点は興味深い。海王星の発見者として知られるパリ天文台のユルヴァン・ルヴェリエは，1850 年代初頭に，ブラッドリーの出版され

た観測記録に誤差や不一致が少なからず含まれていることを見つけた。これを知ったエアリは，天文台に所蔵されている観測記録の写本からそれらの誤差を取り除いている[43]。さらに 1861 年には，エアリがオックスフォード大学の副学長に対して，先に写本を作成した観測記録の原本をグリニッジ天文台で管理することを提案し，これが認められた。エアリの科学者としての権勢や交渉能力の高さが明確に伝わる結果であろう。

　そもそもこの観測記録はブラッドリーの死後にグリニッジ天文台から持ち出されたものであったが，資料の回収に成功したエアリは次のようにこれを評価している。「こうして，おおよそ 1 世紀の遅れの後で，ようやく偉大なる正義の行いが達成され，ついに私達の手稿の観測記録にあった大いなる空白が埋められた」[44]。天文台に収蔵された観測記録は，1743 年から 49 年の分については補正のための計算作業に回され，1750 年から 62 年分の写本についてはロシアのプルコヴォ天文台の天文学者フリードリヒ・ヴィネッケに貸与され，補正のための計算が行われることになった[45]。続いて 1865 年までにエアリはブラッドリーが恒星の観測に関して残した他の手稿資料と図書の写本をも入手している[46]。この後者の資料もまたプルコヴォ天文台に送付され，現地の天文学者による分析に付されている[47]。18 世紀の観測記録ではあるが，19 世紀の天文研究に重要な素材を提供することになったのである。

　観測記録のみならず，天文台の歴史に関わる文書収集が，エアリの重大な関心事であったことは繰り返し指摘しなければならない。1850 年代にはグリニッジ天文台長の諮問機関である視察委員会のこれまでの活動を把握するために，その記録が収められている王立協会の理事会議事録の写本が作成された[48]。当初は 1784 年までの議事録の写本が作成されたが，その時点で1830 年までの記録が見つかっておらず，エアリは関係各所への照会を繰り返した。結果として，1784 年から 1830 年の視察委員会の議事録が独立した

かたちでは作成されておらず，実質的に委員会の母体となっている王立協会
理事会の議事録に含まれていることが判明する。そこでエアリは王立協会会
長から議事録の複写許可をとり，それ以前の記録と同様に写本を作成させた
のである。彼はこの点について以下のように述べている。「王立天文台の正
式な歴史（とくにその後半期のほぼ全ての部分）を十分に説明する一連の資料を，
天文台に所蔵することができ大変喜ばしい」[49]。次節では，エアリがなぜこ
のように天文台に関する文書の収集と細かな整理に重きを置いたかを検討し
たい。

4．文書保存の意味と目的

　まず注目すべき事実は，文書や図書の整理に関する彼の言説には，しばし
ば "order (ly)"，"regularity"，"accuracy" といった言葉が含まれている
点である。エアリの個性や人柄として多数の科学史家が指摘するのは，まさ
に秩序や規律・管理，正確さ・厳密さの徹底した追求であり，これは天文台
の運営や科学研究における測定や観測，機器の開発と運用，正確な時間の伝
達や時間厳守意識の普及など様々な領域で確認されている。上記のようなパー
ソナリティは，エアリが天文台を統制の度合いの高い「工場」のような施設
に変えていく際に大きな意味を持ったのである[50]。ここで強調したいのは，
そのような彼の特性が文書管理というこれまで見過ごされてきた領域でも，
同様に看取することができる点である[51]。彼にとって，文書の保管と管理
は天文観測や関連する計算のような科学の実践と同様に，厳密なアプローチ
を要する課題であったと認識しなければならない。

　したがって，エアリは文書管理を天文台の注力すべき仕事の一つとして位
置づけていた。彼の言説を追うことで，この点は容易に示すことができるだ
ろう。1872 年の報告書を例にとれば，「王立天文台のような施設では，手稿

資料の保全に特別な注意を払うことが最も重要な職務となる。原本の観測記録や計算結果，天文台の運営に関する資料への配慮は明らかに適切なことである」と説明されている[52]。観測の成果や政府の仕事に関する文書を正しく整理する必要性を，エアリはつねに念頭に置いていた。さらに彼は次のようにも述べる。「天文台の有用性は観測と計算の双方で，その手稿資料に完全に依拠しているため，私の仕事は文書の安全な保存と適切な秩序につねに注意することである」[53]。こうした文書管理の技術は，天文学の実践にも応用されており，手書きの観測記録は天文台内の子午線観測部門，子午線以外の観測部門，地磁気・気象観測部門ごとに，各年に一度箱に入れて回収することがルーティンとなっていた[54]。

　近年の天文学史研究では，19世紀の天文台に共通する一連の技法（observatory techniques）の発展に少なからぬ関心が寄せられている。科学史家デヴィッド・オバーンらは，そのような技法として，天文観測と計算，精密機器の準備と操作，データの収集・補正・図表化，地図・図版・写真の撮影に関する技術，数値やテキストによる宇宙や地球の表現，数量化や統計を用いた分析，気象や地磁気などのデータ収集を目的としたネットワークの活用，天文台で働く人々の管理を例示する。観測データは観測時刻，天文台の経緯度，地球の位置，気象条件などの要素を加味して補正され，数値は慎重な計算のあとで，アーカイブズや製本された図書に保存される点もごく簡潔に触れられている。計算室や図書室が規模の大きい観測所に必須であったという指摘も重要であろう[55]。多くの天文台のなかでも，エアリの時代のグリニッジ天文台は，天文台の技法として文書管理を徹底するという大きな特徴を持つ施設であったと捉えることができる。

　エアリは政府・議会に対する科学・技術問題の「アドバイザー」としての側面も兼ね備えていた。19世紀まで議会や政府が科学・技術に関する問題について有効な提言や情報を必要とした際には，主として民間の学者や王立

協会に協力を仰ぐことが一般的であり，政府部局内で政策立案を担う科学者はわずかであった[56]。しかし，エアリは国立天文台の責任者として，その広範な知性と提言の信頼性ゆえに，政府・議会から通貨制度，造船技術，港湾施設，公衆衛生，高等教育，国会議事堂の再建計画，鉄橋建築，陸地測量，度量衡，鉄道のレールゲージの統一化などの主題について，専門的な委員会への参加や意見・報告を求められ，その役割を精力的に果たしている。

　科学的問題に関連する多様な公務について，エアリは次のように所見を述べる。「私自身の注意をこれらの種類の問題に向けることで（つねに天文台での職務への関心を怠らない状態のままで），天文台の信用ならびに，公衆に対する天文台と私自身の有用性を大幅に増加させているのである」[57]。すなわち，政府や議会の諸委員会や科学に関する行政の課題への対応が，結果としてグリニッジ天文台（長）の社会的な信用と有用性に結びつくという認識のもとで携わっていたと理解できる。その結果，これらの職務に関する文書が急増し，その安全で秩序立った保管が迫られることになる[58]。これらの公務や提言の考案には，何よりも情報の精確な収集・管理・利用が不可欠であることは多言を要さないであろう。そこに不備が生じれば，政策立案者としての信頼や天文台の社会的・国家的な有用性が低下してしまうことが危惧される。そのため，研究とは直結しない業務の適切な処理のためにも，徹底した文書管理が不可欠であったと考えられる。

　エアリによる資料収集のもう一つの目的として想起できるのは，科学史への貢献とグリニッジ天文台史の再構成およびその利用である。前述のように，彼は経度委員会資料の収蔵が科学史に対する貢献であると論じていたが，そのような言説は他にも確認できる。1876 年の報告書を一例として挙げておきたい。「これまで収集・整理された大量の文書群のうち，多くの部分が必然的に天文台内部の装置や規律，科学に関する歴史に関連している。しかし，多くの資料が天文台の外で行われる多様な学問分野の科学にも関係している

ため，それらの資料は将来的に今世紀中葉の科学の信頼できる歴史に重要な次元で貢献するであろう」[59]。

　ただし，エアリ自身がそうした科学の歴史の研究や執筆を行っていたことを示す史料は，今のところ発見できていない。エアリは500編以上の論文や図書を発表しているが，基本的には最新の科学研究の成果発表であり，歴史に関連するトピックを直接に扱う文章はわずかである。この例外は彼が大きな関心を寄せていた古代史に関するトピックであり，具体的には聖書の研究やカエサルのガリア遠征における上陸地の特定をめぐる研究の成果をまとめている[60]。しかし，これは古代史に限定された主題であり，収集した資料をもとに近世や近代の科学史を描くような著作ではない。科学史への貢献という主張が単に後世における利用を意味するだけで，彼自身がその研究や執筆に強い意欲を持っていたわけではないのかもしれず，あるいは研究と業務の多忙さから実現しなかった可能性もあるだろう。この問題はさらなる検討の余地を残している。

　一方で，注目する価値があると思われるのは，1860年代に図書室と手稿資料の管理を担当した助手カーペンターが，18世紀以来の長い歴史を持つ定期刊行物『ジェントルマンズ・マガジン』に，「ジョン・フラムスティードとグリニッジ天文台」という題名で記事を寄せて，天文台の歴史と現状を一般向けに解説したことである。とくに初代天文台長フラムスティードに関する記述の分量も大きく，天文台の設立や任命の経緯，そして継続的な観測活動が開始される様子や観測記録の出版をめぐるニュートンとの有名な確執が論じられる[61]。著者はフラムスティードの時代と同じ場所で，今でも天文台は天体の運行表を改善するという初期の目的を踏襲して観測活動を続けており，「グリニッジの国立天文台は世界で最も重要で卓越した存在である」と主張する[62]。とりわけ，過去との連続性・伝統に立脚していることの確認や途切れることなく観測記録が蓄積されてきた歴史が，他の天文台との相

違点として挙げられている点は重要である。多年にわたる観測の成果自体が，グリニッジ天文台が他の観測所と一線を画す地位にある要因としてアピールできるという認識を読み取ることができるからである。

　ただし，伝統の確認だけではなく，天文台の現状の正当化や達成を示す材料としても過去の歴史は参照される。この記事では，フラムスティード以降の天文台長の事績を簡潔に紹介するが，そのような過去の天文台の状況との対比を通して，エアリによる天文台の改革や状態の改善を称揚する議論が展開される。エアリによって観測機器が近代化されたことで，天文台は現在の完璧な状態になったというのである[63]。そして新たに構築された観測システムに触れながら，天文台が重視している恒星や惑星の位置・運行・軌道の決定に関する研究の実践が解説されている。天文観測の他にも，正確な時間の維持や時報の発信，クロノメーターの管理と試験，地磁気と気象観測などの諸活動を一般の人々に理解させる趣旨となっていることも記事の大きな特徴と言える。このような社会に対する説明の重視は実はエアリが日常的に実践してきたものであり，この記事の執筆者が助手であったとしても，エアリの様々な論考や報告書，書簡などの文書に確認できる内容や説明の論理をほぼ踏襲しているのである。

　カーペンターは自らが管理に携わっていた図書室と手稿資料にも言及する。図書館には，「過去と現在に天文科学の神聖なる炎を育み豊かにしてきた，ヒッパルコス，コペルニクス，ティコ，ケプラー，ガリレオ，その他の多数の人々の仕事が多くの古風で興味深い巻本に包まれている」。一方の資料室には，「私達のナショナルな天文台の名声を築き，世界で最も誇り高く卓越した地位に押し上げた輝かしい天文学者たちが蓄積した富が保存されている」[64]。こう述べた直後に，カーペンターは天文台が科学的な知識や天文学における発見を生み出していないという外部からの非難があることに触れ，グリニッジ天文台が「見世物」のための施設ではなく，実用的な意義を持つ研究に従事す

る機関であると反論している。これもまた，エアリが頻繁に用いる天文台の活動を正当化するための論理である。

　以上の言説を全体として考察するならば，過去の観測記録と歴史の積み重ねこそが，現在の天文台が世界的にも第一級の施設として権威を有することになった原動力とみなされており，そうであるからこそ，過去の文書や観測記録に基づいて，その歴史を示すことを重要とする認識が形成されていたのではないだろうか。そのような伝統を重視する立場は，エアリが統括するグリニッジ天文台がフラムスティード以来の実用的な位置天文学を中軸に据え続け，他の発見や理論研究には注力しないことの根拠として用いられている。エアリは天文台に関する文書収集によってその歴史を再構成し，歴代の天文台長の事績を描き出すことが，現在の天文台に対する理解と評価の向上につながるとみなし，その歴史や伝統に自らが運営する天文台を位置づけることで，さらなる権威と信用の獲得ならびに活動の正当化を図っていたのである。

5．おわりに

　本稿ではグリニッジ天文台アーカイブズの概要を論じた上で，19世紀にこの資料群の収集と整理がいかにして始まったかを論じてきた。エアリはこれらの文書が19世紀の自然科学史の貴重な資料になるという見通しを持っていたが，これが正しかったことは今日の科学史研究が証明していると言ってよかろう。近年，このアーカイブズ史料に依拠して様々な科学史のトピックを探究する試みが増加しており，しかもこれまでに分析されていない史料が多く残されている現状に鑑みれば，今後もその傾向が続くことが予測される。電子化の進展はそれほど順調ではないが，それでも既に世界各地の少なからぬ研究者がこのアーカイブズを参照していることは，その史料的な価値の高さを何よりも明瞭に物語る証拠と考えられる。

　本稿では主としてエアリがまとめた天文台長年次報告書によりながら，手稿史料と図書室の状況を述べてきたが，RGO6：エアリ文書自体を読解して，文書の整理・保存の実践を具体的に分析することはできなかった。今後，彼が整理した手稿史料の分析を通して，アーカイブズがどのように形成されたかをさらに深く検討したい。例えば，手稿史料と雑誌・図書のカタログが残存していれば，どのような文書や著作が天文台に所蔵されていたかを解明する有効な糸口となるであろう。史料の保存方法に加えて，科学者たちがそうした書類や図書をいかに活用したかを究明することも意味のある課題と思われる。エアリによるグリニッジ天文台の歴史と記録の活用についても，さらなる考察が欠かせない。これらの課題を検討することで，ヴィクトリア朝のグリニッジ天文台とそこに保存された文書群の歴史的な意義をあらためて考えていくことにしたい。

注・引用文献

1) 初期の天文台の歴史については，Frances Willmoth ed., 1997, *Flamsteed's Stars: New Perspectives on the Life and Work of the First Astronomer Royal, 1646-1719*, Rochester, NY: Boydell Press.
2) ヨーロッパ諸国における経度問題への取り組みの比較史的な研究として，Richard Dunn and Rebekah Higgitt eds., *Navigational Enterprises in Europe and its Empires, 1730-1850*, London: Palgrave Macmillan, 2016.
3) 報時球は定刻にマストの頂点から落下することで，それを観察する人々に視覚的に時間を告げる装置である。
4) グリニッジ世界標準時の成立に関する近年の代表的な研究を挙げておく。Vanessa Ogle, *The Global Transformation of Time: 1870-1950*, Cambridge MA.: Harvard U. P., 2015; Charles Withers, *Zero Degrees: Geographies of the Prime Meridian*, Cambridge MA.: Harvard U. P., 2017.
5) ケンブリッジ大学図書館は，大英図書館，ボドリアン図書館，スコットランド国立図書館，ウェールズ国立図書館，トリニティ・カレッジ・ダブリン図書館と同様に，国内で流通するすべての出版物が納入される納本図書館に指定されている。同図書館では，手稿資料を扱うマニュスクリプト・ルームにおいて，グリニッジ

天文台アーカイブズを閲覧することができる。

6) Cambridge University Library, Significant Archival Collections（https://www. lib.cam.ac.uk/collections/departments/archives-modern-and-medieval-manuscripts-and-university-archives/significant）．最終閲覧日：2022 年 2 月 21 日。

7) Royal Greenwich Observatory Archives（https://www.lib.cam.ac.uk/collections/departments/archives-modern-and-medieval-manuscripts-and-university-archives-3）．最終閲覧日：2022 年 2 月 21 日。

8) ArchiveSearch, Royal Greenwich Observatory Archives（https://archivesearch. lib.cam.ac.uk/repositories/2/resources/88）．最終閲覧日：2022 年 2 月 21 日。

9) 19 世紀イギリスにおけるアマチュア天文学の発展を跡づける研究として，アラン・チャップマン『ビクトリア時代のアマチュア天文家——19 世紀イギリスの天文趣味と天文研究』角田玉青・日本ハーシェル協会訳，産業図書，2006 年。

10) 石橋悠人『経度の発見と大英帝国』三重大学出版会，2010 年。

11) グリニッジ天文台史を専門とする研究者の多くが，論文や著書の謝辞でパーキンス氏の協力への謝意を示している。パーキンス氏自身が発表した論考として，Adam Perkins, "'Extraneous Government Business': the Astronomer Royal as Government Scientist: George Airy and His Work on the Commissions of State and Other Bodies, 1838-1880," *Journal of Astronomical History and Heritage*, 4 (2001): 143-154.

12) ケンブリッジ・デジタル・ライブラリーの経度委員会に関するウェブサイト（https://cudl.lib.cam.ac.uk/collections/longitude）．最終閲覧日：2022 年 2 月 21 日。

13) RGO14：経度委員会資料のウェブサイト（https://cudl.lib.cam.ac.uk/collections/rgo14/1）．最終閲覧日：2022 年 2 月 21 日。

14) 一例を挙げれば，Lorraine Daston ed., *Science in the Archives: Pasts, Presents, Futures*, Chicago: The University of Chicago Press, 2017.

15) 比較の対象を挙げるならば，初代天文台長フラムスティードの文書は 76 巻，経度委員会史料は 68 巻，エアリの前任者ポンドの文書は 246 巻，後任のクリスティでは 301 巻，その次の天文台長フランク・ダイソンの文書は 172 巻となっており，エアリ文書の量の大きさが際立っている。

16) Wilfred Airy ed., *Autobiography of Sir George Biddell Airy*, Cambridge, 1896, pp. viii-ix.

17) George Biddell Airy, *Report of the Astronomer Royal to the Board of Visitors*, 1836, p. 2; 以下，天文台長年次報告書の書誌情報は *Report* と略記する。

18) George Biddell Airy, *Report*, 1837, p. 2.

19) George Biddell Airy, *Report*, 1846, p. 3.
20) George Biddell Airy, *Report*, 1869, p. 8.
21) Wilfred Airy, *op. cit.*, p. 131; George Biddell Airy, *Report*, 1837, p. 2.
22) George Biddell Airy, *Report*, 1841, p. 2.
23) George Biddell Airy, *Report*, 1843, p. 2.
24) George Biddell Airy, *Report*, 1868, p. 6.
25) George Biddell Airy, *Report*, 1845, p. 4.
26) George Biddell Airy, *Report*, 1849, p. 5.
27) George Biddell Airy, *Report*, 1851, p. 2.
28) George Biddell Airy, *Report*, 1870, p. 3.
29) George Biddell Airy, Plan of the Buildings and Grounds of the Royal Observatory, Greenwich, 1863, August; with Explanation and History, appendix to Greenwich Observations, 1862, p. 16.
30) George Biddell Airy, *Report*, 1874, p. 5.
31) Wilfred Airy, *op. cit.*, p. 324.
32) George Biddell Airy, *Report*, 1840, p. 5.
33) George Biddell Airy, *Report*, 1841, p. 2.
34) George Biddell Airy, *Report*, 1842, p. 2.
35) George Biddell Airy, *Report*, 1858, p. 5.
36) George Biddell Airy, *Report*, 1860, p. 5.
37) George Biddell Airy, *Report*, 1850, p. 4.
38) George Biddell Airy, *Report*, 1845, p. 5.
39) George Biddell Airy, *Report*, 1853, p. 2.
40) George Biddell Airy, *Report*, 1843, p. 2.
41) George Biddell Airy, *Report*, 1844, p. 15.
42) George Biddell Airy, *Report*, 1846, p. 2.
43) George Biddell Airy, *Report*, 1853, p. 2.
44) George Biddell Airy, *Report*, 1861, p. 5.
45) George Biddell Airy, *Report*, 1864, p. 6.
46) George Biddell Airy, *Report*, 1865, p. 6.
47) George Biddell Airy, *Report*, 1866, p. 8.
48) George Biddell Airy, *Report*, 1853, p. 2.
49) George Biddell Airy, *Report*, 1864, p. 6.
50) Simon Schaffer, "Astronomers Mark Time: Discipline and the Personal

Equation," *Science in Context*, 2-11 (1988): 115-145; Robert Smith, "A National Observatory Transformed: Greenwich in the Nineteenth Century," *Journal for the History of Astronomy*, 22 (1991): 5-20; Iwan Rhys Morus, "'The Nervous System of Britain': Space, Time and the Electric Telegraph in the Victorian age," *The British Journal for the History of Science*, 33 (2000): 455-75; Scott Alan Johnston, "Managing the Observatory: Discipline, Order and Disorder at Greenwich, 1835-1933," *The British Journal for the History of Science*, 52-2 (2021): 155-175.

51) George Biddell Airy, *Report*, 1859, p. 4; 1869, p. 7; 1876, p. 5; 1877, p. 5.

52) George Biddell Airy, *Report*, 1872, pp. 5-6.

53) George Biddell Airy, *Report*, 1878, p. 5.

54) George Biddell Airy, *Report*, 1869, p. 7.

55) David Aubin, Charlotte Bigg, and H. Otto Sibum, "Introduction: Observatory Techniques in Nineteenth-Century Science and Society," in D. Aubin, C. Bigg, and H. O. Sibum eds., *The Heavens on Earth: Observatories and Astronomy in Nineteenth-Century Science and Culture*, Durham and London: Duke U. P., 2010.

56) Allan Chapman, "Science and the Public Good: George Biddell Airy (1801-92) and the Concept of a Scientific Civil Servant," in N. Rupke ed., *Science, Politics and the Public Good*, London: Palgrave Macmillan, 1988, pp. 36-62.

57) George Biddell Airy, *Report*, 1843, p. 8.

58) George Biddell Airy, *Report*, 1846, p. 2.

59) George Biddell Airy, *Report*, 1876, p. 5.

60) エアリの古代史研究については，Stephen Courtney, "The Historical Meridian: Antiquity and Scripture in the Public Work of George Biddell Airy," *Journal for the History of Astronomy*, 49-2 (2018): 135-157.

61) James Carpenter, "John Flamsteed and the Greenwich Observatory," *Gentleman's Magazine*, 220 (1866): 239-252, 378-386, 549-558.

62) ibid., p. 246.

63) ibid., p. 248.

64) ibid., p. 558.

第12章　日本のドイツ文学研究における学術情報流通

縄　田　雄　二

1. はじめに

　研究者は学術情報をいかにインプットし，新たな学術情報，すなわち研究成果をいかにアウトプットするのか。学術情報流通のありさまは，研究分野によりいかに異なるのか。この，研究についての研究，学問についての学問とも言える問いを，小山憲司教授が提出した。日本における外国文学研究は興味深い例かもしれない。以下，ドイツ文学研究者として応答を試みる。

　私が今回述べられるのは，私が学者として歩みながら自ら経験したこと，周囲を見ながら感じてきたことに過ぎない。私はこれまでの人生の過半の時期，東京の大学の，（正式名称はそれぞれであれ）独文科に籍を置き，学生として学んだり，教員として教えたりしてきた。1985年，東京大学で三年生になるとともに文学部ドイツ語ドイツ文学専修課程に進学して以来，中央大学文学部ドイツ語文学文化専攻の専任教員を務める2022年の現在にいたるまで，37年，この世界に身をおいてきたのである。その間，ベルリン・フンボルト大学の美学科でも1990年代後半と2004年度に研究をおこなったが，ドイツにおけるドイツ文学研究のありさまも見てきた。異なる時代，異なる国におけるドイツ文学研究を経験，見聞してきたのである。時代や国により，学術情報の扱いもさまざまであった。以下これについて述べたい。述べるこ

とは，フランス文学研究や，ドイツ哲学研究など，周辺の領域にも共通する
ことかもしれない。

2．国際競争型研究と自国向け型研究

　日本にいてドイツ文学を研究するということは，いわゆる外国文学を研究
するということである。ある文化現象についての研究は，その文化圏におい
て学問も発達しているならば，その文化圏において最も発達する。ドイツ語
で書かれた文学についての研究も，ドイツ語圏においてこそ最も盛んである。
日本に位置するドイツ文学研究者は，研究の中心から外れた場所で研究する
という問題に常に向き合わねばならない。われわれは，日本の法律の研究を
日本でおこなう法学者や，英語，数式，化学式などで学問の用が足りる数学
者や自然科学者とは，根本的に異なる状況に身を置いている。ひとつの地域
のなかに学問対象も自分も存在する，という地域完結性は無い。ひとつの基
準に世界中の研究者が等しく従うグローバリズムも無い。ふたつの地域に引
き裂かれた存在なのである。

　このような困難な状況に置かれ続ける研究者の姿勢は，わかりやすく対立
の図にしてしまうならば，ふたつに分かれる。不利な状況に置かれながらも，
ドイツ語圏から生み出される研究と競い，ドイツ語あるいは英語で成果を公
表するという姿勢がひとつ。もうひとつは，その競合を避け，日本の研究者
や日本語読者に対して研究成果を発表し，あるいは翻訳を提供するという姿
勢である。この両極に綺麗に分かれるわけではなく，私も含む多くの研究者
においては，ふたつの姿勢がさまざまな割合で組み合わさっている。しかし
ながらいま，話を簡単にするために，このふたつを対比し，前者を国際競争
型，後者を自国向け型と称することとしよう。

　国際競争型は，ドイツ語や英語で書かれた先行研究との競合も厳しく，先

行研究の調査をきちんとおこなわねばならない。誰もまだ主張していないことを主張しようと努力するからである。自分の研究で主張したいことを他の研究者がすでに述べていれば，その研究は断念せねばならない。

　自国向け型は，ドイツ語や英語で書かれた先行研究と競わなくてもよい。重要な先行研究を読み，理解し，それを自国語で紹介することも立派な研究である，と考えるからである。自分が書こうと思っているテーマにつきドイツ語で書かれた研究は，競合する相手というよりも，研究対象なのである。国際競争型研究者がある研究に接し，同じテーマで研究することを断念し悲しむ一方で，自国向け型研究者が同じ研究に接し，書く素材が見つかり原稿の字数が稼げると喜ぶ，ということは，いくらでもある。

　日本のドイツ文学研究の世界において，1980年代までは，自国向け型が主流であったといえるであろう。国際競争型としての典型的な実力証明は，留学しドイツ語圏の大学で学位を取得することであるが，そうした者の数は限られていた。それでは，この少数の者たちは，学術情報をいかに手に入れていたのか。詩人リルケについての研究を例にとろう。そうした者は，ドイツ語圏の大学に留学しているあいだに，図書館でリルケ研究文献の一覧を手に入れたであろう。その一覧へは，指導教授が導いてくれたろう。その一覧から，読むべき論文を知り，それを図書館で閲覧したり複写したりしたろう。つまり系統だった先行研究調査をおこなったであろう。日本に帰ってもこの仕方を貫こうとしたであろう。他大学の蔵書のオンラインによる検索機能や図書館のレファレンス機能の未発達という状況に阻まれることもあったろう。すると，自分の在籍する大学の蔵書の多寡にかなり研究は左右されたろう。洋書の蔵書の量や質は，むかしもいまも，大学によりかなり異なる。

　こうした少数派に属さない多くの研究者たちはどうであったか。かれらにとっての重要な目標は，日本の読者に向け大きな出版社から翻訳を出すことであり，国際的な場で独自性を主張できるかを考えずに作品論や作家論を単

行本として出版することであった。自国向け型研究の本質は，江戸時代の洋学と変わらず，外国語文献を読み解くことであり，要するに翻訳と紹介であった。この作業をおこなうためには，代表的な研究が手元に少々あれば足りる。それは自分の在籍している大学の図書館の書架から選んでもよい。丸善，郁文堂といったドイツ語書の輸入業者が知らせてくれる書目から選んでもよい（インターネットとオンライン書店が普及する前，洋書輸入業者が出す情報は，図書館や研究者個人が選書する際に大きな役割を果たしていた）。系統的に調べ，閲覧すべき先行研究の一覧をつくり，それを苦労して閲覧する，という作業は不要なのである。

　国際競争型の方が，自国向け型よりも，ハードルは高い。国際競争型研究ができれば自国向け型研究はできるが，自国向け型研究ができても国際競争型研究はできない。このような意識に基づき，ドイツ語圏で学位を取得しようとする若手研究者が増えていった。国際競争型研究の割合は増していった。これにより，研究者の異なる世代のあいだで軋轢が生ずることもあったろう。

　翻訳は，初訳の場合は作品を苦労して読み解く作業にほかならないから研究と言えようが，重要作品の翻訳が出そろった時代になると出版産業の一環としての作業という意味合いが濃くなった。若手の目標としての価値は減った。これも，若手が国際競争型をめざす要因のひとつとなった。

　自国向け型の割合が減り国際競争型が増える世代交代の速さや程度は，ドイツ語圏の文化を対象とする諸学問のあいだで違いがあったかもしれない。ドイツ語やドイツ文学の研究は，ことばを対象とするために，研究者のドイツ語能力も高い傾向がある。これらの分野においては，他の分野（例えば美術史）に比べ，世代交代も速く，深く進んだのではあるまいか。

　図書を所有するか，図書館の蔵書を使うかの比率も，世代により，研究タイプにより，異なるに違いない。ドイツ文学研究の場合は，例えば辞書で調べた単語の意味，難解な箇所の解釈などを一次文献（リルケ研究で言えば，リ

ルケの書いた詩や散文を収めた書籍）に書き込むという作業を，ほとんどの研究者がおこなう。すると書物は所有せざるを得ない。何度も使う二次文献（リルケについての研究）についても同様であろう。外国文学研究にはこのような特徴があり，それは国際競争型であれ自国向け型であれ，さして変わらない（書き込み機能を伴った電子書籍が状況を変えつつあろうが）。しかし，国際競争型と自国向け型のあいだには，やはり差があろう。多くの二次文献を扱う国際競争型は，図書館への依存度が高かろう。自国向け型は，少ない二次文献も所有しようとする傾向があろう。この違いには，ヨーロッパの公共図書館の伝統のなかで研究する学者と，自分の蔵書に大きな価値を置く東アジアの文人[1]と，という，拠って立つ文化伝統の違いが反映しているかもしれない（以上，分かりやすくするために話を単純化したが，現実は多様であり，ふたつの型からの逸脱，両者の混交がさまざまにあることを改めてお断りする）。

3．課程博士

　日本の大学院において人文学の課程博士号が取得できるようになったのは1990年代である。それ以来いまにいたるまで，外国文化，少なくともドイツ文学の分野で日本の大学院において書かれる博士論文は，国際競争型と自国向け型の原理がせめぎあう場でありつづけているのではないか。

　日本の人文学においては，大学院の博士課程に在籍し，授業の単位を取得し，博士論文を書かずに常勤の研究職を得る，ということが当たり前であったし，いまでもある。この状況に対し，国際的に通用する博士学位を人文学においても日本の大学院で取得できるようにする改革が1990年代におこなわれた。国際的制度を日本でも，という経緯からすれば，博士論文に結実する研究は国際競争型であるべきであり，先行研究の詳しい調査からはじまる一連の研究の手順を博士論文執筆の過程でこそ覚えるべきということになる。

しかし，これを指導する教員は，課程博士制度が1990年代に仕切り直されてからかなりのあいだ，多くが自国向け型であったはずである。この離齬からくる苦労が学生の側にも教員の側にもあったろう。

　原書を読みこむのに，つまり土台となる情報をインプットするのに多大の時間を費やす外国文学研究においては，数年のあいだに博士論文というアウトプットに達することは易しくない。ドイツ語能力が発展途上であればなおさらである。修士論文で扱った作家を博士論文でも論ずることにより，つまり博士論文に取り組みはじめる以前のインプットを活用することによりこの問題を解決するというのは，よく使われる，しかも有効な手段である。俗に修士課程・博士課程と呼ばれるふたつの課程を正式には博士前期課程・博士後期課程と称するとき，ふたつの課程は博士号取得というひとつの目標に到達するために一体化しているという意味がこもっているが，両方の課程を通じひとりの作家を研究する方法は，こうした制度の趣旨とも合致する（但し特定の作家のみを一生研究する研究者にならないよう，博士号取得後，研究の幅を広げる努力は必要である）。

　2005（平成17）年9月5日付の中央教育審議会の答申「新時代の大学院教育　国際的に魅力ある大学院教育の構築に向けて」[2)]は，大学院改革の経緯を振り返った上で，課程博士につき「課程制大学院の本来の目的，役割である，厳格な成績評価と適切な研究指導により標準修業年限内に円滑に学位を授与することのできる体制を整備することが必要である」[3)]と述べる。厳格に成績を評価するとなれば，国際競争型の基準により博士論文を評価することが求められる。執筆言語はドイツ語や英語ではなく日本語であることを許容するにしても，国際的にみて研究内容に独創性があるという基準は譲らないことが望ましい。他方で円滑な学位の授与のためには，この基準を緩め，自国向け型の方へ寄せることも時に必要なのではないか。その塩梅は「適切な研究指導」に委ねられているのではあるまいか。さきほど，指導教員が自

国向け型，学生が国際競争型と，世代により食い違うことがあったと指摘したが，逆に，学生が自国向け型で年限内の博士号取得をめざすのに対し，指導教員が国際競争型を求める，という行き違いもありうるのではないか。

　1990 年代以後の日本の大学院における，ドイツ文学を含む外国文化の分野の博士学位の多くは，学生も教員も，国際競争型と自国向け型のふたつの原理に挟まれ，ともにもだえ苦しみながら生み出されたのではあるまいか。

4. 研究者コミュニティ

　学術情報を研究者が発信する際，その情報が流通するためには，研究者のプレゼンスが大切である。ドイツ語圏の出版社から単行本を出版しようと，ドイツ語圏の学術誌に論文を載せようと，研究者がドイツ語圏の大学にいるかいないかで，それが読まれるか読まれないかは大きく異なろう。論文のもととなる口頭発表，書籍を紹介する催し，執筆者の属するコミュニティでの受容，こうしたことが書籍や論文の読まれ方に大きな影響を与える。ドイツ語圏で学位をとったにせよ，日本に戻ってからたびたびドイツ語圏へ出張するにせよ，現地の大学に職が無いマイナスは大きい。自分のいる国，文化圏（この場合ならば日本）の研究者コミュニティと一般読者とを相手に仕事するという考えは，従って合理的である。その方がはるかに自分の生む学術情報が流通しやすいからである。自国向け型の研究は，この意味でも，国際競争型よりもハードルがはるかに低い。自国向け型は，ドイツ語圏という，ドイツ文学研究の中心地から離れた僻地に身を置くという悪条件のもとでも心地よく仕事ができるように編み出された形態なのである。

　ドイツ語圏においても日本においても，研究成果がどのくらい流通するかは，その成果の重要さ自体のみならず，成果が生み出される過程に関与した研究者コミュニティの強さや格によっても決まる。これは分野を問わず言え

ることであろうが，文学研究の場合は，成果の評価に万人が認める客観性が
必ずしも無いため，研究者コミュニティの比重が大きくなる（歴史上の文学
作品を解釈するのは一種の歴史学とも言えるが，歴史学には常に，歴史を記述者の観
点から語るという主観性が伴い，自然科学におけるように，正しいか正しくないか，
白黒がつきやすくはない）。成果の重要さ自体により成果が流通する場が査読
付き論文誌であるならば，研究者コミュニティの力により成果が流通する場
は，コミュニティが生む書籍，例えば，シンポジウムの成果をまとめた論集
である。査読付き論文誌と，査読の無いシンポジウム論集と，いずれが結局
は重要なものとして読まれるのであろうか。後者ということもありえよう。
査読誌の位置づけは，自然科学におけるとは異なるのである。

　日本のドイツ文学研究者のうちの国際競合派が属しうる研究者コミュニティ
は，ドイツ語圏にあるのであろうか。

　ドイツ連邦共和国は2006年以来，卓越イニシアチブ（Exzellenzinitiative），
次いで卓越戦略（Exzellenzstrategie）の名のもと，研究予算の選択的・集中
的配分をおこない[4]，人文学も対象に含まれる（オーストリアも excellent=
austria という名称のもと同様の戦略を採用，2021年に公募をはじめた[5]）。研究予
算の選択的・集中的配分という学問行政の方針については賛否両論があるが，
いまその議論は措き，ドイツにおいて卓越戦略がおこなわれるなか，日本に
いるドイツ文学研究者には何ができるかに話を絞る。卓越研究群（Cluster of
Excellence）という範疇の共同研究ともなれば，予算の規模は大きい。日本
の研究者がこうしたクラスターの一員となる機会も訪れうるし，それが研究
成果の出版・公表につながることも期待できる。昔はドイツの大学への留学
というと，ドイツ学術交流会（DAAD）の奨学金を得ての留学がひとつの典
型であった。これは今後も重要な留学形態であるが，ドイツ語圏の大型研究
予算が博士論文を執筆させるために用意しているポスト，ポスドクのために
用意しているポストに日本から応募する道も，いまや大きく開かれている。

若手は挑戦してほしい。有力コミュニティの力に支えられて成果をアウトプットできる可能性がある。狭苦しくなりがちな日本の研究環境に閉じこもらずに済む意味も大きい。

　ちなみにドイツの有名教授の一部は，こうした大型予算を獲得するために申請書類を書いたり，獲得した資金を運用しながら共同研究を遂行するのに，多大の労力と時間を費やしている。昔は，ドイツの人文学の大物は，重要な単行本を出版することにより大物たり得ており，これは今もかなりそうなのであるが，別のタイプもあらわれているのである。大型予算の運営や，共同研究の成果としての論集の編集や，共同研究から生まれる博士論文を収める叢書の編集に力を注ぐタイプである。研究成果の最上のアウトプットの形態が，変わってきているのである。

　会議や書類書きに追われる現代日本の人文学者も，腰を据えて単行本を書く時間は削られがちである。人文学の成果としての単行本の位置は，世界的に見ても変わってきているのかもしれない。国際競争で勝つために国が研究予算の選択的・集中的配分をおこなえば，研究者の側には応募書類や報告書類を書く仕事が生まれる。国際基準により大学や共同研究の審査をおこなえば，審査する側にもされる側にも仕事が発生する。このことにより研究者の研究時間は細分化され，それがアウトプットの形態にも影響している。このような国際的傾向があるのではないか。

5．デジタル化の影響

　以上のような状況に，近年の学問のデジタル化が影響を与えている。デジタル化により，国際競争型研究と自国向け型研究の境界も引きなおされるかもしれない。

　オンライン会議システムの普及により，日本の研究者が出張せずにドイツ

の研究者コミュニティに顔を出すことが容易になった。そのコミュニティを通じての研究成果のアウトプットもしやすくなった。今後持続する傾向であろう。

　国際競争型研究と自国向け型研究の懸隔も縮むかもしれない。機械翻訳の進化により，現地語（ドイツ語）で公表しなければならない必然性が薄れてきているからである。日本語で書いたドイツ文学研究を電子的に公開し，ドイツ語や英語の要旨，キーワードなどを論文のメタデータに入れ，それが大規模な学問データベース（Google Scholar など）で検索可能になれば，世界の独文学者がその論文にアクセスし，機械翻訳により読むことができるようになる。読み手にこれを期待してよいならば，日本語で書いても，ドイツ語での議論に参加できるといえるのである。

　これにより研究が進むという見方もあるが，滞ることも考えられる。ある研究対象について，データベースでヒットする研究が増えすぎるからである。検索でヒットする情報が増えれば，そこに混じるノイズも増える。例えば，ドイツ語圏や英語圏の研究者に読まれることを予期せず，国際的次元でのオリジナリティをめざさず書かれた日本向け研究は，ドイツ語圏や英語圏の研究者にとってはノイズである。自国向けのつもりで書いた論文が，自動的に国際競争の文脈に置かれることにより，こうした問題が生じ得る（あるいはすでに生じている）。

　ある研究対象についての先行研究が多すぎる問題は，これまでにもあった。例えばドイツ語現代作家について書きたいと思う場合，地方紙に載った書評まで拾うデータベース，Kritisches Lexikon zur deutschsprachigen Gegenwartsliteratur（KLG，「現代ドイツ語文学事典」）で調べてもよいし，著名な国際誌に載ったものなど目立つものしかヒットしない MLA International Bibliography で調べてもよい。特定のひとつの文学作品をテーマに博士論文を書く場合など，悉皆的に文献を調べることが望ましいことがある。そのとき

は KLG で調べるのが適切であろう。論文のなかで副次的にしか扱わない作家につき，最も重要そうな先行研究だけは承知しておきたい，という場合は，MLA International Bibliography で済ますのがよく，逆にこの場合に KLG を使えば，要らない情報が多いという問題に悩まされるであろう。ノイズも含め豊富なデータを取り込むか，情報にあらかじめ選択を施してあるか，データベースに二種類あるとするならば，デジタル化により大量の学術情報があふれる時代には後者の重要性が増すように思われる。人文学において学術誌のインパクトファクターは自然科学におけるようには重要視されていないが，以上の事情により今後変わるかもしれない。

　国際的な大手学術出版社が電子出版物の価格をつり上げ，購入できる研究機関とそうでないところが分かれる問題はよく知られている。日本におけるドイツ文学研究も無縁ではない。ドイツ学術振興会（日本の日本学術振興会に相当）は，公的資金による研究の成果をオープンアクセスで公開することを支援しているが[6]，ドイツ語圏から生み出される重要な研究で，電子的に公表されていても，まだオープンアクセスになっていないものは少なくないであろう（なお，日本の学術出版，例えば大学出版局からの出版においては，オープンアクセス出版は開拓が進んでおらず，努力が必要であろう）。日本の大学において，昔も今も，人文学にかかわる洋書の蔵書の質・量は大学により大きく異なる。これに今は，電子リソースの質・量が大学により大きく異なるという現象が加わったのである。自然科学や芸術の単科大学に専任教員として勤め，ドイツ語などを教えながらドイツ文学を研究する優秀な研究者は，昔も今もいる。こうした研究者の研究が，大学図書館における人文学の電子リソースの不足という問題に妨げられないか，心配である。

6．おわりに

　輸入業者を通じて購入した洋書を自宅の書架におさめ，日本の大手出版社と結んで自国読者向けに翻訳や紹介の単行本を執筆する文人研究者の居場所は，この数十年で小さくなってきた。そのかわりに増えてゆくのが，所属する日本の大学の電子リソースを使い，日本からオンラインでドイツ語圏の研究者コミュニティに顔を出し，複数の言語で研究を読み，書き，国際的学術出版社からオープンアクセスの共著本をドイツ語圏の大型研究予算で出す研究者なのではあるまいか。

注・引用文献
1）このような文人の伝統については本書所収の水上雅晴教授の論考を参照。
2）文部科学省のウェッブサイト上で PDF 文書として公開。https://www.mext.go.jp/b_menu/shingi/chukyo/chukyo0/toushin/__icsFiles/afieldfile/2019/04/03/1212701_001.pdf
3）前掲 PDF 文書，28 頁。
4）Deutsche Forschungsgemeinschaft（ドイツ研究振興協会）のウェッブサイト上の記事 "Excellence Initiative（2005-2017/19）"（2019 年 6 月 17 日更新）を参照。https://www.dfg.de/en/research_funding/programmes/excellence_initiative/index.html
5）FWF（Fonds zur Förderung der wissenschaftlichen Forschung，オーストリア科学財団）のウェッブサイト上の記事 "excellent=austria fördert Spitzenforschung von Weltformat"（2021 年 4 月 27 日付）を参照。https://www.fwf.ac.at/de/news-presse/news/nachricht/nid/20210427-2644
6）Deutsche Forschungsgemeinschaft（ドイツ研究振興協会）のウェッブサイト上の記事 "Open Access"（2022 年 1 月 31 日更新）を参照。https://www.dfg.de/en/research_funding/programmes/infrastructure/lis/open_access/index.html

お わ り に

——開催したシンポジウムの記録——

　「学術シンポジウム」予算による共同研究「グローバル文化史の試み」では，パンデミックにもかかわらず，総括シンポジウムを含め3つのシンポジウムを開催し得た。それらのプログラム，開催報告などを，ウェッブサイト上に掲載されたものをもととして，印刷に付しておく。発表者の肩書は開催時のものである。

1．国際シンポジウム／International Symposium
「声と文字とをデザインする――コミュニケーション帝国としてのモンゴル」
"Designing Voices and Letters: The Mongols as an Empire of Communication"

日程／Date
2018年7月1日（日）～2日（月）
1st and 2nd, July 2018
場所／Venue
中央大学駿河台記念館
Chuo University Surugadai Memorial Hall (Tokyo)
使用言語／Language
英語
English
主催／Sponsored by

中央大学学術シンポジウム「グローバル文化史の試み」

Research Project *Towards a Global History of Culture* Chuo Research
Institute Symposium Series

プログラム／Program

July 1 (Sun.), 2018

10：00〜10：30　Introduction

Yuji NAWATA (Chuo University): "Empires, Media and Cultural History"

11：00〜12：00　Panel 1：Chinese as a World

Chair: Yuto ISHIBASHI (Chuo University)

1) Mitsuaki ENDO (Aoyama Gakuin University) & Yoichi ISAHAYA
(JSPS/Rikkyo University): "Rashīd al-Dīn's Delineation of Chinese
Voices and Letters in His Tānksūqnāma"

2) Yuki TANAKA (Rissho University): "The Restoration of Traditional
Instruments Appearing in Xiong Penglai's Sepu"

13：30〜15：00　Panel 2：Inscriptions Tell the Empire

Chair: Fumi KARAHASHI (Chuo University)

1) Tomoyasu IIYAMA (Waseda University): "A Subtle Cataclysm: Rise of
a New Epigraphic Genre in North China in the Mongol Eurasian
Context"

2) Ishayahu LANDA (The Hebrew University of Jerusalem): "Uniting "the
People of Nine Tongues": Stone, Paper and Metal Usage in the
Service of the Mongol Imperial Culture"

3) Masaki MUKAI (Doshisha University): "What Arabic Inscriptions from

China Tell Us: The Archaeology of Diasporic Identity?"

15：30～17：00　Panel 3：Diplomacy, Law, Art Uniting Eurasia

Chair: Yoichi ISAHAYA (JSPS/Rikkyo University)

1) Francesca FIASCHETTI (The Hebrew University of Jerusalem): "Foreign Characters in Golden Ink: Diplomatic Correspondence of the Mongols in Southeast Asia"

2) Florence HODOUS (The Renmin University of China): "Communicating the Yasa: Legal Powerplay and (Mis) understandings In and Around the Mongol Empire"

3) Yusen YU (Heidelberg University): "Album as Assemblage of Ethnographic Knowledge: Representing the Others in Mongol and Post-Mongol Persianate Painting"

July 2 (Mon.), 2018

9：00～10：30　Panel 4：Voices and Letters in Imperial Order

Chair: Tatsuhiko SEO (Chuo University)

1) Yoshiyuki FUNADA (Hiroshima University): "What Connects Mongol Rulers with the Chinese World: Imperial Edicts, a Literal Translation Style, and Spoken Chinese"

2) Dai MATSUI (Osaka University): "Mongol Decrees and the Uigur Script"

3) Yasuhiro YOKKAICHI (Rikkyo University): "On the Qara Tamgha (Black Seal) of the Ilkhanate: Its Meaning, Image, and Semiosis"

11：00～12：00　General Discussion (Chair: Yuji NAWATA)

概要／Description

　このシンポジウム「声と文字とをデザインする──コミュニケーション帝国としてのモンゴル──」は，政治権力とコミュニケーション体系との複雑な関係について議論する場であり，その焦点をモンゴル帝国（1206〜1368年）に定めている。この種の関係の歴史的展開は，例えばハロルド・イニスの代表作『帝国とコミュニケーション』などによって，すでに詳細に研究されている。しかしイニスの叙述は，古代から中世を経て近代に至る「西洋」の発展を叙述しながら，必要に応じて「その他」に言及するというヘーゲル的な古典史観を超えてはいない。このシンポジウムは，イニスの後は例えばフリードリヒ・キットラーへと受け継がれたこの長きに亘る議論の「脱西洋中心主義化」を図ることで，この問題に新たな光を当てようとするものである。「西洋」と「その他」とを包括し，コミュニケーション体系においても際立った多様性を見せていたモンゴル帝国は，その格好の題材となる。

Our symposium "Designing Voices and Letters: The Mongols as an Empire of Communication" aims to provide an appropriate platform to discuss about entangled relationship between political powers and communication media, by especially dealing with the case of the Mongol empire (1206-1368). The historical strand of such relationship was already detailed, for example, by Harold Innis in his chef-d'œuvre *Empire and Communications*. However, he was based on what might be called "Hegelian historical narrative" which traced the development of the "West" — from the antiquity to the modern eras via the medieval ages — with referring to the "others" pro re nata. At the workshop, therefore, we attempt to shed some new light upon this long-discussed issue, which has been addressed after Innis by for example Friedrich Kittler, through emancipation from "Eurocentric" history. This perspective turns our attention toward the Mongol empire which encompassed the "West" and the "others," standing out with the full variety of communication.

開催報告／Report（諫早庸一／Yoichi ISAHAYA[1]）

　2日間にわたって行われたこのシンポジウムでは，まずは研究代表者の縄田が，自身が専門とするドイツ語圏の「文化学／文化史（Kulturwissenschaft）」が文化要素のみならず，それを媒介するモノにも着目し，研究を深化させてきたこと，そしてその射程をヨーロッパを超えて拓いていくことの可能性に言及した。それは「グローバル文化史の試み」の1つであり，このプロジェクトの最初のシンポジウムが，広くアフロ・ユーラシアを域圏としたモンゴル帝国（1206〜1368年）について扱う理由の1つでもあった。その後に個々の報告が続く。

　まずは第1パネル "Chinese as a World" において，イル・ハン朝（1256年頃〜1357年頃）の宮廷における漢字音の正確な再構を伴う翻訳運動と，元朝期（1271〜1368年）の古楽器の再現の試みおよびその意味が論じられた。第2パネル "Inscriptions Tell the Empire" では華北のモンゴル支配が在地の石刻文化に影響して生まれた新たな碑文スタイルや，石・紙・鉄を通じた多様なモンゴル帝国のコミュニケーション文化，および故地を遠く離れた中国沿岸部のムスリム・ディアスポラに彫られたアラビア語碑文など，記すことまたは記されたものについての考察が主体となった。次の第3パネル "Diplomacy, Law, Art Uniting Eurasia" においては，外交・法律・美術それぞれの分野において，異なる文化や階層の人・モノ・情報がどのように通じ合っていたかについて議論が深められた。第4パネル "Voices and Letters in Imperial Order" では，モンゴル語直訳体やウイグル文字，印章といった個々の媒介物／手段を通じて，モンゴル帝国のコミュニケーション手段の一端およびその展開が明らかにされた。

　最後の総括においては縄田が，このシンポで議論された内容を以下の３つの動名詞で表現した。それが，1) Circulating, 2) Remembering, 3) Assembling である。空間に関わる1) に対して，2) は時間に関わるものであり，3) は例えばイル・ハン朝において編纂された『集史』に象徴されるような空間・時間をわたるコミュニケーションによって積み重ねられたものである。このまとめを皮切りに討論は，例えば時代に関して，同様に広域を支配したローマ帝国や活版印刷普及以後の世界との比較に話が及んだ。空間に関しては，モンゴル帝国のコミュニケーションが，帝国の様々な局面で利用されていた馬やその文化にどれだけ規定されていたのかという議論もなされた。集合に関しては史書だけではなく，系譜もそうであるとの意見も。空前の領域を支配し，新たな文字や文体や認証システムを生み出したモンゴル帝国であったが，実のところコミュニケーション体系にしても，それ以前からの伝統を踏まえたものが多く，それらをベースに種々の変化を加えた "Changes in Continuity" とも言える部分が大いにあるという意見もあった。

　シンポジウムの主題である声と文字，そしてモンゴル帝国について出た議論としては，為政者であるモンゴルが声を政治に反映させたこの時代は，白話文学の隆盛の時代でもあった。政治権威が地域の日常言語に文語の地位を与えたのである。ヨーロッパにおいても地域の日常言語の文語化は宗教改革と軌を一にする。ここにも宗教的権威が果たした役割は大きい。この事実は，アンダーソンの『想像の共同体』における声が国民国家を支え，文字が帝国を支えた，という議論を我々に思い起こさせるのである。

In the opening remarks of this two-day symposium, Nawata — the principal investigator of the research project "Toward a Global History of Culture" — mentioned the significance of this symposium in the context of *Kulturwissenschaft*, which has deepened our understanding of "culture" by focusing not only on cultural elements themselves but also on the significance of media within and between cultures. This symposium aimed at broadening the scope of this approach by going beyond the West, with whose culture *Kulturwissenschaft* has mostly been concerned. With this purpose in mind, we concentrated especially on the Mongol Empire (1206-1368), and its broad influence across Afro-Eurasia.

In the first panel, "Chinese as a World," we discussed 1) a Chinese-to-Persian translation project undertaken during the Ilkhanid Dynasty (ca. 1256-1357), with precise reconstruction of the sounds of Chinese as it would have sounded at that time; and 2) the restoration of a Chinese traditional musical instrument and a discussion of its significance under the Yuan Dynasty (1271-1368). The second panel, "Inscriptions Tell the Empire," revolved around both the act of writing and what was written, by focusing on 1) a new genre of tomb inscriptions under the influence of Mongol rule in Northern China; 2) various materials and mediums used for communication such as stone, paper, and iron; and 3) Arabic epitaphs in Muslim diasporas in the Chinese coastal areas far from their native lands. In the third panel, "Diplomacy, Law, Art Uniting Eurasia," we dealt with actual phases of the communication of peoples, materials, and information among cultures and classes in the fields of 1) diplomacy, 2) law, and 3) the arts. The fourth panel, "Voices and Letters in Imperial Order," elucidated some important communication media and their development by discussing 1) the Mongol-imperial "literal translation style," 2) Uyghur script, and 3) seals.

In the general discussion, Nawata summarized the topics and discussions of this symposium using the following three words: 1) circulating, 2) remembering, and 3) assembling. While the first word relates to space, the second is about time. The third term, on the other hand, refers to something accumulated through communication across time and space; for example, the *Jāmi' al-Tawārīkh* [Collected Histories] — a compendium of histories of the world compiled in the Ilkhanid Dynasty. On the basis of these terms, the discussion concerning time-involved comparison with other eras such as the "Pax Romana" and the age of printing. Regarding space, we considered the influence of horses and nomadic culture in the communication system of the empire. We also affirmed that not only chronology but also genealogy exemplified "assembling" in the imperial culture. Even though the Mongols created the largest empire in history in terms of land mass and used a new script and writing style, quite a few of their communication systems were in fact based on existing communication cultures. In this sense, their designs of voices and letters could be viewed as "changes in continuity."

In a discussion revolving around the symposium's main themes, "voice and letters" in the imperial context, we noted that the Mongols, then the political authority in China, used their voice as the political language, which resulted in the efflorescence of literature written in colloquial Chinese over the dominance of the classical Chinese. This phenomenon could be considered analogous to the Reformation in Europe, in which the religious authority evolved the vernaculars into literary languages. Finally, that discussion reminded us of Benedict Anderson, whose work juxtaposed voices in nation-states with letters in empires.

2．シンポジウム

「東アジア先史社会の物質文化の拡散と環境変動からみた文化史」

日時　2018 年 7 月 21 日（土）　9：30〜17：00

会場　中央大学多摩キャンパス 2 号館 4 階　研究所会議室 4

主催　中央大学学術シンポジウム「グローバル文化史の試み」

プログラム

0）縄田雄二（中央大学）開会の辞

1）小林謙一（中央大学）「趣旨説明　物質文化の移動・交換からみた文化史」

2）李　亨源（韓神大学博物館）「土器と住居にみる日韓の交流　粘土帯土器文化の擴散と文化變動 –」

3）河　仁秀（釜山市福泉博物館）「韓日新石器時代の土器交流　韓半島の縄文系土器」

4）廣瀬雄一（釜山大学大学院）「韓日新石器時代の土器交流　日本九州地域櫛文系土器　土器から見た交流の意義」

5）福田正宏（東京大学文学部）「東北アジア新石器文化集団の北方拡大と適応の限界」

6）Enrico R. Crema エンリコ・R・クレーマ（ケンブリッジ大学）「人口変動と比較考古学」（Archaeological Approaches to Prehistoric Demography）

7）櫻井準也（尚美学園大学）「日本の先史時代における空間認知構造の変化とその認知考古学的意味　集落の空間構成・遺物製作プロセスから先史時代の心性を探る」

8）中塚　武（総合地球環境学研究所）「高時間分解能の古気候データを使って先史時代を透視する！」

9）羽生淳子（カリフォルニア大学バークレー校）「歴史生態学・景観考古学とレジリエンスの理論から見た縄文文化」

開催報告（小林謙一）

　東アジア先史社会の文化——土器や住居などの物資文化と社会変動について，自然史からのアプローチと，考古学的アプローチから，物質文化史的説明方法を構築する基盤を探る目的で，上述のプログラムのシンポジウムがおこなわれ，最後に討論がなされた。

　各発表の折々にも活発な質疑応答がおこなわれた。最後の討論では，縄紋文化の柔軟性と自然環境との対応，土器が示す先史社会の背景となっている文化過程の把握方法とその問題点，日本列島・朝鮮半島の先史社会において結果的にかなりの人口変動が繰り返されていたことについて，会場からの意見を含め，活発なやりとりがおこなわれた。

3．「グローバル文化史の試み」総括シンポジウム

日時　2021 年 12 月 18 日（土）・19 日（日）

開催形式　オンライン会議システム（Zoom）

プログラム

第 1 部（12 月 18 日）

10：00〜12：00

論集 Yuji Nawata / Hans Joachim Dethlefs（eds.）*Performance Spaces and Stage Technologies: A Comparative Perspective on Theatre History*（Bielefeld: transcript, 2022）刊行予告イベント「劇場空間と舞台テクノロジー　比較演劇史の一視点」（司会　縄田雄二）

1）縄田雄二（中央大学）「劇場空間と舞台テクノロジー　比較演劇史の一視点」

2）妹尾達彦（中央大学）「中国古代都市における上演空間　9 世紀長安における路上演劇を中心に」

3）日置貴之（明治大学）「幕末・明治の歌舞伎における『スペクタクル』」

4）井戸田総一郎（明治大学）「劇場と制度　1870・80 年代のベルリンの劇場風景」

5）伊藤　愉（明治大学）「レニングラード学派における上演空間，舞台上の事物」

6）Kai van Eikels（Ruhr-Universität Bochum）"Projection Technology and the Theater Stage: Light, Space, Body Politics"（逐次通訳つき）

第 2 部（12 月 19 日）
さまざまな視点

13：00〜14：00
「1000-1340 年の日本文学とドイツ文学」（司会　縄田雄二）
1）吉野朋美（中央大学）「1000-1340 年の日本文学」
2）寺田龍男（北海道大学）「1000-1340 年のドイツ文学」

14：30〜15：30
森岡実穂（中央大学）講演「オペラを通して "アフリカ" に出会う〜現代の上演の現場から」（司会　縄田雄二）

16：00〜18：00
座談会「世界の諸地域，諸時代の文化についての学術情報」（司会　小山憲司）
唐橋　文（古代メソポタミア），水上雅晴（近世東アジア），鈴木俊幸（近世・近代日本），石橋悠人（近代イギリス），縄田雄二（近現代ドイツ）（所属はすべて中央大学，括弧内は専門分野）

開催趣旨

中央大学学術シンポジウム共同研究プロジェクト「グローバル文化史の試み」を総括するシンポジウムである。文化研究あるいは文化史研究は言語圏により分割されることがいまだに多いが，その垣根はいかに乗り越えられるのであろうか。四つのセクションを設け，例を示したい。1．舞台空間の歴史としての世界演劇史，2．比較中世文学，3．現代オペラにおけるアフリカ，4．学術情報の扱いかたから見た文化研究——これらのテーマに，さまざまな専門分野の研究者が取り組む。なお，1は，この共同研究プロジェクトの成果として2022年に英語で出版される論文集の刊行予告イベントを兼ねる。

開催報告（縄田雄二）

パンデミックの影響を直接に受けた共同研究であったが，総括シンポジウムを無事開催することができた。河合久学長のメッセージを深町英夫人文科学研究所長が代読なさり，「学術シンポジウム」という枠組みの歴史，その枠組みによるこのたびの共同研究「グローバル文化史の試み」の意義を確認することにより，2日間のプログラムが始まった。

18日「上演空間と舞台テクノロジー　比較演劇史の一視点」は，2020年3月に行う予定でありながらパンデミックにより中止となったシンポジウムを縮小して開催したものである。当時発表者からいただいた原稿は立派な英文論集に育ち，2022年に出版された。この部は出版予告の機会ともなった。

19日「さまざまな視点」は3つの部分に分かれた。

1．「1000-1340年の日本文学とドイツ文学」は，平安朝文学と，同時期のヨーロッパ文学との不思議な類似という問題に取り組んだものである。数学史上の難題にも比べうる，比較文学にとっての難題を，グローバル史という手法を用いることにより，また，ドイツ文学の研究家と日本文学の研究家の対話により，解くことを試みた，画期的なセッションであった。

2．森岡美穂教授は，いまの日本で，現代ヨーロッパのオペラの舞台に最も
　よく通じている人物であろう。「オペラを通して "アフリカ" に出会う〜
　現代の上演の現場から」と題した講演で森岡教授は，現代ヨーロッパのオ
　ペラにおける「アフリカ」を詳しく論じた。

3．図書館情報学を専門とする小山憲司教授は，学術情報がいかに流通する
　かをも研究テーマとしている。小山教授の司会による座談会「世界の諸地
　域，諸時代の文化についての学術情報」では，地球のさまざまな地域，さ
　まざまな時代を研究対象とする研究者が，いかに学術情報を扱うかを披露
　しあったが，学術情報流通研究に比較文化的視点を取り込む，稀な試みで
　あった。

注

1）The author would like to thank Enago（www.enago.jp）for the English lan-
　guage review.

（縄田雄二　記）

執筆者紹介 （執筆順）

縄田　雄二（なわた　ゆう　じ）　人文科学研究所研究員・中央大学文学部教授

小山　憲司（こ　やま　けん　じ）　社会科学研究所研究員・中央大学文学部教授

寺田　龍男（てら　だ　たつ　お）　北海道大学大学院メディア・コミュニケーション研究院特任教授

吉野　朋美（よし　の　とも　み）　人文科学研究所研究員・中央大学文学部教授

諫早　庸一（いさ　はや　よう　いち）　人文科学研究所研究員・北海道大学スラブ・ユーラシア研究センター助教

Kai van Eikels（カイ・ファン・アイケルス）　ボーフム・ルール大学演劇学科上級教員（Akademischer Oberrat）

森岡　実穂（もり　おか　み　ほ）　人文科学研究所研究員・中央大学経済学部教授

唐橋　文（から　はし　ふみ）　人文科学研究所研究員・中央大学文学部教授

水上　雅晴（みず　かみ　まさ　はる）　人文科学研究所研究員・中央大学文学部教授

鈴木　俊幸（すず　き　とし　ゆき）　中央大学文学部教授

石橋　悠人（いし　ばし　ゆう　と）　人文科学研究所研究員・中央大学文学部教授

グローバル文化史の試み

中央大学学術シンポジウム研究叢書　13

2023年3月30日　初版第1刷発行

編　者　　縄田雄二・小山憲司

発行者　　松　本　雄一郎

発行所　中　央　大　学　出　版　部

〒192-0393　東京都八王子市東中野 742-1
電話 042(674)2351　FAX 042(674)2354
https://up.r.chuo-u.ac.jp/

©2023 縄田雄二・小山憲司　ISBN978-4-8057-6193-9　電算印刷株式会社